황백주 수필집
바람이 머물다 간 자리

 님께

安瑞(안서)　　　♡드림

바람이 머물다 간 자리

1판 1쇄 발행	2025년 5월 24일
지은이	황백주
발행인	강신옥
펴낸곳	한국문인출판부
	등록 │2021. 7 제2021-000235
	02643 서울시 마포구 월드컵북로 235, 19-704
	☎ 010-9585-7785
	gtree313@gmail.com
	Printed in Korea ⓒ 2025 황백주

값 15,000원

※ 잘못된 책은 바꿔 드립니다.
※ 저자와 협의하여 인지 생략합니다.
ISBN 979-11-987514-7-8

바람이 머물다 간 자리

황백주 수필집

수필집을 내면서

산중에서 태어나 망아지처럼 뛰놀던 어린 시절, 이른 새벽 어머님은 소반을 머리에 이고 서낭당으로 향하신다. 촛불을 켜고 동서남북 사방으로 절을 하며 우리 아들 그저 무럭무럭 씩씩하게 잘 자라게 해달라고 주문을 외우신다. 어린 나이임에도 귀에 와닿는 소리가 들리고 그렇게 여러 해를 반복하며 어머니를 따라 고사를 지내고 학교에 가면 한참 동안 기다려야 학생들이 오곤 했었다.

어느덧 성장하여 중학생이 되고 하라는 공부는 안 하고 잡지만 들여다본다고 형님께 꾸지람도 많이 들었다. 농촌에는 학교가 없어 상공업이 발달한 대처로 나가 학교에 다니게 되고 결혼 후에는 세계 문학전집을 구매 이 집 저 집을 전전하며 시간에 쫓겨 한 권의 책도 제대로 읽어보지 못하고 결국은 폐기하고 말았다.

문학에 대한 관심은 작은 불씨가 되살아나듯 지펴 오르고 가까운 지인이나 연인과의 약속을 서점으로 정하고 책을 선물로 전달하며 바르게 살자고 다짐하기도 했었다.

경찰공무원 36년의 정년 퇴임을 마치고 한국문인 이철호 이사장님의 문학 아카데미를 소개받아 기초를 다지게 되었다. 이사장님께서는 '수필이 문학의 최고이다. 수필을 쓰는 사람은 시를 써도 시를 쓰는 사람은 수필을 쓰지 못한다. 요즘 문인들은 글자 몇 자 쓰고 그것도 시라고 문인 행세를 하고 있다'고 질타하신다. 수업 시간이 되어 수필이 적게 나오면 게으르고 귀찮아서, 시간이 걸리기 때문에 안 한다며 부지런히 열정을 가지고 글을 쓸 것을 촉구하신다.

작품 발표 후 강평에 들어가면 호된 질책과 지도로, 6년이란 세월이 흐르게 되었다. 이렇게 쌓이고 쌓인 글이 책으로 발간되어 세상에 발을 디디게 되었다. 이철호 이사장님께 깊은 감사의 말씀을 드리며 많은 독자에게 도움이 되었으면 하는 바램이다.

2025년 5월

차례

수필집을 내면서 4

황백주 수필가의 문학세계 …289 이철호(문학평론가, 소설가)

제 1부 들꽃 같은 인생

금강에 살어리랏다 … 12
토끼 사냥 … 16
볼록렌즈(나의 성장기) … 19
뒷간 … 23
닭서리 … 27
우리가 남이가 … 33
막고 품어라 뛰쳐나가라 … 36
무전여행 … 41
아버지 … 45
어머니 … 48
연어의 회귀 … 52
오일장 … 57
자화상 … 60
주머니칼 … 64
정든 집 … 68
우금티 고개 … 72
들꽃 같은 인생 … 76
이력서 … 79
하숙생 … 85

제2부 사람 살린 이야기

90 ··· 풍경화
94 ··· 하이에나
98 ··· 정이 많으면 탈도 많다.
103 ··· 된장
107 ··· 반지하
111 ··· 처가
115 ··· 사람 살린 이야기
119 ··· 내 인생 최고의 날
123 ··· 손주 돌봄이
127 ··· 수박 한 통
130 ··· 자연인
134 ··· 중앙일보 국제마라톤 경기를 마치고
140 ··· 959호실
145 ··· 구급차
148 ··· 최재형 그는 누구인가?
151 ··· 텃밭
154 ··· 플로깅
156 ··· 한 장 남은 달력 한 장
159 ··· 당진 가던 날
163 ··· 비상금

제3부 법창야화

경마장 사람들 ⋯ 168
다이너마이트 ⋯ 171
러브호텔 ⋯ 174
보도방 ⋯ 177
보이스 피싱 ⋯ 180
비명 소리 ⋯ 183
뽕쟁이 ⋯ 186
 수류탄을 보관한 죄 ⋯ 190
어느 경찰관의 절규 ⋯ 195
연탄가스 ⋯ 198
오색 여인숙 ⋯ 202
전원 마을 ⋯ 206
중앙도서관 ⋯ 209
총소리 ⋯ 212
형사의 눈물 ⋯ 215

제4부 손주와 지리산을 종주하다

222… 새해 첫날 손주와 관악산을 오르다
227… 운장산의 봄
232 … 고대산 보개산 금학산 종주를 마치고
236 … 손주와 지리산을 종주하다
242 … 관악산 물성사
245 … 백두산 문학기행을 마치고
250… 설악산 눈꽃 산행
254 … 베트남 나트랑 달랏
259 … 안녕! 하롱베이
264 … 예봉 적갑 운길산을 종주하다
269 … 일본 돗토리현 다이센 산행을 마치고
271 … 제주도 문학 기행을 마치고
275… 성중 종주를 마치고
280 … 코타키나발루
284… 한라산 영실 철쭉꽃 축제
287 … 희말라야 안나푸르나

제2부 들꽃 같은 인생

금강에 살어리랏다

　내 고장 진안은 맑은 물이 흐르는 금강 상류다. 메기 붕어 쏘가리 뱀장어 등 물고기가 지천을 이루는 금강에는 여름이면 고기잡이와 천렵이 무르익는다. 천렵하려면 시장에서 어항을 구매하고 쌀을 한 홉씩 걷어 강가로 나간다. 강물에 헤엄을 치며 여울물에 어항을 놓아두면 피라미 쉬리 똘 중어 때론 푸른빛을 띤 가라지가 투시되는 햇살에 빛을 번쩍이면 우리들은 좋아라 환호성을 지른다. 어항 속의 물고기들은 몸체는 작으나 큰 물고기를 능가할 정도로 맛이 좋다.

　강변에는 바람이 심하게 불어 돌멩이를 쌓아 바람을 막고 어죽을 끓이면 모래가 날려 들어 우지직 우지직 모래를 씹어가며 죽을 나누어 먹던 추억이 서려 있다. 산촌에는 학교가 없어 6개 면의 학생이 한곳으로 모이던 시절 산중의 소년은 강가의 친구들 집에 자주 놀러 가곤 했다.

　미 24사단장이었던 딘 소장이 생포되어 포로로 끌려간 코크니재를 넘어 강물이 휘돌아 흘러가는 코크니 마을 앞 모퉁이에 다다르면 땅속으로 빨려 들어갈 듯 시퍼런 물줄기가 빙빙 소용돌이치는 용이 살아있다는 소를 보며 어지러움에 현기증을 느끼기도 한다. 그런가 하면 어른 팔뚝만 한 가물치가 수면 위로 몸을 내민 채 일광욕을 즐기고 있다. 마을 청년들이 가물치를 잡으려면 공기총으로 쏘아 잡는다는 이야기를 전해주어 우리는 돌멩이를 던져 가물치를 쫓는 것으로 만족해야 했다.

운암초등학교 앞에는 농사를 짓기 위한 큰 보가 물길을 막아 강 건너 학생들은 배를 타고 학교에 다녀야 했다. 물 위에 솟은 바위에 자라가 기어올라 휴식을 취하는 모습이 낭만적이기도 하였다. 강가의 비좁은 벼랑길을 걸어갈 때는 시퍼런 물결이 무섭기도 하고 고동을 잡다 사람이 죽었다느니 초등 교장 선생님이 귀가 중 물에 빠져 익사했다는 등 두려움이 앞서기도 하였다.

언젠가는 새벌리 마을의 친구 집에 갔다가 장마철 많은 폭우가 내려 강은 범람하고 강물 위에 통나무와 목재가 떠내려와 친구 집 땔감으로 건져 올리는 것을 도와주기도 하였다. 친구는 강가에서 성장하여 큰물이 불어나는 것을 대수롭지 않게 생각하였으나 나는 처음 보는 물난리에 입이 딱 벌어지고 눈이 휘둥그레져 한동안 넋 놓고 물 구경에 빠지기도 하였다.

농민들은 비 오는 날이 쉬는 날이다. 마을 주민들은 강물이 불어나면 물고기들이 가장자리로 나오는 것을 이용하여 족대를 들고 고기잡이에 몰입한다. 대나무에 엮은 그물이나 나뭇가지에 엮은 망을 사용하여 부지런히 물길을 훑고 다니다 보면 양동이 하나 정도의 물고기를 잡아 온 가족이 배불리 먹을 수 있는 저녁 밥상이 차려지는 것을 보았다. 산촌에서는 논두렁에서 고작 미꾸라지나 개구리를 잡아 단백질을 보충하건만 강가의 친구들은 물고기를 건조시켜 반찬이나 군것질로 먹는 것을 보면 부럽기도 하였다.

고학년이 되어 토요일이면 큰 물고기를 잡기 위해 대범하게 시장에서 약물을 구하여 친구 집에 가게 되었다. 친구의 집은 운암리를 미처 못 가 계곡을 따라 산봉우리를 타고 오르면 강가에 마을이 있는 일명 오리목 마을이다. 다른 곳과는 달리 다수의 학생이 학교에 오곤 했는데 강 주변은 수자원이 풍부하고 땅이 비옥하여 농작물 수확량이 많아 학생 수가 제법 된다는 것을 알게 되었다.

부모님은 아들 친구인 손님이 왔다고 두레 밥상을 펴고 보리밥에 쌀을 섞어 놋쇠로 만든 찬합에 고봉으로 밥을 담아 연신 더 먹으라 권장하신다. 어른들은 큰들 모퉁이 용소는 고기를 안 잡았으니 손을 타기 전에 일찍이 나가서 고기를 잡으라 일러 주신다. 기다란 대나무 장대를 어깨에 메고 바구니를 들고 강가로 나간다. 장대에 달린 주머니에 약물을 넣어 깊은 물 속 바위 밑을 쿡쿡 찌르면 제일 성질 급한 빠가사리가 떠오르고 조금 기다리다 보면 굴 속에 은둔하던 메기와 뱀장어가 숨을 참지 못한 채 물 가장자리로 튀어나온다. 우리는 환성을 지르며 고기를 잡아 귀가하니 여름철엔 물고기가 쉽게 상한다고 소금물에 절여 월요일 학교 갈 때 집에 가져가라 하신다.

저녁에는 다른 친구의 집에 초대받아 융숭한 대접을 받고 그곳에서 학교에 가며 바구니에 담은 물고기는 시장 가게에 보관 후 집에 가지고 가 부모님께 전해준 기억이 새롭게 떠오른다.

그런가 하면 친구들과 삼삼오오 돈을 거둬 마을 청년에게 전기 배터리를 빌려 물고기를 잡아 천렵하고 언젠가는 배터리 속에 든 황산액이 흘러나와 검은 양복인 교복의 엉덩이 부위가 타들어 가 큰 구멍이 생겨 어머니는 영문도 모른 채 옷을 수선하여 주시었다.

겨울이면 청춘 남녀가 손을 잡고 스케이트를 타며 사랑을 나누던 금강. 일제 강점기 댐을 막기 위하여 모래 자갈 등을 산더미처럼 쌓아 놓아 소풍 가면 그곳에서 보물찾기했던 곳.

사춘기 소년의 마음속에 깊게 배어있던 금강은 지금은 전국에서 다섯 번째로 큰 용담호로 다시 태어나 멀리 전주 이리 군산까지 식수를 공급하는 어머니의 젖줄 같은 역할을 톡톡히 해내고 있다.

토끼 사냥

산촌의 학교는 방학이 돌아오면 전교생이 모여 토끼 사냥을 나간다. 통제된 학교생활의 지루함, 모든 것이 해방을 맞는 겨울 방학은 최고의 선물이다. 토끼 사냥은 사냥도 사냥이지만 단체 활동과 단합 정신을 일깨우는 좋은 레크레이션 활동이다.

사냥하기 전날엔 마음이 부풀어 잠이 오질 않는다. 숙제를 하듯 길쭉한 몽둥이를 준비하여 책가방 대신 지참하고 경쾌한 마음으로 우쭐대며 학교에 간다. 운동장에는 전교생이 몽둥이를 소지하고 마치 녹두 장군 전봉준의 동학 혁명을 불태우듯 명령만 내리면 어디라도 습격할 듯 용맹스러움이 넘쳐흐른다.

운동장엔 교장 선생님의 훈시가 시작되고 겨울 방학을 맞아 여러분의 건강과 그동안 부족했던 공부 시간을 보충하는 계기로 삼아 훌륭한 사람으로 성장하라고 당부 말씀을 전달하신다.

사냥을 진두지휘하는 체육 선생님의 전달과 함께 담임선생님을 필두로 출발한다. 까만 교복을 입은 학생들은 1, 2, 3학년이 차례로 300여 명의 학생이 신작로를 메우니 영화의 한 장면처럼 군사 작전을 방불케 한다. 졸업을 눈앞에 둔 3학년 선배들의 앨범 사진을 제작차 사진사인 희망 사진관 아저씨도 카메라를 어깨에 메고 마음이 들떠 있다.

토끼 사냥은 해마다 한 번씩 치루는 행사인 만큼 사냥지는 학생들에게 사전 정보를 수집하여 고지가 높은 대덕산 줄기나 고원지대를 찾게 된다. 어느 해에는 신교리 교정마을 구먹징이를 지나 지사 방면에 있는 대덕산 줄기에서 사냥하게 되었다. 사냥터에 도달할 즈음 들판에 숨어있던 고라니 한 쌍이 놀란 나머지 전속력으로 달아난다. 사슴과 동물인 고라니는 한번 뛰면 멈추지 않고 끝까지 달아나는 성질이 있어 기구를 사용치 않고는 잡을 수 없다.

그러나 토끼는 거북이와 경주에서 보듯 제 꾀에 제가 넘어간다. 가다가 숨든지 땅굴로 들어가는 겁이 많은 동물이다. 전교생이 토끼가 출몰하는 지역에 간격을 좁혀 포위망을 구성하고 하급생 1학년은 아래에서부터 몽둥이를 휘저으며 소리를 내어 토끼를 몰아 위로 향한다. 포위망을 구성한 2~3년생 선배들은 토끼가 접근하지 못하도록 몽둥이를 좌우로 휘저으며 함성을 지르고 이에 놀란 토끼는 남학생들보다는 여학생 쪽이 나을 거라 판단했는지 그쪽으로 뛰어 올라가고 있다. 토끼야~ 토끼야~ 함성을 지르자 토끼란 놈은 기가 죽었는지 더 이상 뛰지를 못하고 포위망 앞에 다다를 즈음 작은 나뭇등걸 옆에 숨고 만다. 이를 본 3학년 선배인 여학생이 막대기로 후려쳐 토끼를 잡았다. 그 선배가 어떠한 선배인가?

시골에서 학교에 다녔으니 말이지 대처에 나가 학교에 다녔으면 농구 선수를 능가하는 신장과 미모를 가진 누나 같은 학생이었다. 하필이면 토끼란 놈도 그런 건강한 여학생 앞으로 뛰어갔으니 제 꾀에 걸린 것이다.

그날 토끼 사냥에서 두 마리의 포획물을 거두고 개선장군처럼 귀환하는 대열 앞엔 전리품인 토끼를 나뭇가지에 매달아 교문 앞까지 행진하는 행렬이 펼치고 3학년 선배인 누나는 토끼를 잡은 영웅으로 전교생에게 이름이 알려지게 되었다. 우리는 운동장에서 그녀를 보면 한층 더 위엄 있고 멋있게 느껴졌던 선배로 지금도 기억에 남아 있다.

잡은 토끼는 선생님들의 화합과 사기 진작을 위한 잔치로 쓴다. 소주잔을 기울이는 달콤한 맛은 피로를 잊게 하고 전교생이 소지했던 몽둥이는 숙직실 난방용 땔감으로 톡톡히 한몫하기도 했다.

겨울 방학의 단체 행사인 토끼 사냥은 성장 시절의 참으로 신나고 재미있었던 영원한 추억이다. 이러한 체험은 산촌은 산촌대로 어촌은 어촌대로 도시는 도시 대로 그 특유의 문화 속에 뿌리를 내리고 있는, 청소년이 성장하도록 하는 삶의 원동력이 아니었던가 생각하며 오늘도 힘차게 하루를 연다.

볼록렌즈(나의 성장기)

　금강 상류가 흐르는 내 고향 진안은 호남의 개마고원 첩첩산중 고원지대이다. 아버지는 장남으로 할아버지의 대를 이어받아 농토를 늘려가는 관계로 배는 고프지 않게 성장할 수 있었다. 반면 작은아버지는 서 마지기 논에 전 일부를 이전시켜 제 금(독립)을 내었건만 어려운 생활은 계속되고 어느 때인가는 밤늦게 찾아와 어린 처자식들과 어떻게 사느냐고 하소연하시는 것을 보았다. 작은아버지의 절규에도 아버지는 침묵으로 일관하시고 재산 문제로 집안의 우애가 좋지 못한 채 살아갔다. 나는 할머니 할아버지의 사랑을 받으며 성장하던 중 초등학교 저학년에 세상을 떠나셨다.
　마을 청장년들이 서당 공부를 하느라 글 읽는 소리가 진동하던 시절, 양학을 배운다는 것은 크나큰 축복이었다. 면 소재지의 학교에는 6개 면의 산중 학생들이 모여들고 그것도 시험을 치러야 하는 그런 시기였다. 한세상 살면서 동창생이 된다는 것은 한 부모 밑에서 피를 나눈 형제자매는 아니지만, 그 학교의 교육 이념과 선생님들의 지식과 정신을 이어받는 인연의 열매로 사회적인 동반자이기도 하다. 먼 곳에서 새벽같이 달음질로 학교에 오는가 하면 배고픔에 학교에 도착하여 도시락을 먹는 학생들도 부지기수다. 그래도 배움 하나만으로 친구가 되고 글을 배우며 무럭무럭 성장하는 시기였다.

 농촌 일터의 심부름이 싫어 공부한다는 핑계로 어둠이 짙을 무렵 집에 오면 부모님은 책가방 들고 들어오는 아들이 대견스러워 저녁이면 밥을 고봉으로 얹어주곤 하셨다. 중학을 졸업 후 대처로 학교에 가야 했던 시절 상공업이 발달한 전주는 하루에 두어 번 오가는 버스를 타고 한나절은 족히 비행기를 타듯 곰티재 고봉을 넘어 신작로 길을 달려야 한다. 어머님의 섬세한 배려 속에 봇짐을 지고 아는 친척이라곤 한 사람도 없는 불모지의 환경에 한 달에 쌀 일곱 말을 버스에 실어 나르는 하숙생으로 학교 주변에 자리를 잡게 되었다.

 도시의 학교는 각처에서 모여든 학생들로 조회 때는 운동장이 꽉 차는 진풍경을 볼 수가 있었다. 산중의 건장한 소년이 배움을 택하여 도시에 진출하였건만 동일계통의 불량 청소년들의 폭력 서클로 면학 분위기는 공포의 도가니로 어둠의 그늘이 지워지지 않는, 울분의 시간도 많았다. 농촌 출생의 소년이 도시에서 많은 것을 보고 느끼는 시간이었다. 학교를 졸업하니 남북이 대치하는 우리의 현실에 병역 의무가 기다리고 있어 삼 년여의 군복무를 마치고 사회에 첫발을 내딛게 되었다.

고향에 오니 아버지의 가업을 형님이 물려받아 곳간 열쇠는 이미 형수에게 넘어간 상태로 부모님은 실권이 없는 것이 눈에 보이고 삼 개월여의 휴식 끝에 대처로 나가 직장에 취직하게 되었다. 출근길 정문 앞에는 고급 의상의 여성들이 길거리를 활보하고 촌티가 묻은 내가 저런 일류 회사의 여직원들과 같이 일을 할 수 있을까 하는 두려움마저 있었다.

자부심을 가지고 회사에 임하였건만 그들은 열악한 환경에서 작업복에 페인트를 뒤집어쓰는가 하면 일을 마치고 옷만 바꿔 입고 나오는 진풍경을 볼 수가 있었다. 철모를 때는 옷 잘 입고 예쁜 여자 앞에는 고개를 숙인 채 지나가곤 했던 내가 삶이란 이런 것이구나 하는 것을 알게 되고 사회생활이란 것이 별것 아님을 알게 되었다. 모든 것에 대한 자신감이 깃들고 사람 속을 거침없이 헤집고 다니는 용기를 가지게 되었다.

회사 생활은 희망이 없어 이직을 찾아 주경야독의 생활을 이어 가니 체력이 고갈되는 것을 느낄 수 있다. 도청에서 발행하는 1년 동안의 고시 계획서를 구입하여 적성에 맞는 시험을 골라 보는 작전을 구사하며 직장을 다니던 중 소방과 경찰 시험에 합격하게 되었다. 경찰에 잠깐 몸을 담다 좋은 직장을 찾는다고 하는 것이 적성에 맞아 봉직하게 되고 서울 처녀와 결혼까지 하게 되었다.

결혼식을 올리던 날 하객인 촌로들은 하나같이 고생길이다, 하며 한숨 섞인 말을 흘리곤 하셨다. 축하한다는 소리는 못 하고 왜 부정적인 소리만 할까? 하고 언짢은 마음이 들었던 것은 사실이다. 결혼 생활이 이렇게 무섭다는 것을 비로소 알게 되었다. 헌법보다 더 무섭다는 장남 상속의 곳간 열쇠와 공무원 박봉으로 살아가는 눈물겨운 단칸방의 생활이 시작된 것이다.

밤을 새우는 열악한 근무 환경에 치안 수요는 왜 그리도 많은지. 5공 시절 무릇 시위는 넘쳐나고 젊은 체력이 아니면 도저히 감당하기 어려울 만큼 힘들었지만 어려움이 따를수록 어린 핏덩이가 있다는 것을 상기하며 치안 현장을 사수한다.

힘들고 어려운 일도 많았지만 좋은 일과 보람된 일도 많았다. 경찰의 꽃이라 말하는 수사 형사로서 범죄자들이 설설 기는가 하면 노약자를 돕고 불우한 자의 직업을 알선하며 불의에는 타협하지 않고 정의감을 앞세워 불량청소년 선도에도 앞장서며 일해 왔다. 어연 경찰 생활 36년 정년 퇴임하고 지난 시절을 되돌아보니 이 한 몸 조국을 위하여 일한 자부심이 가슴속에 흐른다. 인간의 삶은 만족이 없다지만, 행복은 주변에 있다는 것을 생각하니 마음속 텃밭은 수확을 기다리는 농부의 마음처럼 따뜻한 봄날 아지랑이 피어오르듯 행복감이 넘쳐흐른다.

뒷간

아래채 행랑에는 뒷간이 있었다. 뒷간은 조상 신주단지 모시듯 구덩이를 파고 도가니를 묻어 여름철에는 구더기가 구물거리고 어둡고 밑이 깊어 보기만 해도 겁이 나는가 하면 대낮에도 쥐가 들랑거려 공포를 불러일으키곤 했다. 그런가 하면 집에서 키우는 닭이나 강아지가 빠져 곤욕을 치르는 일도 있었다. 뒷간 앞에는 볏짚을 매달아 놓아 드르륵드르륵 새끼 꼬는 소리가 들리면 어른들이 뒤를 보는 것을 알 수가 있다. 손바닥으로 볏짚을 비벼 부드럽게 만든 후 밑씻개로 사용한다. 뒷간에서 일을 볼 때는 똥물이 튀어 올라 엉겁결에 엉덩이를 올렸다 내렸다 리듬을 타기도 하고 똥물이 튀었을 때는 지푸라기로 엉덩이를 닦아내고 어머니에게 짜증을 내며 아버지에게 빨리 변소를 치워야 한다고 재촉하기도 했다.

할머니는 뒷간을 측간, 통시 또는 소매라 불렀다. 할머니가 소리 없이 밖을 나가시면 할머니 어디 가요? 하고 물어보면 소매 보러 간다 아니면 측간에 간다 말씀하여 소변을 보러 가는 것은 소매라 하고 대변을 보는 곳은 측간이라는 것을 알게 되었다.

돼지 막 위에서 일을 보는 것을 통시라 하고 통시는 정상적으로 배설되는 용변은 돼지가 잘도 먹어 치우나 물똥을 싸게 되면 머리에 묻었던 용변을 털어내어 피할 방법도 없이 온몸에 고스란히 세례를 맞기도 했다. 돼지는 더러운 곳에 살아 똥이 묻어도 괜찮을 줄 알았는데, 싫어하는 모습을 보고 청결한 동물이라고 생각되었다.

유년 시절 우리 집은 아래 모퉁이를 돌아 맨 끝에 있는 뒷간을 가야 했다. 뒤가 마려울 땐 비가 오는 날은 비를 맞아야 했고 눈이 오는 날엔 눈 속에 빠지며 뒤를 마치면 사시나무 떨듯 하는 추위에 이불 속으로 뛰어들던 생각이 난다. 행랑채 할머니 방에서 잠을 잘 때면 발걸음 소리만 들어도 누가 뒷간을 다녀가는지 잠결에도 알 수가 있었다.

깜깜한 밤에 뒷간에 가려면 당산에서 울어대는 부엉이 소리에 안절부절 방바닥을 맴돌면 아버지는 나를 데리고 뒷간 앞에 있는 거름 자리에 뒤를 보게 하고 멀찍이 떨어져 벌겋게 타오르는 담뱃불만이 눈에 아른거리기도 했다. 볼일을 마치고 방안에 들어오면 이젠 동생이 뒤가 마렵다고 한다. 여동생이 둘이나 있으니, 아버지는 밤이면 새끼들 뒷간을 데려다주다 잠을 설치는 경우가 허다했다. 농촌의 뒷간은 마당 외진 구석에 커다란 도가니를 묻어 거적으로 주변을 가리고 출입문은 가마니를 매달아 사용하는 비문화적인 생활이었다. 면사무소에서는 뒷간 개량 사업 점검차 마을에 들려 가마니를 매달아 출입문으로 사용하는 집은 가마니를 뜯어 버리고 거적으로 주위를 가린 그것까지 철거하여 뒷간을 사용치 못하게 하였다. 우리 집은 시멘트로 독을 만들고 통나무를 가로질러 판자를 덮고 출입문 역시 송판(판자)으로 문짝을 만들어 농촌에서는 그런대로 개량식 변소로 탈바꿈되었다.

엄동설한 추운 겨울이면 아버지는 보리밭에 거름을 준다고 변소에 덮어 놓은 판자를 걷어내고 막대기로 휘휘 젖어 밑씻개로 사용한 지푸라기를 한곳으로 모으고 인분통에 퍼부어 지게에 짊어지고 나가신다. 구린 냄새가 마당 안과 고샅길까지 진동하고 옆에서 쇠죽을 끓이고 있는 나의 목 안까지 더운 김이 스며들어 머리가 지근지근 아팠다.

추석 명절 때는 대가족인 관계로 송편을 많이 만들어 윗목에 놓아두면 러닝셔츠 앞자락에 송편을 가득 담아 사다리를 타고 통시에 올라 뒤를 보며 떡은 돼지를 주고 팥알만 빼먹던 중 담 넘어 어머니가 이를 발견하고 소리를 쳐 깜짝 놀라기도 하였다.

두 살 터울의 여동생들은 서로들 죽이 맞아 뒷간에만 가면 시끌벅적 소란을 피우고 장난을 치다가 동생이 등을 떠밀어 언니가 똥독에 빠지는 일이 벌어졌다. 다행히도 가장자리 크림처럼 굳어있는 인분 위에 덩그러니 누워있어 큰 화를 면하였다.

뒷간은 마음의 안식처이고 평화가 찾아오는 곳이다. 외사촌 동갑내기와 냇가에 놓은 통발을 훔쳐 주인에게 들키자, 줄행랑을 치어 뒷간에 숨어 있던 일. 찌는 듯한 여름철 경찰학교 교육 중 월담하여 음주하다 사감에게 들켜 줄행랑을 치던 중 뒤따르던 동료가 뒷간에 빠져 인분을 묻힌 채 아기가 잠들어 있는 방안을 지나 창문으로 빠져나가 도주에는 성공하였으나 집안을 버려놓았다고 주민들이 학교에 찾아온다고 정문에서 난리를 치기도 하였는데 똥이 묻은 옷가지를 내무반 옥상에 숨겨놓아 그것이 증거물로 모든 게 들통이 나고 퇴교 직전 용서를 받고 교육을 마칠 수 있었다.

군에 입대하여 혹독한 훈련병 시절, 삼엄한 경비 아래 쉴 곳이 없음에도 화장실은 통제하지 않아 그곳에서 빵을 먹고 안정을 취하곤 했던 아련한 추억도 있다.

과학이 발단한 문명 세대의 뒷간은 화장실이라는 이름으로 수세식 변소에 모든 것을 쓸어 넣는 자연 파괴적 장소라 하지만 개똥밭 참외와 오디는 물론 자연을 순환시키는 친환경 역할을 톡톡히 해냈던 뒷간은 외국을 나간 이민 후손들이 고국에 돌아오면 뒷간부터 달려가 냄새부터 맡아야 비로소 안정감이 든다고 한다. 뒷간은 우리와는 떼려야 뗄 수 없는 깊은 추억과 영혼이 서려 있는 곳이다.

닭서리

대처로 나가 학교에 다니던 시절. 방학이면 여느 때와 다름없이 고향으로 돌아오곤 했다. 농촌에는 상급 학교에 진학하지 못한 청년들이 다반사다.

무더위가 기승을 부리는 여름철, 마을에는 군에서 휴가를 나온 형들이 두 명이나 있었고 다른 형까지 합쳐 네 명이 모이게 되었다. 그중 용덕이는 동네에서 머슴을 살다 군에 입대하여 우리 마을에 휴가를 오게 되었다. 군에서 고생한 것을 마땅히 풀 길이 없고 서로들 궁리 끝에 닭서리를 하자고 제안한다.

저기 시장마을 생기네 집에 가면 마루 앞 뜰팡에 사과 궤짝 두 개를 겹쳐 놓았는데 그 속에 닭이 들어있으니, 자기들은 밖에서 망을 볼 테니 나더러 한 상자만 들고 나오라 한다. 나는 영문도 모른 채 기사도 정신을 발휘하여 낮은 포복으로 살살 기어 흙마루 앞에 이르니 주인은 무더위에 방문을 열어 놓고 코를 골며 잠을 자고 있다. 조심스레 닭 상자를 안고 밖으로 나온다. 형들은 잘했다고 상자를 받아 한적한 곳으로 이동하여 닭을 꺼내 마을로 향한다.

무지렁이 동네 형은 자기 이모 집을 왕래하며 상자 속에 있는 닭이 몇 마리인 것까지 알고 그것을 훔쳐 오라 했다. 오는 도중 주인의 추적을 피하려고 벼가 무성히 자라고 있는 논 가운데를 가로질러 반대편의 신작로에 날개깃을 빼어놓는 위장술을 보이며 잘 삶아 먹고 귀가하였다. 다음 날 새벽, 닭을 도둑맞은 주인은 중배실 아이들이 유독 벽살맞다는 것을 알고 이종사촌 동생인 형에게 동네 사정을 알아보기 위하여 찾아와 문을 여는 순간 윗목에는 닭 뼈가 널브러져 있고 형은 아무런 변명도 못한 채 사실을 말하게 되었단다.

그래도 닭 주인은 우리는 친척 간이니 너만 알고 나만 알자, 닭 네 마리 값 이천 원만 주면 이것으로 무마하겠다 하고 돌아갔다 한다. 그러나 형은 돈도 없을뿐더러 서로 미루고 방관한 채 시일을 보내던 중 닭 주인은 자기는 누가 밀고를 했는지 모른다, 발뺌하며 지서에 신고한 것이다. 나는 영문도 모른 채 무주구천동 야영을 마치고 버스에서 내리니 논에서 일을 하던 집안 형님이 달려와 너희들 잡으러 순경이 왔다 갔으니 빨리 피하라고 전달한다. 집에 들어오니 어머니는 넋을 잃고 나를 보며 한숨을 쉬신다.

날은 어두워지고 마루에 걸터앉아 있는 자식을 보며 저녁에도 틀림없이 순사들이 올 테니 옆집 골방에 가서 잠을 자라 하신다. 깊은 시름을 하시는 어머님을 보니 측은한 마음 가눌 길 없고 부끄러움도 잊은 채 쥐가 들썩거리는 골방에서 잠을 자고 나오니 어젯밤에도 순사들이 다녀갔다 한다. 어머니는 쌀을 챙겨 줄 테니 빨리 전주로 돌아가라 하여 방학도 마치지 못하고 쌀자루를 둘러멘 채 하숙집 아저씨에게 공부를 더 하려고 왔다는 거짓말과 함께 경찰이 언제 들이닥칠지 알 수 없는 불안한 생활이 이어진다.

어머님이 여동생을 시켜 편지를 전달해 왔다. 너 잡으러 그곳에 갈지 모르니 어디 먼 곳으로 피신하라는 내용이었다. 부랴부랴 하숙집을 다른 곳으로 옮기고 개학과 함께 학교에 다니게 되었다. 그러던 어느 날 하숙집 주인이 찾아와 고향에서 무슨 일이 있었느냐. 어젯밤 자정 무렵 누가 너를 찾는다고 하여 문을 여니 순사가 들이닥쳐 방안을 뒤져 다른 곳으로 이사를 하여 모른다고 했다며 오늘은 학교를 안 가는 것이 좋겠다고 말씀하신다.

일단 몸이 아프다는 내용의 결석신고를 급우에게 전달하고 사실은 경찰이 나를 잡으러 왔다고 하니 학교에 오면 내 집 가르쳐 주지 말고 끝나는 대로 연락을 주라고 당부하였다. 수업이 끝나고 친구들이 달려왔다. 순경이 교실에 들어와 백주 형인데 집을 몰라 학교까지 오게 되었다고 공부는 잘하냐 하고 물어보더란다. 진짜 너의 형인 줄 알고 공부도 잘하고 우리 반 학급 실장이라고 자랑까지 해주었다 한다.

조회 시간이 다가와도 나타나지 않자, 순경은 담임선생님께 사실을 말하고 돌아갔다 한다. 저녁 무렵 약주 한 병을 사 들고 담임선생님 집을 찾아가게 되었다. 형들이 시켜서 죄가 되는지도 모르고 닭서리를 하게 되었다고 말씀드리니 선생님께서는 경찰이 학교까지 들어오고 자기 혼자는 책임을 질 수가 없어 생활부에 보고하게 되었다며 생활부장 선생님은 교외에서 일어난 일이니, 해결만 되면 문제 삼지 않겠다고 말씀하셨다 한다. 선생님은 제자에게 이런 말을 해서는 안 되는데 시대가 그러니 부모님과 상의하여 사비를 들여서라도 해결하여 꼭 마무리하고 오라며 결석 문제는 공가로 처리하여 준다고 말씀하신다.

버스를 타고 고향에 내리면 마을까지는 족히 오리 길은 신작로를 걸어야 한다. 터벅터벅 신작로 길을 걸으며 상념에 잠기던 중 새카만 복장에 먼지를 일으키며 달려오는 오토바이를 보고 주변 콩밭으로 뛰어들어 가까스로 몸을 숨기고 자세히 보니 우체부가 배달을 가는 것이다. 가슴을 토닥이며 집으로 향한다. 부모님께 선생님 말씀을 전달하니 동네 이장과 유지를 시켜 해결의 실마리를 찾느라 고심하신다. 닭서리를 했던 두 명의 형은 군에 복귀하였고 농사짓던 형은 피신한 상태로 한 학기만 더 다니면 졸업인데 나만 사면초가에 빠진 것이다. 아마 그들은 우리 집이 밥이라도 먹고 학생 신분이니 나를 타킷으로 삼은 것 같기도 하다. 순사가 마을에 오면 동네 유지라고 아는 사람 다 모여들고 부모님은 닭을 잡고 쌀을 한 말씩 밥을 하여 접대하는가 하면 다방으로 불러내어 농촌에서는 구경도 하지 못한 맥주를 대접하기도 하였다.

그러던 중 농사를 짓던 무지렁이 형이 붙들리게 되고 지서에 감금된 채 줄다리기 협상은 계속된다. 각고의 노력 끝에 칠만 원이란 거금을 주고 해결을 보게 되었다. 네 사람이 죄를 지었으니 다 같이 부담하자는 부모님의 의견에 농촌의 형은 가난하여 돈을 낼 형편이 못되고 다른 형들도 군에 복귀하여 군에 가서 잡아가려면 가고 모른다고 한다. 닭값은 고스란히 우리 부모님 몫으로 돌아오게 되고 닭 네 마리 값 이천 원을 물지 않아 칠만 원의 거액을 물고 해결하게 되었다.

닭으로 치면 차량 한 트럭 분이라는 생각이 든다. 물론 닭 주인이 거액을 다 챙겼겠느냐마는 지긋지긋한 닭서리 사건은 해결이 되었다. 학교에 돌아와 선생님께 말씀드리니 생활 지도부에서는 없었던 것으로 하여 무사히 졸업하게 되었다.

살아생전 어머니와 대화를 나누다 보면 내 평생 보리밥은 그해에 처음 먹어봤다. 순사만 보면 지긋지긋하더라. 너는 매일 골방에 숨어서 생활하고 어느 날인가는 "오토바이 소리에 놀라 쥐 들어오지 말라고 비료 포대로 막은 창문을 벽이 무너지듯 두들기며 뚫고 나가려 하는 것을 보고 살다 보니 그런 일도 다 겪었다. 너 그것 알고 있냐?" 하고 말씀하셨다.

나는 어머님 고생하신 것 잘 알고 있다며 바른 삶을 살아가겠다 위안을 해드린 가슴 아픈 추억을 깊이 간직하고 있다. 머슴살이하던 용덕이는 휴가만 나오면 마을 청년들을 데리고 사고를 쳐 이를 수습하느라 마을 종잣돈이 씨가 마르는가 하면 소 팔고 논 파는 것을 보았다. 좋은 환경 좋은 친구와 어울려야 한다는 것을 두고 두고 느끼는 계기가 되었다. 어른들은 왜 이런 친구를 조심하라 경계도 시키지 않은 게 원망스럽기도 하다.

아이러니하게도 나는 치안을 다스리는 경찰이 되었다. 작은 잘못이 큰 반성과 함께 알찬 열매를 맺지 않았나 싶다.

우리가 남이가

 산을 오른다. 무주구천동 덕유산 정상을 오른다. 곤돌라는 향적봉을 향하여 무등을 타고 둥실둥실 여행을 떠나고 살아 천년 죽어 천년인 주목의 광채와 겨울에는 스키어들의 천국인 푸른 광장을 보며 관광 삼매경에 빠진다. 첩첩산중 덕유산은 망망대해 바다를 이루듯 운해에 가려 한 편의 산수화를 만들고 우리들은 신선이 되어 하늘을 맴돈다. 향적봉 정상석에는 기념 촬영을 대비한 인간 사슬이 줄을 잇는다. 중등학교 70주년 총동문회 우리는 만나서 반갑고 즐거웠다.

 칠월은 청포도가 익어가는 계절, 오랜 가뭄에 목마르던 대지는 장맛비가 내려 숲은 짙푸른 향기가 산야를 진동한다. 꽃은 피고 지고 열매를 맺는 대자연의 순환 속에 중등학교의 총동문회를 계기로 동창회를 개최한다. 우리는 중등 친구들. 친구라고 다 같은 친구이더냐. 초심으로 돌아간 우리네들 가뭄에 단비 내리고 한여름 참외가 익어가듯 서로가 바라만 보아도 달고 맛있다.

 처녀 적 쌀 한 말도 못 먹고 출가하였다 하는 무주구천동. 진수성찬의 저녁 식사와 술잔을 곁들여 회포를 풀고 장소를 이동하여 리조트에 여장을 푼 채 밤샘을 해가며 초심으로 돌아간다. 산중에서 태어나 보릿고개를 넘겼다는 이야기, 새벽같이 일어나 먼 곳에서 학교를 달려 오는가 하면 누가 공부를 잘하였고 누구는 그림을 잘 그렸다, 자취하는 친구 집에서 닭서리를 하였다, 겨울 방학을 하는 날 몽둥이를 들고 토끼 사냥을 갈 때가 제일 재미있었다는 등 지칠 줄 모르는 이야기는 폭포수 흘러내리듯 쏟아져 내리고 힘은 넘쳐흐른다. 초대 교장 선생님 장례식을 치르던 날 저학년인 우리는 줄을 지어 뒤를 따르고 고개를 오르는 오르막길에는 삼 학년 상급생들이 상여를 메고 운구를 하였다 하는 등 이야기는 밤을 새워가며 꼬리를 물고 절정으로 치닫는다.

같은 고장에서 같은 음식을 먹고 자란 우리, 산중에 학교가 있었기에 대처로 나갈 수 있었고 전국 각지에 뿌리를 내릴 수 있었다. 문명과 교육이 뒤진 산중에서 성장한 우리들이라 하지만 도시의 여느 사람 뒤질 게 없는 당당한 모습에 기쁘기 그지없다.

날이 밝음과 함께 새벽 산책길에 나선다. 여름의 향기가 코끝을 진동하는 산길을 걸으며 오랜 세월 속의 만남은 실타래를 풀어가듯 매듭은 잘도 풀려 간다. 서로의 눈만 마주쳐도 모든 것이 감지되듯 하늘엔 양떼구름 뛰어놀고 시원한 바람이 등을 다독인다.

금강산도 식후경, 가족 마당에 모여 청국장으로 아침 식사를 한다. 산중에서 태어난 우리들은 청국장은 할머니가 콩을 삶아 골목 대야에 지푸라기를 덮어 만들고 그게 주식이었다느니 먹을 게 없어 도토리를 주워 오면 묵을 만들어 주었다는 이야기를 주고받는다. 다른 고장 음식은 몰라도 내 고장 음식은 영혼을 살리는 토속 음식이라며 맛이 있어 좋다 하니 주인은 이에 감동되어 냄비로 하나 가득 더 가져다준다.

고향은 이래서 좋다. 망아지처럼 뛰놀며 반딧불 불빛 삼아 별을 헤매던 소년들이 초심으로 돌아가 한마음 한뜻으로 대화를 나누며 깊은 우정을 느끼니 타인에게 열 번 잘하는 것보다 내 고장 내 친구에게 한번 잘하는 게 낫고 모르는 사람들에게도 밥을 사곤 하는데 내 친구에게 사는 게 최고라는 것을 느낀다.

친구 집에 놀러 가면 친구 부모는 아들 친구가 왔다고 밥을 고봉으로 퍼주고 숭늉까지도 뜨겁게 데워 주는 것은 물론 이부자리까지 정성을 쏟는 모습을 보았었다. 오늘 그 친구들이 모여 식사하고 이제야 그 보답으로 밥값을 계산하는 나의 마음은 날아가는 새처럼 기쁘기 그지없다.

산을 오르면 호연지기, 몸에 기가 돌고 힘이 솟곤 했었다. 사람은 모름지기 자기가 하고 싶은 것을 할 때 몸에 기운이 돌고 힘이 솟는가 보다. 즐거움과 보람이 벅차오른다.

어느덧 1박 2일의 여정은 작별의 시간이 다가오고 아쉬움을 뒤로 한 채 상경 길에 오른다. 우리가 남이 가? 함께한 친구들 정말 즐거웠고 고마웠다. 무주여 안녕! 다음에 또 만나요

— 2022. 7. 3 중등 동창회를 마치고

막고 품어라 뛰쳐나가라

    산중 학교에 교감 선생님이 전근을 오셨다. 상공업이 발달한 도시의 명문 학교에서 수학을 지도하시다가 승진이 되어 시골 벽촌까지 오시게 된 것이다. 도시의 학생들과는 달리 용모가 단정치 못하고 겨울이면 목욕탕이 없어 위생 관리가 불결한 우리 앞에 선생님은 보는 족족 이상한 듯 측은한 마음으로 우리를 지켜보곤 하셨다. 겨우 초등학생 실력을 능가하는 산중 소년들의 수학 능력을 체험 후 교단 앞에서는 망연자실 한숨 섞인 숨소리가 자주 들려오곤 했다. 수학 공식도 제대로 모르는 우리에게 알파, 베타, 무리수 방정식 등 분필을 들어 칠판에 써가며 어떻게든 공부를 접목시키려 노력하시는 모습이 역력하게 보이기도 하였다.
    산중에서 성장한 우리들은 공부에는 관심이 없고 초원에 뛰노는 망아지처럼 학교만 오갈 뿐 수업 능률이 오르지 아니하자 선생님은 극단의 선택으로 '막고 품어라'는 말씀을 자주 하시곤 하였다. "고기를 잡으려면 물을 막고 퍼내면 고기만 남는 것 아니겠냐?" 하시며 '막고 품어라'를 즐겨 사용하셨다. 수학 공식을 암기하고 자주 복습하면 실력이 향상된다는 것을 비유하는 말이라는 것을 뒤늦게 알게 되었다. 그런가 하면 아버지 같은 나이의 교감 선생님은 젊은 선생님들처럼 매를 들어 가르칠 수도 없는 실정으로 우리가 측은하였던지 수업 중에도 간간이 뛰쳐나가란 말씀을 자주 하시곤 하였다. 도시의 학생들에 비하여 성적이 많이 뒤떨어지는 게 사실이다. 같은 쌀이라 해도 김제 만경평야에서 나오는 쌀은 기름지고 밥맛이 좋은데 산중에서 생산되는 쌀은 기름기도 없고 밥맛도 없다. 그러니 상공업이 발달한 도시로 뛰쳐나가 보고 듣고 배우라고 말씀하시곤 하였다. 안타까운 마음으로 마음을 전달하건만 우리는 농촌 생활이 삶의 터전이고 농작물을 경작하여 생계를 유지하는 부모님 역시 살아가기도 힘든 시절이었다.

  선생님은 홀로 시골에 내려와 숙식을 해결하며 주말이면 집에 다녀오곤 하셨다. 산중의 소년들은 비록 공부는 뒤떨어지나 물고기 잡는 것을 비롯해 동식물을 채집하는 남다른 수완을 발휘하는 것을 보고 몸을 보신하는 데는 뱀이 보약이 된다는 것을 알고 뱀을 잡으면 학교에 가져오라고 당부하기도 하셨다. 점심시간이면 학교 부근에 거주하는 학생들은 집에 달려가 밥을 먹고 오기도 하던 시절. 점심을 먹기 위하여 집으로 달려간 친구가 냇가를 건너오다 구렁이를 발견하고 이를 끈으로 묶어 학교 운동장까지 질질 끌고 들어오는 일이 있었다. 선생님은 뱀을 잡아 온 학생에게 얼마간의 사례금을 주고 뱀을 하얀 보자기에 담아 약탕기에 넣어 숙직실 부엌에서 달여 드시는 것을 보았다. 뱀을 잡아 온 친구가 선생님께 돈을 받는 것을 보고 그 친구가 얄밉기도 하였다.

숙직실 옆에는 붕어와 잉어 등 고기를 키우는 방죽(양어장)이 있었다. 방죽이 오래되어 수심이 낮아지자 고기가 살 수 있는 조건을 만들어 주기 위하여 방과 후에는 방죽 물을 퍼내고 고기를 잡는 시간이 전개되었다. 수위가 낮아질수록 고기들은 지느러미를 퍼덕이고 학생들은 사방에서 환호성이 울려 퍼진다. 비록 공부는 뒤떨어진 학생들이라 하지만 고기를 잡는 데는 한몫을 톡톡히 하고 있다. 그것도 아무런 기구도 없이 맨손으로 말이다. 선생님은 다음날부터 우리들을 보면 고기 잘 잡아? 하며 눈인사를 건네고 우리들은 자연히 물고기를 잘 잡는 자부심에 우쭐대기도 하였다.

학교에서는 연례행사로 봄가을 두 번에 걸쳐 소풍을 간다. 소풍이래야 고지대의 산 중턱이나 산세가 수려한 계곡과 금강 상류의 주변인 강변을 대상지로 선정하곤 했다. 어느 해인가는 학교의 교가로 선정된 높은 고봉인 대덕산 줄기의 중턱으로 소풍을 가게 되었다. 나무꾼들이 다니는 비좁은 산길에는 긴 행렬이 이루어지고 산골짜기 계곡 밑에는 아낙네가 김을 매는 모습이 눈에 들어오기도 했다. 철부지 우리들은 아낙네 있는 곳까지 누가 돌을 멀리 던지는지 내기가 시작되고 각자 돌멩이를 하나씩 주워 힘껏 던지던 중 한 친구의 돌멩이가 김을 매던 아낙네의 등을 맞추는 사고가 일어나고 말았다. 돌멩이를 맞은 아낙네는 뭔가 중얼거리며 우리를 향하고 다른 학생들은 영문도 모른 채 우리는 안 그런 척 대열에 끼어 이동했다. 그 부근에 사는 학생들은 멍석을 지게에 지고 산중턱까지 올려 선생님들의 자리를 마련하고 우리들은 가져온 도시락을 먹고 즐기며 자유 시간을 가지게 되었다.

학생들은 뿔뿔이 흩어져 놀이에 여념이 없고 계곡을 사이에 두고 흐르는 도랑 속엔 가재가 많이 살고 있었다. 가재는 사막의 전갈과 같이 보기는 흉측하나 1급 청정수에 생존하는 갑각류로 산중에서는 단백질 보급원으로 밥상에 자주 오르는 단골 식품이기도 하다. 가재를 잡아 버들가지를 꺾어 껍질을 벗겨 내고 꽁지를 꿰어 가져오는 학생이 있는가 하면 사이다병에 가재를 넣어 선생님께 보여 주니 가재를 처음 보신 듯 눈을 갸웃갸웃 하시며 참 괴상하게 생겼다고 말씀하여 우리는 선생님을 이상하게 생각하기도 하였다.

도시에서만 생활하시다 승진이 되어 시골 학교를 거치게 된 선생님은 산중의 학생들에게 어디든 뛰쳐나가라, 그리고 안 될 때는 막고 품어라 하는 말씀을 자주 하시곤 하였다. 부모님께 이런 말씀을 전달하니 하긴 평야지의 큰 소도 이곳에 데려와 키우면 소가 작아진다고 말씀하셨다. 어느덧 교감 선생님의 별명은 '막고 품어라, 뛰쳐나가라'가 되었다.

이처럼 고원지대의 척박하고 어려운 산중 생활의 소년들은 힘겁고 어려울 때는 막고 품어라, 뛰쳐나가라는 좌우명을 마음속에 새기며 도시로 진출하게 되고 옛 친구들을 만나게 되면 몸에 밴 예사말이 다시 튀어나와 성장 시절의 옛 추억을 회상하는 즐거운 자리가 되곤 한다.

무전여행

　남아라면 누구나 한 번쯤은 무전여행을 꿈꿨을 것이다. 등에 짊어진 배낭을 제외하곤 모든 제품은 군수품에 의존해야 했던 시절, 꿈에 그리던 제주도 한라산 등반 계획을 세웠다. 암거래 시장에서 군용품을 사들여 날짜를 기다리던 중 친구 한 명이 이탈하여 둘이 출발하게 되었다. 한 달 계획의 여정으로 쌀을 한 말씩 짊어지고 알코올버너를 배낭에 넣고 연료인 플라스틱 통을 손에 든 채 이리(익산)에서 목포로 가는 완행열차에 탑승하였다.
　차내에는 고무대야를 손에 든 생선 장수 아줌마들이 서로의 삶은 물론 각종 수다로 지루한 장거리 시간을 보내고 있다. 그중 아줌마 한 분이 우리에게 말을 걸어온다. 어디를 가느냐고 하여 한라산 등반을 간다고 하니 저녁에 잠은 어디서 잘 거냐 묻는다. 유달산에 올라 아무 데서나 자고 이후 배를 타고 가련다 하니 내 아들이 이러고 다니면 마음이 편하겠느냐며 밥은 주지 못하나 잠은 재워 줄 수 있으니 자기 집으로 가자 한다. 우리는 옷차림이 남루한 생선 장수 아줌마가 어스름한 판잣집 귀퉁이에 잠깐 눈만 붙이고 가라 하는 것 같이 보여 망설이다가 따라가기로 하였다.

아줌마를 따라 집에 들어가니 정원이 있는 마당에는 커다란 세퍼트가 마당을 휘돌고 우리보다 잘사는 기와집이다. 방 안에 있는 아들을 불러 인사를 시킨다. 열차에서 학생들을 만났는데 내 아들이 이러고 다니면 마음이 좋겠느냐 싶어 잠은 방안에 들어와 자고 가라 했다고 한다. 우리는 부끄러움도 모른 채 뜨락에서 알코올버너를 꺼내 밥을 짓고 마가린과 간장으로 식사하려 하니 생선 젓갈을 가져와 먹으라 한다. 비릿한 생선 내음에 이게 뭐냐 하니 목포의 명물 황새기젓이라 한다. 뜨거운 밥에 곰삭은 젓갈을 얹어 먹던 그 맛은 어머니의 마음을 전하는 우리 시대의 모정으로 잊을 수가 없다.

게 눈 감추듯 식사를 마치고 잠자리에 드니 아줌마는 내일 새벽에도 행상을 나가니 잘 다녀오라 한다. 주인집 아들은 우리가 떠나려 하자 수통에 가마솥 숭늉을 한 통씩 담아주며 자기는 예비고사 준비를 위해 도서관에 간다고 같이 집을 나왔다. 같은 고 3학생으로 무더운 여름 방학 중에도 공부하러 가는 학생이 있는가 하면 배낭을 메고 여행을 떠나는 우리 자신을 생각하니 부끄러운 마음이 들기도 하였다.

목포에서 제주도에 들어가는 여객선은 오전 오후 두 차례밖에 없다 하여 오후 배를 타기로 하고 유달산을 오른다. 목포 시내와 바다를 한눈에 볼 수 있는 목포의 명물 유달산은 목포인의 심장이며 얼굴이다. 유달산 구경을 마치고 하산하여 배표를 구하려 주변을 맴도니 선원으로 보이는 사람이 이리 오라 한다. 표를 끊지 말고 화물칸 뒤쪽으로 탑승하고 요금은 자기를 달라 한다. 그러기로 약속하고 배낭을 먼저 실은 후 탑승하여 한동안 항해를 할 즈음 옆에 다가와 뱃삯을 달라고 한다. 우리는 돈이 얼마 없다며 한 사람 분의 돈을 건네주니 어이가 없는지 받지를 않는다. 그러던 중 자기 혼자 받으면 의심하니 다른 선원을 데려와 보는 앞에 돈을 달라고 한다. 학생 핑계로 한 사람 분의 요금을 절약하고 내려 주변을 두리번거리던 중 저쪽에서 두 명의 일행이 다가와 남들이 보면 깜보니 동행을 하자 한다.

  광주에서 왔다는 그들과 여행이 시작되고 성판악에 도착하여 야영하며 산행 준비에 들어간다. 경찰관에게 입산 신고와 장비 점검을 받는다. 장비가 부족하여 이미 점검을 마친 대학생 형, 누나들의 장비를 눈치껏 빌려 입산증을 발부받아 대망의 한라산 등반길에 오른다. 등산로가 험악하여 많은 고통이 뒤따르고 정상에 오를수록 하늘을 꿰뚫는 하얀 고사목과 신비의 백록담은 푸른 꿈을 드리우며 생명력을 불어넣는다. 꿈에 그리던 한라산에 오른 것이다. 백록담에서 밥을 지어 식사를 마치고 하산을 시작한다. 한라산 등반을 마치고 제주도의 명소를 순회하던 중 일주일의 시간이 지나자, 광주의 친구들은 귀가한다고 한다. 한 달 여정의 여행을 계획했건만 모든 것이 수포가 되고 쌀 한 말의 여분이 남아 여관집 주인에게 말하니 육지 쌀이 맞느냐고 의문을 제기하며 쌀값을 건네준다.

무전여행이란 자유로운 여행으로 아무 곳에서나 먹고 자고 육지에서는 가능한 일이다. 하지만 제주도는 관광지로 모든 것이 유료화되어 돈이 없으면 움직일 수 없고 섬사람들은 육지 사람을 경계하며 조금도 귀담아들으려 하지 않는다. 여행을 더 하고 싶어도 돈이 없어 포기를 하고 말았다.

목포항에 귀항하려 하니 헌병들이 군수품을 조사하여 압수하고 있다. 들어갈 때는 맘껏 즐기라 말하지 않던 그들도 너희들이 가봤자 공항과 항구밖에 더 있겠느냐 나올 때 보자 이런 식이다.

일단 네 사람의 군용품을 한 사람의 배낭에 넣어 개찰구를 빠져 나오자. 입구에는 압수한 물건들이 수북하게 쌓여있고 헌병은 배낭을 열라 한다. 배낭끈을 푸는 척 시간을 지연시키며 주춤하던 중 많은 승객이 계속하여 나오는 관계로 다른 곳에 신경이 집중될 때 배낭을 메고 줄행랑을 쳐 우리는 하나도 손실 없이 소지품을 챙길 수 있었다.

이렇게 해서 제주도 여행을 무사히 마치고 잠을 재워 준 아주머니의 고마움에 인사라도 드리려 집을 찾아갔다. 그러나 우리가 또 신세를 지러 왔다고 생각하는지 반갑지 않게 맞이하여 지난번 고마움에 인사차 들렸다고 마음만 전달 후 집을 나왔다. 제주도의 무전여행은 이렇게 끝이 났지만 오늘도 그때를 생각하면 최고로 멋진 추억의 하나가 아닌가 한다. 참으로 행복한 한때였다.

아버지

밤하늘 별빛 은하수 되어 강물 이루고 들에는 함초롬히 젖은 이슬에 개똥벌레 불야성을 이루는 금강 상류가 흐르는 청정 고원 '하늘지붕 개마고원 진안'에서 아버지는 농부의 아들로 태어나셨다. 할아버지는 조선인 보통 사람 체격이나 할머니께서 신장이 크신 분이 오셔서 건장한 체격의 아버지가 태어나고 우리 집안이 풍채가 좋아졌다고 한다. 기골이 장대하고 외모가 출중하여 먼 곳에서 보아도 한눈에 아버지가 보이던 시절. 아버지는 건장한 체격에 왕성한 식욕은 물론 농사일을 소나 다름없이 무섭게 해치우셨다. 그런가 하면 술을 좋아하여 한순간에 미움을 사기도 하셨다.

일제 강점기 탄광 노동자로 강제 징용되어 북해도까지 끌려가 오랜 세월 청춘을 빼앗긴 채 고국에 돌아오니 입영 영장이 대기하고 있어 처자식 뒤로한 채 병역 의무까지 수행하였다. 사정이 이러하니 할아버지가 가업을 전담하고 어머니가 가정을 이끌었다. 전쟁 통에 피난민이 속출하고 남하하는 북괴군에 의용군이라는 이름으로 노무자로 징집되어 부역한 사실도 알게 되었다. 징집된 노무자들은 탄약 운반이나 사역을 전담하는 고된 일과 속에 아버지는 신장이 크고 인물이 훤칠하여 북괴군 중대장 당번으로 차출되어 집에서보다 더 편하고 잘 먹는 생활이었다고.

전쟁 통에 무엇을 그렇게 잘 드셨느냐 하니 백성들이 피난을 가며 소 돼지 등 큰 가축들을 놓고 가서 그것을 끌어다 군량미로 대체하는 일을 하였다 한다. 비록 타의에 의한 일이라 하지만 가슴 아픈 현실이 아닐 수 없다. 북괴군이 퇴각하며 징집된 자를 모두 풀어주어 고향으로 복귀하니 빨치산이 주민을 괴롭히던 시절 마을에는 유일하게 군을 제대한 사람이 아버지로 토벌대를 조직하여 빨치산 소탕과 마을을 지키는 수호자로도 한몫하셨다. 어느 날 산골 주막에 빨치산이 왔다는 전달을 받고 야음을 이용 마을 장정들을 데리고 주막을 향하여 가던 중 풀숲에서 노루 달아나는 소리에, 그렇게 놀란 적은 처음이었다는 말씀도 하셨다. 빨치산이 총을 벽에 기댄 채 잠이 들어 총부터 먼저 뺏은 후 두 명을 사로잡아 꽁꽁 묶어 토벌 작전에 데리고 다니던 중 감시가 소홀한 틈을 타 한 명이 도주하고 한 명은 관리가 힘들어 사살하였다는 무용담도 전해 들었다.

격동의 세월, 대한의 남아로 일제 식민지의 설움과 전쟁 속에 고통스러운 삶을 살아오셨다. 마을 공동 일에는 내 일처럼 앞장을 서고, 남의 물건은 비싸게 사들이고 내 물건은 싸게 파는 마음이 여리고 누구에게 싫은 소리 한번 하지 못하는, 서러울 땐 가족들

앞에 눈물을 흘리시곤 하던 아버지. 그런 아버지도 술만 드시면 밤새 삶의 소리를 토해내곤 하셨다.

아버지가 술 드신 날은 집안이 혼비백산이다. 온 가족이 옆집 골방에 숨어 아버지를 따돌리면 아버지는 돼지를 마당에 끌어내어 막대기로 등을 두드려 돼지의 비명에 우리 가족은 달려가곤 했었다. 남들은 아버지 없는 그리움과 가난에 고생한 이야기를 봇물 터지듯 털어놓곤 하건만 난 술주정하는 아버지가 싫기도 하였다. 아버지와 보이지 않는 거리감으로 가까이하려 다가와도 나는 침묵으로 일관하고 때로는 과거의 삶을 꺼내며 바른 소리를 하곤 했다. 그럴 땐 아버지는 당신이 좋게 못 살아서 그런 것 같다는 푸념을 털어놓곤 하셨다.

삶이 힘겨울 때는 술 힘으로 이야기하시던 것을 우리는 술주정이라고 따돌리고 평생을 거리감 속에 살아왔다. 언젠가부터 아버지의 술잔에는 눈물이 반이었으며 가슴으로 울었다는 것을 알게 되었다. 힘겨운 삶 속의 고통을 짊어지고 이해보다는 원망이 더 많았던 아버지. 이제는 아버지의 마음을 조금은 이해할 것 같다.

사람이나 동물이나 자기에게 잘한 사람을 따르기 마련이다. 열 번 잘하고 한번 잘못하면 그것만 생각나는 게 사람이다. 주변 사람들에게 혹 상처를 준 일은 없는지… 더욱더 겸손하고 바른 삶을 살아갈 것을 다짐한다.

글을 쓰며 외로운 이 마음 어찌하랴. 외로울 땐 산과 들 바다를 활보하며 찢긴 이 마음 씻어보려 한다.

어머니

칠 남매의 자식을 낳고 인고의 세월을 살아가신 어머니.

날 새면 장독대 정화수 떠 놓고 두 손 모아 절하고 가마솥 물 채우랴 아궁이 불 지피랴, 소 돼지 닭 거두랴 아침 준비 동분서주하며 살아가신 어머니. 배움은 없어도 남다르게 총명하셨다.

고향 인근에는 인삼의 고장 금산이 있다. 어머님은 인삼과 한약재를 구매 큰 보따리를 머리에 이고 행상을 나가셨다. 각 지역 특유의 풍토병이 돌던 시절 어촌 사람은 산중의 인삼과 약초를 먹어야 하고 산중 사람은 생선을 먹어 단백질을 보충해야 질병을 막는다는데 착안, 깊은 산중 진안고원에서 멀리 고창 해안 일대를 터전으로 행상을 하셨다. 가진 것이라곤 건강한 육체와 두 발에 흰 고무신이 전 재산인 어머니는 커다란 봇짐을 머리에 이고 수백 리 길을 내 집 드나들 듯하셨다. 바닷가 농어촌은 농사에 고기잡이 이중 수입으로 화전민 비슷하게 살아가는 산중 사람들보다 소득이 높고 인심이 좋아 장사가 잘되어 집에 올 때면 전대 뭉치를 허리에 차고 딸들은 뒷전으로 한 채 아들 옷과 신발을 사 오셨다.

어머니의 내조에 우리 집은 갈수록 윤택해지고 삶의 터전인 논밭이 늘어나게 되었다. 황소를 사들여 집안에 들여놓는가 하면 마을 사람들이 제일 부러워하던 논바닥이 마르지 않는 수렁배미 논을 사는 기염을 토하기도 하셨다. 집안에는 돈을 빌리고 쌀 꾸러 오는 사람이 자주 눈에 띄고 못사는 사람들이 집안을 기웃거리는가 하면 장례 쌀을 빌려주었다. 이러한 집안 분위기에 힘입어 나는 항상 우월감 속에 무럭무럭 성장하였다.

어머니는 술 좋아하시는 건장한 체구의 아버지를 잘 구슬려 짐승을 거두고 퇴비를 만들어 황소를 몰고 논밭을 일구게 하셨다. 자식을 대처로 학교에 보내는 어머니의 지혜는 하늘만큼 높으셨다. 행상을 마치면 하숙집까지 찾아와 생활비를 챙겨주시고 배고플까, 걱정되어 도시에서 일하는 집안 어른에게 내 아들이 찾아와 돈 빌려 달라고 하면 건네주라 당부하여 놓아 철부지인 나는 돈을 빌려 친구들 밥을 사준 일도 있었다.

집안에 돈이 마를 때쯤이면 어머님은 또 행상을 나가신다. 인삼 시장에 들러 장을 보고 비료 부대를 뜯어 밤새워 봉투를 만들어 인삼을 넣고 한약은 한약대로 상품을 만들어 치부책에는 연필로 무엇인가를 적어 큰 보따리를 머리에 이고 행상을 나가신다.

어머니 없는 집안은 쓸쓸하기 그지없다. 아버지를 필두로 젖먹이 어린 동생과 가족들만 남긴 채 누나가 밥을 짓고 어린 동생은 시장에서 피동 애를 사와 쌀에 넣어 죽을 끓여 먹이는 일이 되풀

이되던 시절, 뒷날 어머님 이야기로는 장사가 잘되어 날을 더 머물러야 하나 애가 눈에 서려 발길이 떨어지지 않아 앞당겨 달려왔다는 말씀을 하실 때는 어머니의 모성애를 새삼 느끼곤 하였다.

어느 때는 병든 황소를 잘 못 사들여 소가 죽어 밤잠을 이루지 못하고 시름을 하시던 모습이 떠오르는가 하면 농가의 재산인 황소가 죽었는데도 아버지는 슬픔은 고사하고 소를 마당에 끌어내어 소 잡느라 재미를 붙이는 어이없는 광경을 목격하기도 하였다. 큰아들이라 하면 신줏단지 모시듯, 하는 말 다 들어주고 돈을 버는 족족 다 가져다주시던 어머니, 지금도 큰아들은 받을 줄만 알지 남에게 베풀 줄 모른다.

걸음을 많이 걸어서 그런지 밥맛이 너무 좋았다며 당신이 돈을 잘 벌어오니 동네 아낙네들이 같이 따라 장사를 나섰건만 모두가 되돌아오고 단골 잡은 사람은 당신 하나밖에 없었다고 하시던 어머니. 장날이면 모르는 사람이 보는 앞에서 인사를 하여 누구시냐 물어보면 아들을 대처로 학교를 보내는 장한 일을 하셨다는 칭찬을 받곤 하셨다. 어머니는 그 재미로 시장에 자주 나가셨다고 당시를 회상하셨다.

시계를 차고 다니는 학생들이 부러워, 시계가 없어 학교에 가니 새벽이더라 거짓말을 하니 애간장을 태우던 중 곡식을 팔아 시계를 사주시고 하숙 생활이 싫어 자취하겠다 하니 고생한다며 주는 밥 받아먹는 게 제일 편하다고 학교를 마칠 때까지 값비싼 하숙

생활을 하게 하신 어머니. 정월 초하루가 되면 소복 차림으로 모서리 소반에 떡과 나물을 챙겨 서낭당에 자식 잘되게 해달라고 두 손 모아 빌던 어머니….

　살아생전 마음 편히 모시고 감사함을 알아야 하는 게 도리이건만 바삐 살아가는 세월 속에 과연 부모에게 효도하고 싶어도 부모는 날 기다려 주지 않았다. 이승을 떠나신 어머니! 못다 한 정, 그리움과 아쉬움에 어머니하고 소리쳐 불러보면 메아리 소리 적막만이 감돌고 어머니는 보이지 않는다.

연어의 회귀

농촌에서 태어나 망아지처럼 성장하던 시절. 공부에 취미를 붙이지 못하고 방황하며 무작정 도시를 동경하던 시절이 있었다. 농촌의 환경은 모든 것이 열악하고 취약하다. 한창 뛰놀고 사랑을 받으며 성장해야 할 소년은 대가족에, 아버지의 술주정과 잦은 심부름에 환멸을 느낀 나머지 가정이 싫어진 게 사실이다. 그래도 부모님은 배움이 없어 공부해야 잘된다는 불안감으로 학교에 가는 것은 반대하지 않으셨다.

소년은 공부에는 관심이 없고 교육과 상공업이 발달한 도시가 그립고 궁금하기도 하였다. 서울만 가면 무조건 잘 먹고 잘사는 줄 알았다. 명절이면 고향을 다녀가는 이웃 형들과 누나들의 좋은 옷과 하얀 피부가 그렇게 부러울 수가 없었다. 마을 선배인 의운이가 추석 명절에 고향에 내려왔다. 그는 고운 남방셔츠에 신사 바지를 착용하고 몸에서는 향수 냄새까지 풍기는 멋쟁이로 내 앞에 나타난 것이다.

어디서 무엇을 하였느냐고 물어보니 서울 종로에 있는 소방서에 일하고 있다고 한다. 언젠가 서울에 가면 찾아갈 테니 그리 알라하고 헤어진 일이 있다. 수돗물을 먹는 의운이의 좋은 옷과 고운 피부는 선망의 대상으로 머릿속에는 항상 그의 모습이 맴돌곤 하였다.

공부에는 도무지 취미를 붙이지 못하고 두 살 터울의 동네 형과 가출을 모의하였다. 그는 집에서 농사일과 배고픔에 나는 도시의 문화생활을 동경한 나머지 서로 죽이 맞아 가출을 결심한 것이다. 어디를 달아나고 싶어도 돈이 없어 달아나지 못하던 시절, 나는 학교에 다니는 관계로 부모님이 준 수업료를 동네 형과 함께 여비로 쓰기로 하고 책가방은 아랫마을 외딴집 똥싸배기 친구 집에 던져놓고 부푼 가슴으로 서울을 향하여 가출을 결행한다.

내 고장은 일제 강점기 댐을 막기 위하여 수많은 모래와 자갈을 쌓아 놓았던 금강 상류로 대전 가는 버스에 몸을 싣고 대전역에 도착하여 난생처음 서울행 기차를 탔다. 비몽사몽 기차는 서울역에 도착하고 시내버스를 타고 종로에 내려 물어물어 소방서를 찾아가니 의운이가 있다. 알고 보니 그는 소방관 파출소 사환으로 밥 짓는 일과 심부름을 전담하고 있었다. 소방관들은 우릴 보며 어디서 왔냐 하여 무주구천동 밑에 있는 진안에서 왔다 하니 처녀가 시집갈 때까지 쌀 한 말도 못 먹고 가는 산골이라며 혀를 찬다.

다행인 것은 그곳은 공공 기관으로 우리가 잠을 자고 밥을 얻어먹어도 누가 뭐라 할 사람이 없었다. 저녁이면 잠자리에 누워 나는 권투 선수가 되어 성공하겠다, 동네 형은 돈을 많이 벌어 부자가 되고 싶다는 포부를 밝히며 며칠을 보낸 후 형은 옆 건물 중국집에서 일을 하게 되었다. 철가방을 메고 배달 다니는 형을 보며 저녁을 먹으러 그곳에 들러 짬뽕을 시키자, 형이 시골서 올라온 동생이라고 주인께 말씀드리니 음식 부스러기인 오징어 머리와 다리 등을 송두리째 그릇에 담아주었다. 오징어를 그렇게 많이 먹어 본 적은 난생처음이다. 며칠 후 외사촌 형이 찾아와 삼양동 달동네 그의 이모 집에 나를 데려다 놓아 무당을 하는 이모의 심부름을 하며 시간을 보내던 중 이모의 아들이 타일 기술공으로 건축공사장에서 심부름(데모도)을 하게 되었다. 다른 애들과는 달리 학교만 오가던 나는 타일 심부름이 싫어 못 하겠다 하니 세탁소에 취직을 시켜주었다. 세탁소에서 하는 일은 때 묻은 세탁물을 비누솔로 문질러 세탁기에 집어넣는 작업이다. 세탁물을 다림질하는 상자(궤짝) 바닥에서 잠을 자며 감자나 지져서 반찬으로 먹는 초라한 생활이 이어져 문틀에 걸터앉아 눈물도 많이 흘렸다.

이것도 못 하겠다 하니 이번에는 이발소에 취직을 시켜주었다. 이발소에서 하는 일은 머리를 감기는 일이었다. 머리를 감길 줄 몰라 손톱으로 머리를 득득 긁으면 손님들은 아프다고 화를 내기도 했는데 때 구정물이 줄줄 흐르는 노동자들이 많았다.

아침이면 교복을 차려입은 등굣길의 학생들을 보며 고향 생각은 더욱더 간절히 떠오르고 무악재를 오르내리는 차량을 보며 마음을 달래었다. 일식집 종업원으로 일하고 있는 외사촌 형에게 좋은 일자리 부탁은 어려운 실정이고 어린 나이에 심부름 외에는 마땅히 할 일도 없다. 내 집 내 부모가 그리운 것은 사실이나 집에 돌아갈 용기는 나지 않는다.

어느 날 외사촌 형이 찾아와 시골 형님이 보낸 편지라며 건네주어 읽어보니 이제 몇 개월만 지나면 졸업인데 나중에는 후회가 되니 졸업이나 마치고 가고 싶은 곳을 가라는 내용과 집 나간 건 일절 질책하지 않겠다는 내용이다. 즉시 마음의 결정을 내리고 다음 날 고향으로 내려가는 버스에 몸을 싣고 집으로 가게 되었다.

어머님은 아들이 돌아왔다고 반갑게 맞이하고 아버지는 말이 없으시다. 형은 꾸짖으면 다시 또 달아날까 말을 자제하는 모습이 역력하다. 이웃집 아저씨까지 다른 애들은 몰라도 재는 고생을 안 해서 절대로 객지 생활은 못 한다고 곧장 돌아올 거라 생각했다고 덧붙여 말씀하신다. 가족들이 모여 저녁을 먹는 시간 낯이 부끄러워 국그릇으로 얼굴을 가린 채 내려놓지 못하고 어떻게 저녁을 먹었는지 모른다.

다음 날 아침 똥싸배기 집 골방에 처박힌 책가방을 찾아 학교에 가니 친구들은 두리번두리번 나를 쳐다본다. 학교에서는 다행히 내가 가출한 것을 모르고 있었다. 부모님이 숨긴 게 틀림없다. 다시 정상적인 학교생활은 시작이 되고 무사히 졸업하게 되었다. 도시에 나가면 잘 먹고 잘사는 줄 알았다. 모든 사람이 어렵게 살아가는 것을 보며 남 밑에서 심부름이나 고된 사역을 하며 지내는 초원의 세계나 다름없는 환경 속에 내 집 내 부모 내 형제가 제일 소중하고, 공부를 열심히 하는 것이 최선의 길이라는 것을 깨닫게 되었다.

오일장

　고향 읍내엔 시골 장터가 있었다. 닷새 만에 한 번 열리는 시골 장터 그곳에는 모든 만물 진열하고 많은 사람이 모여 즐거움 나누었다. 사람들은 오일장을 촌놈 환갑날이라 부른다. 어른들은 장 보러 간다는 핑계에 뒷짐을 진채 길을 나서는가 하면 옆집 할머니 석유 한 병 사려 큰 병 하나 들고 따라나서고 이웃집 아저씨 닭 두어 마리 움켜쥐고 가용 돈 준비 차 시장으로 향한다.

　오일장에는 사방팔방에서 많은 사람이 모여든다. 살아온 세월 만큼이나 얼굴이 주름진 할머니 알곡 몇 되 보자기 좌판 펴놓고, 뒷짐 진 할아버지는 시장 바닥을 순회한다. 골목 입구에는 튀밥 장수 튀밥 튀는 소리 하얀 연기를 뿜으며 장바닥은 서서히 달아오른다.

　싸전에는 쌀장수 거간꾼 귀 기울이며 쌀 사느라 분주하고 대장간 대장장이 붉은 쇠 용두질에 땀 흘리는 줄 모른다. 소전에는 어미 소 이별이 서러워 서글피 울어대고 돌팔이 약장수 노랫소리 심금을 울리면 구경꾼 약 사느라 정신없다. 비단 장수 비단 팔아 아들 학비 마련하고 동동구루무 장수 발길 따라 북 치는 소리 시골 아낙네들 얼굴 단장에 검은 얼굴 반짝인다.

장날이 돌아오면 어머니는 나를 데리고 시장엘 갔다. 양품점에 들려 메리야스 한 벌 사서 갈아입히고 붕어빵 하나 입에 물려 아들이 먹는 모습 대견스러워하시던 모습 눈에 선하다. 어머니는 세월의 유행을 아시는지 가수 문주란의 노란 사스 노래가 한창 유행할 즈음에는 노란 사스를 사서 나에게 입히기도 하셨다. 나를 보면 노란 사스 입었네 하는 고학년의 형들의 부러움을 사고 나는 신바람에 운동장을 뛰어다녔다.

언젠가는 씨암탉을 구하려 닭전에 들려 빨강 노랑 점박이 꽃무늬 등 털 색깔을 보며 어떤 색깔이 좋은지 맘에 드는 놈 하나 고르라고 하신다. 꽃무늬 털 색깔을 고르고는 자부심으로 집에서 기르며 다른 닭과는 달리 모이를 더 주는가 하면 남다른 정성을 들이기도 하였다.

그런가 하면 어머니는 생선 꾸러미와 여러 가지 장 보따리를 만들어 이것저것을 들고 따라다니던 중 그만 잊어버리고 말았다. 장바닥을 구석구석 돌며 찾아보아도 잃어버린 물건은 보이지 않고 어머니는 어린 너에게 맡긴 내가 잘못이지 하며 한숨을 쉬던 그런 날도 있었다.

어머니는 지난 추억을 회상하시곤 했다. 장날 누님 국밥을 사준 사람은 막내 외삼촌밖에 없었다고, 삼 형제 중 제일 가난했던 외삼촌은 인정이 많았던가 보다. 그래서 나는 막내 외삼촌을 더욱

존경했는지도 모른다. 아버지 따라 장에 가는 날엔 아버지는 아는 사람들과 국밥집에서 술잔을 나누며 시간을 보내곤 했다. 가게 앞에서 기다리면 아버지는 구멍 뚫린 손가락 과자 하나 덜렁 집어주며 집에 가자 한다.

 그 실망감은 어린 나이에도 하늘 같은 먹구름으로 몰려오고 아버지가 시장 가는 날엔 따라나서지 않으려 했다. 시장 바닥의 개들은 텃세가 심하다. 주인 따라 구경나온 누렁이를 보고 모두 모여들어 응징을 가하려 한다. 누렁이는 겁에 질려 꼬리를 바싹 내린 채 주인 옆에 웅크리고 나는 누렁이에게 말한다. 내가 장바닥 애들을 다 이기는데 넌 꼼짝도 못 하냐? 하며 개들을 쫓아버린다.

 쇠파리가 날리는 늦은 오후 장꾼들은 주섬주섬 물건을 챙기기에 바쁘고 국밥집 순대 냄새 골목을 진동하면 배고픈 시장기에 국밥집은 손님으로 득실거린다. 장을 보았으면 국밥 한 그릇은 해야지? 하는 할머니의 말씀에 막걸리 한잔에 쌓인 피로도 말끔히 씻기고 국밥은 먹어도 먹어도 바닥이 보이지 않는다.

 장 보는 사람은 많은 양이 아니다. 너스레를 떠는 주인 할머니 국물 한 국자 더 떠준다. 소문난 여행길 음식을 주문하면 화가 날 정도로 양이 적은데 오일장의 국밥은 배가 부르다. 시장 구경에 국밥까지 내가 놀던 시골 장터 누렁이도 덩달아 주인 따라 반기던 오일장은 이래서 풍년인가 보다.

자화상

　아침에 일어나면 아버지는 짐승을 거두고 장작을 팬다. 커다란 나무토막을 도끼로 찍어 가지런히 쌓아 놓고 다른 일을 하신다. 모두가 일을 나가면 나는 혼자이다. 어른이 하던 도끼를 들고 나무 찍는 놀이를 하던 중 발등을 찍고 말았다. 발등을 보니 고무신이 쩍 벌어져 있다. 신발을 벗어보니 발가락이 갈라진 채 옆으로 누워있다. 조금도 아프지 않은 게 이상하기도 하다. 겁에 질린 나머지 방안으로 뛰어들어 울고 있으니, 부모님이 소식을 들었는지 달려오셨다. 방바닥에는 검은 피가 흘러내리고 어머니는 피를 멈추게 한다고 숟가락으로 가마솥 밑 그을음을 긁어 상처 부위에 부었다.

　부랴부랴 아버지의 등에 업힌 채 면 소재지의 무면허 양소 장에게 달려간다. 발가락을 보니 좌측 네 번째 발가락이 두 개로 갈라진 채 누워있다. 양소 장은 절개된 부위에 그을음을 발라 봉합이 될지 모르겠다 한다. 마취제도 없던 시절 감자 껍질을 벗겨내듯 숟가락으로 발가락에 붙어있는 그을음을 득득 긁어내니 온몸이 전기에 감전되듯 그 고통은 이루 말할 수 없다. 다행스러운 것은 발가락이 중앙으로 갈라져 뼈를 다치지 않고 도끼가 조금만 위로 향하였다면 발등을 다쳐 장애인이 되었을지도 모른다고 한다. 다친 부위는 터진 옷을 꿰매듯 자그마치 열한 번의 바느질을 마치고 집으로 왔다. 치료 약도 변변치 못하던 시절. 소독약과 빨간약을 바르며 고통의 시간 속에 상처는 아물어 갔다. 절개된 발가락에는 가마 밑 그을음을 부어 지금도 상처가 있던 자리에는 문신처럼 검은 줄이 훈장처럼 선명하게 남아 있다.

　농촌의 소년은 부모가 일을 나가면 갈 곳이 없어 논바닥의 물속에 빠져 텀벙거리다 옷이 젖은 채 방바닥에 쓰러져 잠을 자는가 하면 폭우가 쏟아지고 천둥 번개가 치면 이불을 뒤집어서 쓴 채 울기도 하였다. 일을 마치고 돌아온 어머니는 영문도 모른 채 아이가 물에 흠뻑 젖어 잠을 자고 있어 마음 아파했다 한다. 나무를 한다고 텃밭에 있는 옻나무를 꺾어와 온몸에 진물이 흐르고 같이 놀았던 어깨동무 친구도 옻이 올라 동생이 먹던 어머니의 젖을 뿌려 치료를 한 시절도 있었다.

　원시인의 후손처럼 나무 위의 새 둥지 알은 모조리 꺼내 먹기도 하고 높은 감나무 꼭대기에 올라가 떨어져 머리에 깊은 상처로 한동안 정신을 잃고 있다가 깻잎으로 틀어막고 집에 온 일도 있다. 치료 약이라고 된장을 찍어 바르고도 상처는 잘도 아물었다. 중등 시절엔 담장을 쌓는다고 가족들과 돌을 운반하던 중 힘자랑을 한다고 무거운 것을 올려 달라고 하자 형은 밭을 개간하며 나온 뾰족한 돌을 지게에 얹어주고 그것을 지고 일어나는 순간 힘에 부쳐 넘어지며 좌측 뒤꿈치가 돌부리에 찍혀 복사뼈 밑이 움푹 패이는 상처를 입었다. 상처 부위는 다행스럽게 뼈마디 하나 다치지 않고 살점만 패이는 아찔한 순간이었다. 형은 다치는 순간 털털 맞게 다쳤다고 잔소리를 해대고 돌에 찍혀 상처가 났으니 그 통증 또한 이루 말할 수가 없다. 아픈 통증으로 신음 소리를 내면 또 시끄럽다고 야단이다. 면 소재지 양소 장에게 달려가니 새살이 차오를 때까지 약이나 바르고 기다릴 수밖에 없는 처지라며 너덜거리는 살점만 가위로 잘라낸다. 학교도 가지 못한 채 집을 지키는 신세가 되고 말았다. 시간이 갈수록 상처가 아물고 새살이 차오르는 것을 보며 신작로 흙먼지가 튀어 올라 책보자기로 발을 싸매고 운동화를 접어 신은 채 학교에 다니는 촌극이 벌어졌다.

  상처는 아물어 제자리를 찾게 되었으나 성장하는 과정에 부상은 계속된다. 소죽을 끓이려 고구마 줄기를 가마솥 앞에서 자르며 한꺼번에 많은 양을 쥐고 낫으로 힘껏 내려치던 중 딱신거리는 통증에 손가락을 보니 좌측 검지의 손가락이 반절이나 달아난 것이다. 고구마 줄기에 묻힌 손가락을 생각지 못한 것이다. 이 상처 또한 살점만 길게 도려 나갔지, 손마디 뼈 하나 다친 곳 없어서 천만다행이었다. 손가락의 상처는 고스란히 흉터로 남고 추운 겨울 군에 입대하여 새살이 차오른 흉터 부위가 갈라져 고통도 많이 겪었다.

성장기 농촌 소년의 생활은 곡마단의 곡예사와 같은 참으로 위험한 생활이었다. 생활 터전의 많은 것이 흉기로 위험이 도사리고 있다. 주변에는 같이 성장하며 뜻하지 않은 사고로 목숨을 잃고 장애를 입은 소년들을 보아왔다. 초등 동창 재문이는 가재를 잡는다고 돌을 뒤집다 큰 돌에 눌려 생을 마치고 문기는 저수지에서 수영하다 죽었다.

허기를 채우려 정미소의 방앗간 좁쌀을 꺼내려다 손가락이 으스러지는 부상과 마당에 놓여있는 작두로 풀 썰기 흉내를 내던 중 손가락이 잘려 장애를 입는 등 주변에서 크고 작은 사고를 자주 보아왔다. 농촌에서 성장한 친구들의 손등이나 손가락에는 선명한 흉터가 그림을 그리듯, 성장 과정의 자화상을 말해주곤 한다. 이처럼 주어진 환경에 따라 불행하게 성장한 소년이 있는가 하면 난관을 딛고 곱게 성장한 소년도 있다. 농촌의 자녀로 험난하고 힘든 여정이었으나 큰 사고 없이 열심히 살아온 것이 다행스럽고 감사하다.

주머니칼

　칼로 사람을 찔렀다. 옆자리에 앉은 짝꿍의 어깨를 주머니칼로 찔렀다. 문방구에는 주머니칼이 있었다. 무쇠로 만든 칼을 접었다 폈다 하여 주머니칼이라 부른다. 남학생이라면 누구나 주머니칼 하나쯤은 호주머니에 넣고 다니거나 필통에 담아 호신용은 물론 연필깎이로 요긴하게 사용하던 시절이다. 시골 초등학교는 많은 학생이 산중에서 모여 학교는 언제나 소란스럽고 시끄럽다. 남학생들은 우열을 가리는 서열 관계로 병아리가 싸움하듯 툭하면 다투거나 위력을 과시하곤 한다.
　새 학년이 되면 서열 관계는 더욱 민감해진다. 같은 반 동급생들도 우리 반에서는 누가 최고다 이름이 오르내리고 어느 정도 서열이 정해지면 학교생활도 안정이 된다. 같은 학생들이라 해도 면 소재지나 시장 바닥의 아이들이 더욱 활발하고 친구가 많은 게 사실이다. 멀리 떨어진 산중에서 오는 학생들은 고작 한 동네에서 같은 학년 한두 명이 친구이다.
　내 옆자리에는 면사무소 부면장의 아들이 있었다. 부면장의 아들은 아버지가 조부의 대를 이어받아 대문이 달린 넓은 한옥에 풍족함은 물론 모든 부녀자가 머리에 비녀를 꽂고 생활하던 시절 그 어머니는 단발머리 커트를 한 신세대 여성으로 부러움을 사기도 하였다.

  부면장의 아들과는 어느 정도 사이가 좋은 관계로 그의 집도 몇 차례 놀러 갔던 기억과 동생들도 나를 알고 있을 정도다. 그러나 나이 어린 초등생들인 관계로 서로가 잘 지내다가도 툭하면 말다툼하게 되고 곧장 싸움이 일어나곤 한다. 사고가 있던 그날도 무언가 서로 티격태격 약간의 실마리가 있던 중 친구는 난데없이 가지고 있던 주머니칼을 꺼내 양복을 입은 나의 앞자락을 쿡 찌르는 위협을 가한 것이다. 비록 어린 나이라 하지만 겁을 주기 위하여 한 행동이라는 것은 나도 알고 있다.

  그러나 주머니칼을 꺼내 위협한 행동은 비겁할뿐더러 분개하기에 이르렀다. 주머니칼은 돈 있는 집 아들이나 일부의 불량 청소년들이 가지고 다닐 뿐 나는 칼이 없다. 가운데에 앉아 있는 규선이의 칼을 빌리게 되고 "너만 칼 있냐? 나도 칼 있다. 너만 찌르냐? 나도 찌른다." 하며 서로 칼끝으로 옷깃을 짓누르며 말다툼하던 중 내가 빌린 주머니칼이 툭 하는 소리와 함께 그의 어깻죽지 양복을 뚫고 말았다. 구멍이 뚫린 칼자국에는 뽕을 넣은 하얀 솜뭉치가 밖으로 보이고 친구는 한쪽 어깨를 감싼 채 집으로 향하고 교실 안은 사람을 칼로 찔렀다고 웅성거렸다.

나는 그의 집이 학교 옆이라 불안한 마음에 운동장을 나가니 그는 면서기인 아버지를 대동하고 학교 안으로 들어오고 있었다. 용서를 빌며 몇 마디 말하려는 순간 얼굴에 불이 번쩍이며 운동장 바닥에 꼬꾸라지고 말았다. 친구의 아버지가 나의 뺨을 후려친 것이다. 얼마나 세차게 뺨을 후려쳤으면 정신을 잃을 정도로 땅바닥에 나동그라졌을까? 얼어 붙어있던 땅을 녹이는 삼월의 날씨에 많은 학생이 뛰어노는 운동장은 진흙탕처럼 질퍽거렸다. 그런 땅바닥에 꼬꾸라져 나뒹굴었으니, 양복은 흙투성이가 된 채 얼굴은 핏물이 흘러내리듯 흙탕물이 흘러 내렸다.

참으로 울분을 금할 수 없는 현실이 되어버렸다. 우리 아버지는 날 도와주지 않을까? 하는 원망도 하였으나 내가 잘못하여 말할 수 있는 처지가 되지 못하고 나의 따귀를 세차게 후려대서 그런지 그의 아버지도 연락을 포기한 상태다. 화가 풀렸는지 집으로 돌아가는 친구의 아버지를 따라 집까지 따라가며 잘못을 빌었다. 내가 찌른 게 아니고 서로 말다툼하던 중 다른 친구 것을 빌려 언쟁 중 그렇게 되었다고 말이다. 옆에서 듣고 있던 친구의 동생들도 우리들의 사정을 이해하는지 아버지한테 잘 말씀드리라고 귀띔을 해준다.

담임선생님은 어떻게 하면 사람을 칼로 찌르냐며 심한 꾸중과 질책으로 반성문을 제출하라 일관하고 나의 의견은 생각해 볼 가치도 없다며 묵살한다.

사람을 칼로 찌른 것은 사실이다. 그러나 친한 친구끼리 우발적 상황에서 일어난 일이고 그 주머니칼이 내 것이었더라면 그런 사고도 나지 않았을 것이다. 하필이면 칼을 빌려준 규선이는 불량소년으로 주머니칼을 숫돌에 문질러 날을 세우고 칼끝을 예리하게 만들어서 다니는 관계로 이를 모르고 사용하다가 사고가 난 것이다. 그러나 이런 속사정을 알아줄 친구들은 아무도 없다. 어느 반 누구는 사람을 칼로 찔렀대. 그건 백정이 하는 짓이지 사람이 할 짓은 아니야. 남학생들보다는 여학생 쪽에서 많은 험담이 오가고 졸지에 나는 칼로 사람을 찌른 사람이 되어버리고 보이지 않는 누명은 한 학년이 다 지나갈 때까지 따라다니며 나를 괴롭혔다.

친구의 좌측 어깨는 하얀 반달처럼 작은 흉터가 자리를 잡게 되고 성년이 되어 각종 모임이나 경조사에서는 간혹 만나곤 했었다. 언젠가는 그의 부친이 영면하여 유년 시절의 아픔을 되새기며 조의금을 보내기도 하였다. 친구는 경제가 어렵고 이혼하는 아픔까지 겪어 연락이 되질 않는다.

성인이 되어서는 어린 시절의 이야기를 한 번도 꺼낸 적이 없으나 그를 만나면 과거의 아픈 추억을 거울삼아 응어리진 가슴속을 씻어내는 환담과 함께 더욱 절친한 친구로 거듭나려 생각해 본다.

정든 집

내 집은 동구 밖 가장자리에 있었다. 할아버지가 터전을 잡아 장남인 아버지가 대를 물려 살아오던 정든 집이다. 마당에는 초가지붕 몸채와 행랑채가 있었고 담장과 집주변에는 감나무와 대추나무가 많았다. 옆집은 고향을 찾아온 황 씨 가족이 살았고 아랫집은 최 씨 가족이 살았다. 할아버지는 집 없는 사람들에게 내 땅에 집을 지으라고 허락하여 그들은 산에 나무를 베어다가 양지바른 곳에 집을 짓고 살았다.

마당 안에는 큰 감나무가 있었다. 언제 심었는지 알 수 없는 고목이 다 되어 가는 감나무는 여름에는 그늘을 드리우고 가을이면 감이 주렁주렁 얼굴까지 붉게 만드는 정겨움이 있었다. 점심때가 되면 어머니는 감나무 그림자가 어디까지 왔느냐 묻곤 하신다. 정오를 알리는 시간은 오포 소리나 감나무 그림자 아니면 알 수가 없다. 그림자를 보고 시간을 재어 밥을 짓곤 하셨다. 감나무에 매미가 날아와 울어대면 맨발로 뛰어나가 매미를 잡아 실로 다리를 묶어 놀다가 저녁이면 감나무에 매어놓아 다음 날 아침에 보면 살아있는 것을 볼 수가 있었다.

　가을이면 감나무는 붉은 감잎을 마당에 드리우고 감이 툭툭 마당에 떨어져 감을 주워 먹곤 했다. 감나무 밑에 앉아 있는 할아버지를 보며 감나무도 나이가 들면 감이 빨리 익고 땅에 쉽게 떨어진다는 것을 알게 되었다. 뒤안에는 붉은 매조가 꽃을 피우고 양지바른 담벼락 주렁주렁한 앵두를 다람쥐가 훔쳐 가기도 한다. 장독대 앞 꽈리도 붉게 익어 누나들은 꽈리를 만들어 소리를 내어 불었다. 처마 밑 확독 옆에는 구정물을 먹고 자란 토란잎이 우산을 만들고 뒤안에는 딸기를 심어 학교에 다녀오면 빨갛게 익은 딸기가 생각나 뒤안부터 살피곤 했다. 탱자나무엔 참새가 다닥다닥 탱자 열매만큼씩 날아들어 얼마나 시끄럽게 조잘대는지 한바탕 왁자지껄 떠들다가 날아간다. 위 모퉁이 담벼락에는 대추나무와 살구나무가 파란 하늘과 친구가 되고 봄이면 황금 열매인 살구가 무르익어 군침을 삼키며 따먹는다. 대추나무와 살구나무 밑에는 여동생 볼기 같은 함박꽃이 얼굴을 내밀고 초가지붕을 얽어맨 박꽃은 달빛에 물든 밤하늘의 별들과 속삭이며 꽃을 피워 우리 가족은 천사의 보금자리 같은 방에서 평안히 잠들곤 하였다.

　아래 모퉁이 담장 옆에는 하늘을 찌를 듯한 커다란 감나무가 있어 신발을 벗고 들어가 논바닥에 떨어진 감을 주워 오는가 하면 남는 것은 퇴비가 되어 벼를 잘 자라게 했다. 봄이 오면 감나무 가지에 까치가 집을 짓고 가족이 분가한다. 행랑채에는 할머니 내

외가 주무시고 소 외양간과 돼지우리에는 커다란 황소와 수퇘지가 있었다. 큰 일꾼이나 다름없는 황소는 집안일은 물론 다른 집 안일까지 거들어 가정을 돌보고 발정 난 암소들에게 씨앗을 심어 나의 학비까지 보태주는 고마운 존재이다. 어머니께서는 원래 소나 돼지는 새끼를 내어 팔아야 돈이 되는데 황소와 수퇘지를 키우는 것은 농촌에 돈이 부족하여 가용 돈으로 사용키 위하여 키우는 거라 말씀하셨다.

옆집과 아랫집은 삶이 힘겨웠다. 남의 터전에 생활하다 보니 우리 집안일을 서슴없이 거들어 주고 부탁하는 일도 쉽게 들어주었다. 나의 동갑 친구와 동생들도 있었는데 식량이 부족하여 밀기울로 수제비를 만들고 봄이면 채 익기도 전인 보리를 빻아 허기를 채워 변소 간에는 보리쌀이 그대로인 것을 보았다. 그들은 삶에 정을 붙이지 못하고 이사를 자주 하였다. 외지인이 들어오는가 하면 오랜 세월 여러 번 들고나며 집주인이 바뀌더니 결국은 사람이 살지 않아 빈집을 철거하여 마당으로 쓰게 되었다. 새로워진 마당은 가을 추수를 대비하여 황토를 들여 곱게 단장하고 저녁이면 멍석을 깔고 팔베개를 하고 누워 개똥벌레 번쩍이는 들녘을 보며 밤하늘의 은하수와 별똥별에 취해 잠들기도 하였다.

마당 앞에는 닭장과 토끼장을 지었다. 토끼는 오줌이 독하여 닭병이 들지 않는다고 닭장 위에 토끼장을 놓았던 것이다. 사리문 밖에는 연자 맷돌이 놓여 있어 맷돌 위에 낮잠을 자기도 했다. 둑방에는 복숭아나무와 뽕나무가 자라고 돼지감자가 있어 배가 고플 때는 오디를 따고 돼지감자를 씻어 허기를 달래기도 하였다. 겨울이면 마을 사랑방에 놀다가 늦은 귀갓길 당산 옆 고염 나무에서 울어 대는 부엉이 소리와 귀때기를 떼어갈 정도의 찬바람은 등골을 오싹하게 만들었다.

　동구 밖 내 집은 산과 들이 가까워 살쾡이의 표적이 되었다. 어느 때에는 닭의 비명에 마당으로 뛰쳐나가니 살쾡이가 닭을 놓고 도망을 치기도 하였다. 그 닭은 모이를 주어도 먹지 않고 계속 야위어져 닭을 잡아보니 목을 물어 숨만 겨우 쉬고 있었다. 봄이면 복사꽃 살구꽃 마당을 수놓고 대추나무엔 벌들의 춤사위에 무도회장이 된 내 집. 감꽃을 주워 꽃목걸이를 만들던 어린 시절, 가을이면 감나무엔 감이 주렁주렁하였다. 토끼처럼 오순도순 한 가족이 잠을 자던 정든 집. 사리문 밖 어머니 아버지 마중 나와 반겨주던 내 집. 정든 집이 그리워지고 보고파진다.

우금티 고개

공주시 금학동 우금티 고개는 버려진 숲과 적막 속에 동학군의 마지막 신음 소리가 들리는 동학 농민 최후의 격전지로 동학 혁명군 위령탑이 세워져 넋을 기리는 곳이다. 백성의 원성이 높으면 쇠도 뚫는다는 말이 있다. 동학 농민 운동은 전라도 고부(정읍)에서 전봉준이 나랏일을 돕고 포악한 것을 물리치고 백성을 구한다는 일념으로 탐관오리들의 수탈에 대항하는 역사적인 거사 운동이다.

공주 경찰서에 초임지 발령을 받아 우금티 고개인 금학동에 숙소를 정하고 자전거로 출퇴근하게 되었다. 점심시간이면 어김없이 그곳까지 달려가 점심을 먹고 자전거로 경찰서까지 이동하곤 했다. 우금티 고개는 남쪽에서 공주로 들어오는 중요한 길목으로 죽창과 죽검으로 맞선 수많은 농민이 조총으로 무장한 일본군과 경찰들에게 무참하게 죽어간 애환을 간직한 역사의 현장이다. 이곳에서 나는 패잔병과 다름없이 앞니가 두 개나 부러지는 사고를 당한 곳이기도 하다.

공주 장날이면 이 고개를 넘는 장꾼들을 많이 볼 수가 있었다. 지금이야 신기술이란 개발 아래 산속으로 구멍을 뚫어 자동차가 드나들고 바람이 통하는 터널이 생겼다. 하지만 산이 높아 고개가 가파르고 자동차도 힘들어하던 이 고갯길을 할머니 할아버지는 개미가 기어오르듯 짐 꾸러미를 등에 걸쳐 메고 가다 쉬다를 반복하며 힘들게 오르내렸다. 달구지에 곡물을 가득 실은 황소 또한 고통이 이만저만이 아니었다.

주인아저씨는 주문을 외우듯 소를 달래며 어 여차 어여차 잘도 간다. 조금만 더 힘을 내라 하며 가다가 힘에 부치면 소를 세워 힘을 불어넣고 등을 다독이며 사력을 다해 고개를 넘는 것을 보았다.

외국의 유명한 소설가가 마차를 끄는 소와 뒤따라 걸어가는 주인을 보고 왜 마차에 타고 가지 않느냐고 하자 소도 힘든데 같이 고통을 나누는 것이라고 하여 크게 감명을 받았다는 이야기가 있다. 말 못 하는 우둔한 소라 하지만 주인이 전달하는 사랑의 목소리에 묵묵히 자기의 소임을 다하는 동물을 보며 그들이 살아가는 평화로움에 마음을 살찌우는 그런 시절이기도 했다.

우금티 뒷산 깊은 골에는 공주 시민의 상수원인 저수지가 있다. 통제 구역이란 팻말이 붙어 있긴 하나 쉬는 날이면 고무대야를 메고 저수지에 들러 된장을 넣고 비닐로 뚜껑을 밀봉하여 구멍을 뚫고 물속에 넣어두면 고무대야 속에는 버들치가 가득 들어 있어 집에 가져와 찌개를 끓여 먹는 쏠쏠함도 있었다.

그날도 여느 때와 다름없이 점심을 먹고 자전거를 타고 경찰서로 향하던 중 내리막길을 전속력으로 달리며 핸들을 놓고 타는 모험을 부리다가 그만 아스팔트에 곤두박질을 치고 말았다. 몸은 날아가며 땅에 부딪히고 이빨에서 불이 번쩍이는 것을 느꼈다. 다행히 얼굴은 상처를 입지 않았으나 앞니가 두 개 부러지고 어깨 쪽의 옷이 찢어진 채 피가 흐르고 있다. 동학 농민 최후의 격전지이며 많은 희생자를 낸 우금티 고개에서 부상을 당한 것이다.

자전거가 귀했던 시절 초등학교 선생님이 자전거를 타며 두 손으로 뒷짐을 지고 운동장을 도는 곡예를 펼치는 모습을 본 일이 있다. 창가에 얼굴을 내민 학생들은 서커스 곡마단 구경을 하듯 관심이 집중되고 지금까지도 그 선생님이 자전거를 잘 타서 그런지 이름을 기억하고 있다. 그래서 그런지 자전거나 오토바이를 타면 핸들을 놓고 싶은 충동이 자주 일어난다. 사고가 나던 그날도 선생님의 자전거 타던 모습이 떠올라 그것을 시연해 보려던 것이 그만 사고가 나고 만 것이다.

손을 놓고 타는 동력은 운동장에선 저속으로 가능할지 모르나 가파른 고개 비탈길에서는 손을 놓음과 동시에 핸들이 겹쳐 사고와 직결되는 것을 알지 못한 게 후회스럽다.

부러진 이빨은 영원한 장애물로 남게 되고 세월이 지나 2차 교환을 하였으나 원인 모를 염증까지 번져 무 뽑듯 치아를 뽑아내고 입안에는 가치假齒를 끼워 넣어 임플란트하기로 하였다. 하나 상처가 아무는 데 삼 개월, 나사를 고정해 굳히는데 삼 개월, 반년의 세월을 보내고 임플란트하였으나 본 이빨이 아닌 인공 치아인 관계로 많은 불편이 뒤따른다.

  동학 농민 운동 당시 마지막까지 격렬하게 전투를 벌인 최대의 격전지인 우금티 고개는 칠월 염천 불볕더위에도 거침없이 들판을 점령하는 개망초처럼 탐관오리들의 수탈에 저항하는 동학 농민군과 이를 진두지휘한 녹두 장군 전봉준의 얼이 살아있는 역사의 공원으로 남아 있다. 초임지 발령을 받아 경찰의 푸른 꿈을 안고 출퇴근하던 그 우금티 고개는 나에겐 영원히 지울 수 없는 상처를 안겨준 장소로 남게 되었다.

들꽃 같은 인생

구름이 머물다가는 호남 고원 진안. 금강 상류가 구비 넘쳐흐르고 흐드러진 밤하늘엔 별과 함초롬히 젖은 들녘엔 풀벌레 소리 적막을 깨트린다. 망아지처럼 초원을 뛰놀며 자연과 친구 되어 성장하던 어린 시절 밤이슬에 흠뻑 젖은 논둑길을 걸으며 반딧불 꽁무니를 떼어 얼굴에 붙인 채 귀신이라며 여자애들을 괴롭히던 일. 책 읽기를 좋아하던 탓에 하라는 공부는 하지 않고 쓸데없는 짓만 한다고 형님으로부터 꾸지람도 많이 들었다.

산중에는 학교가 없어 상공업이 발달한 도시로 나가 공부를 해야 했던 시절, 하숙비란 명목 아래 어머니는 키로 쌀을 까불러 자루에 담고 아버지는 동구 밖 신작로까지 지게에 지어다 주시곤 했다. 사춘기 시절 도시의 문화를 수혈하며 책과 영화를 좋아하고 결혼 후에는 박봉에 시달리며 어린 핏덩이를 안고 단칸방으로 이사를 전전하면서도 세계 문학 전집을 구입하여 이를 가지고 다니느라 불편함도 많이 겪었다.

그 많은 분량의 서적은 세월과 시간에 쫓겨 단 한 권도 제대로 읽어보지 못한 채 폐기되고 말았다. 그래도 좁은 방안에 책이 가득 차지하고 있으면 마음이 평온하고 배가 불렀다.

　서점에 질펀하게 주저앉아 책을 보며 약속 장소로 자주 이용하던 시절. 사랑했던 여인의 시집을 출판, 선물을 받았던 터라 그녀의 그늘도 한몫했음 직도 하다. 경찰 공무원으로 형사과에서 정형화된 문답식의 직유법 조사를 뒤로하고 현실적인 은유법 언어의 유희로 피의자에게 감동을 줘 죄를 뉘우치게 하고 글이 감칠맛 난다고 상사는 어려운 사건을 나에게 배당하던 시절도 있었다.

　농촌에서 성장한 배경에 자연에 대한 풍부한 정서를 바탕으로 한 긍정적인 삶의 여운은 그때그때의 영감으로 글짓기는 수첩에서 컴퓨터로 저장되고 한 장 한 장 복사되어 책장에 쌓여만 갔다. 문학에 대한 열정은 많았으나 누구의 지도를 받지 못한 채 세월을 탕진해 오던 중 행운이라고 할까? 경암 이철호 이사장님의 한국문인 아카데미 강좌에 참여하게 되고 강의가 있는 날은 카페인처럼 반짝이는 맑은 정신이 깃들고 풍요로움을 느끼는 행복한 날이었다.

　글 발표와 강평을 들으며 문우들의 상상을 초월하는 글솜씨에 놀랍고 부끄럼도 많이 탔다. 좋은 나무일수록 가지를 많이 쳐내야 하듯 기초를 배워가며 글이 매끄럽고 자신감이 붙는 것은 내 인생 최고의 무기, 최고의 자부심이라 표현하고 싶다. 아는 사람마다 등단은 하였느냐고 질문할 때 일찍이 등단 길에 오를 수도 있었으나 등단 길을 몰라 길 없는 고봉을 오르는 험난한 길을 걸어온 것도 사실이다. 자기 혼자서 알고자 하면 늦게 알게 되고 남의 도움을 받아 알게 되면 빨리 알게 된다는 유머러스한 한시를 생각하며 이젠 당당하게 문우들과 대화할 수 있고 노후의 취미생활 등 성취감에 행복하다.

못다 이룬 문학의 꿈을 실현하게 해주신 한국문인 아카데미 경암 이철호 이사장님께 감사의 마음을 전하며 이사장님의 뜻을 받들어 사회에 봉사하는 참된 문인으로 거듭날 것을 약속드린다.

이력서

군을 제대 후 3개월의 휴식 끝에 첫 직장을 잡게 되었다.
충남에서는 제일 큰 회사라 자칭하는 피혁 회사이다. 70년도의 사회생활은 공장이라야 섬유나 가죽 등 제조업으로 노동에 종사하는 열악한 환경에 임금 또한 야박하기 그지없다. 외관상으로는 규모가 크고 많은 회사원을 거느린 대기업이라 하건만 내부의 사정은 노동력을 착취하고 산재 사고가 비일비재한 산업 현장이기도 하였다. 그러나 어찌하랴. 병역 의무도 마쳤고 부모님께 의존할 수는 없는 법, 적성에 맞는 취업 자리를 구할 때까지는 생계 차원에서라도 이곳을 다녀야 한다는 절박감에 콩나물시루와 같은 통근 버스에 시달리며 회사에 출근 각자의 노동 현장에서 작업에 임하게 되었다.
수많은 젊은 청춘 남녀들을 보며 삶이란 이런 것인가? 하는 회의와 적막감 속에 누구의 소개나 타인의 지배하에서는 발전이 없다는 것을 생각하며 떳떳하게 경쟁시험에서 합격하여 신분을 보장받는 직업을 선택하기로 결심하게 되었다. 낮에는 일하고 밤에는 책을 보는 주경야독의 고행이 시작되었다. 좋은 직장을 구하려면 장기간의 투자와 부모님의 조력이 필요하건만 스스로 자립하며 공부에 임하니 단기간의 승부에 임하는 공무원 시험을 보게 되고 경찰과 소방관 시험을 보아 모두 합격하게 되었다. 경찰이 적성에 맞아 이를 택하게 되고 청운의 꿈을 안고 중앙 경찰학교에 입교하여 교육 훈련에 들어간다. 신장이 크고 체격이 건장하여 소대장으로 발탁되어 학생 간부로 학교생활에 매력을 느끼며 생활하던 중 사고가 일어나고 말았다.

학생 간부는 학생을 관리하고 통제하는 자치권을 부여받아 교육생보다는 많은 자유로움과 특권을 가지고 있다. 오랜 시일 절제된 학교생활의 강박감 속에 옆 동료와 시내 구경을 하기로 모의하고 심야에 완장을 차고 경비 근무자들을 점검하며 담벼락을 넘어 시내를 활보한 후 학교 후문 음식점에 도착하여 뭔가를 먹으려 하던 중 밖에서 의경이 다가와 교관이 지켜보고 있으니 나오라 한다.

머릿속에는 걸리면 퇴학인데 하는 강박 관념 속에 가게 뒷문으로 튀어 달아나니 막다른 길 변소가 앞을 가로막아 주춤거리던 중 뒤따르던 동료의 한쪽 다리가 똥독에 빠지고 말았다. 손으로 잡아당겨 끌어내고 급한 나머지 안방으로 침입하여 창문을 통하여 도망을 칠 수가 있었다. 머릿속에는 점검을 취하기 전 생활실에 들어가면 살아남을 것 같은 생각뿐이다. 주택가 담장을 뛰어넘기를 수회에 걸쳐 마을에는 개 짖는 소리가 마을을 진동하였다. 학교의 뒷산인 예지산을 통과하여 생활실에 들어오니 모두가 잠을 자고 있다. 동료 녀석은 하의를 벗어 옥상에 숨겨두고 잠을 청하던 중 교관이 들이닥쳐 여기 소대장이 누구냐 나오라 한다. 가게 안에서 완장을 차고 있는 모습을 보고 그것을 증거로 범인을 잡은 것이다. 자포자기 상태가 되어 당직실로 가자 하는 교관에게 내일이면 집으로 갈 건데 뭐 하러 거기에 가느냐 반문한다. 그러나 교관은 의외로 잘될지 알 수 있느냐 하며 가자 한다. 그래서 즉답으로 용서만 하여주신다면 평생 잊지 않겠다 하니 우선 사고 수습부터 해야 하니 너희들이 해결할 수 있느냐 하는 것이다. 똥독에 빠진 학생이 아기가 잠자고 있는 안방으로 침입 도주하는 관계로 방을 더럽히고 애를 밟았으면 어떻게 할 뻔했느냐 하며 내일 아침 마을 주민들이 학교장을 만나러 온다고 한다. 교관이 현장에 가면 골치가 아프니 너희들이 해결하면 희망이 있다는 것이다. 의경을 옆에 대동시키고 자기는 멀리서 지켜보겠다 한다. 감독 책임을 물어 본인의 신상을 보호키 위하여 사건을 수습하려는 의도가 보여 다소 마음이 안정되었다. 현장에 임하니 주민들이 웅성웅성 난리법석이다. 연신 고개를 숙여가며 용서를 빈다. 다급한 나머지 도망치려다 뒤따르던 동료가 변소에 빠지고 갈 길이 없어 안방 창문으로 빠져서 나가려고 들어가니 같이 따라 들어와 그렇게 되었으며 방바닥에 자는 아기는 잘 피해서 도망을 쳤다 하며 힘들게 구한 첫 직업인데 집안 핏줄이라 생각하고 토요일은 외박을 나오니 그때는 정식으로 깊은 사죄를 하겠다 믿어 달라고 하니 그제야 주민들은 마음의 안정을 찾고 용서하게 되었다. 대동한 의경을 데리고 교관에게 다가가 잘 마무리가 되었다고 말하니 의아스럽게 생각하며 의경에게 확인하자 잘 수습되었다고 답변하여 해결은 되었으나 학생 게시판에는 야간 담치기란 죄명 아래 30점이란 벌점을 부여하는 대자보가 붙게 되고 높은 벌점에 대한 감점으로 좋은 성적으로 경찰학교를 수료하지는 못하였다.

초임 발령과 함께 나날이 경력을 쌓게 되고 형사과에 보직을 받아 근무 중 권불십년이라 했던가? 또 한 번의 위기를 맞게 된다. 파출소에서 강간 사건 피의자를 인수하여 조사하게 된다. 일주일 먼저 전역한 선배와 전역 휴가를 나온 동료가 같이 어울려 포장마차에서 옆에 있던 처녀와 합석하여 술을 먹게 되고 술에 취한 이들은 택시를 타고 여관으로 이동하여 남자 셋이 여자 한 명을 윤간한 것이다. 이들은 보안 사령부 고위직 운전병으로 군 간부가 찾아와 담당 형사는 거들떠보지도 않은 채 서장을 만나 면담을 하고 사법권을 가진 자기들이 직접 인수하여 방면한다는 것이다.

강간 사건은 친고죄로 거액의 현금이 지급되어 합의되고 두 명은 현역으로 군에 넘기고 한 명은 불구속으로 귀가시킨 후 사건을 마무리하였다. 그러나 어떻게 된 영문인지 두 명의 현역 군인이 구속되고 똑같이 윤간했음에도 한 사람은 불구속이고 둘은 구속이 되어 억울하다는 내용을 구속 피의자의 부모가 군, 검찰에 진정을 낸 것이다. 검찰에서는 사건 서류를 송치하라는 압박을 가해 온다. 형사 초년생이라 조장이 다 알아서 처리하고 다만 조사자 이름만 내 것으로 올렸을 뿐인데 사건 취급자라며 나를 들어오라는 것이다. 그곳은 들어갈 때는 쉽게 들어가도 나올 때는 쉽게 나올 수 없는 곳이다. 무엇을 약점을 잡았는지 서장을 들어오라 하는가 하면 과장을 부르고 사건과 관계없는 반장이나 다른 직원이 올라가면 계속하여 사건 취급자 출석을 요구하던 중 입회 서기인 담당자가 조사자 이름을 확인하던 중 황 형사가 신장이 크고 ㅇㅇ 경찰서에 근무한 사람 맞느냐고 하여 맞다고 하자 자기 처에게 전화로 대화하는 걸 보니 고종사촌이라 하더란다.

검사가 부재중 자리에 올라가니 왜 이런 큰일을 저질렀느냐 하여 잘못이 없다고 하니 남자 셋이 여자 한 명을 윤간한 것은 특수 강간으로 합의 사항이 아니고 구속 사항인데 한 명이 불구속되었으니, 서장이나 상급자의 청탁이 분명하다 하는 것이다. 일단 검사가 들어오면 반문하지 말고 형사 초년생으로 죄송하다 하고 침묵을 지키고 있으라 한다. 부재중이던 검사가 들어와 계속 호령하며 서장이나 상급자의 청탁으로 피의자가 방면되었다며 내일 아침 서장에게 전달하여 출석하라 한다. 수사 지휘권을 가진 상급 관청의 검사가 하는 말은 법이나 다름없고 하급 관청인 사법 경찰리의 권한은 양면 괘지에 글자 몇 자 적거나 아침 해장국 거리에 불과한 신분이다.

　어려운 난관에 봉착했던 일을 생각지 못한 혈연과 연결되어 실타래가 풀리듯 사건이 종결되어 말로만 듣던 학연, 지연, 혈연 등의 단어가 이렇게 좋은 줄 처음 알게 되었다. 한 번의 실수를 타산지석으로 형사 업무는 나날이 발전하여 36년의 장기 복무를 하고 정년 퇴임하게 되었다. 다른 친구들은 노동을 하여 임금을 받으나 나는 쉬면서 연금을 받아 생활하니 이것 또한 행복이 아닐까 생각한다.

하숙생

첩첩산중 두메산골. 시골 농촌에는 학교가 없어 대처로 나가 공부를 해야 했던 시절, 부모님은 아들 공부를 시키랴 여벌의 옷과 이불을 챙겨 도시로 학교를 보내었다.

아는 사람이라곤 한 사람도 없는 도청 소재지인 전주까지는 한나절의 버스를 타고 신작로를 달려야 하는 먼 곳이다. 다행히도 형수의 친척이 변두리에서 농사를 짓고 있어 그곳에서 하숙하였다. 하숙집에는 주인집 아들과 그의 사촌 등 다섯 명이 같은 방에 잠을 자며 학교에 다녔다. 비좁은 방에 여러 명이 잠을 자니 몸에는 이가 번지고 피부병인 옴이 번져 고생도 많이 했다. 이를 잡아 종이 위에 놓고 싸움을 붙이는가 하면 최후에는 면도칼로 자르는 진풍경이 벌어지기도 하였다.

주인아저씨는 생계에 보탬이 되고자 자투리땅에 움막을 지어 각 가정을 돌며 잔반을 모아 돼지를 키웠다. 돼지 막 위에는 토종닭이 잠을 자는 전형적인 변두리 지역으로 논밭에는 인분을 이용 채소를 경작하여 악취가 진동하고 조금만 한눈을 팔면 인분 독에 빠질 위험이 있었다.

　내가 다니던 학교는 농업 고등학교로 각 학과에는 영농 기숙사가 있어 그곳에 자주 놀러 가곤 했다. 어느 날인가는 의기투합 닭서리를 모의하게 되고 친구들을 안내하여 하숙집 닭을 잡아 기숙사에서 잘 삶아 먹던 중 관사에서 생활하는 담임선생님께 들키고 말았다. 다행히 선생님의 동생이 실업자로 우리와 함께 어울리는 것을 보고 모른 체 하고 지나가셨다. 하숙집에는 주인 친척의 사촌 간인 1년 후배가 2명이 있었는데 그들은 틈만 나면 나에게 시비를 걸어 싸움을 일으켰다. 결국은 먼 친척인 내가 이사를 하였다. 주인아저씨는 참된 분이시나 그들의 횡포에 정이 들지 않았다.

　두 번째로 이사를 한 하숙집은 주인아저씨가 역전에서 빙수를 판매하는 재혼 부부로 마음씨는 고우나 가난하여 먹을 게 없고 도시락에 반찬 통까지 넣었다. 밥이 적다는 말도 못 하고 다니던 중 반찬 그릇을 따로 분리해 달라고 도시락통에 메모지를 넣어 건네준 일도 있다. 지대가 높아 수돗물이 나오지 않아 지하수로 생활하니 여름에는 심한 복통을 많이 겪었다. 할 수 없이 하숙생끼리 알음알음 이사를 하게 되고 세 번째 하숙집은 목수인 아저씨가 수입이 일정치 않아 아주머니가 하숙을 치어 가정을 꾸리는 관계로 반찬도 깨끗하고 정성을 들여 학교에서 도시락을 내놓아도 부끄러움이 없는 그런대로 만족스러운 생활이었다.

　고향을 떠나 부모 밑이 아닌 타인의 집에서 생활하는 하숙생들은 항상 마음이 외롭다. 삼시 세끼 주는 밥 이외에는 먹을 게 없어 자취하겠다고 부모님께 여러 번 간청하였다. 하지만 어머님은 자취하면 고생한다며 주는 쌀 가지고 가서 밥 받아먹는 게 편하다 하셨다.

하숙생은 스스로 몸을 돌보지 않으면 안 된다. 하숙생끼리 돌아가며 한 달에 한 번씩 소화제 훼스탈을 지참하고 단백질을 보충하던 시절이 있었다. 언젠가는 주인집 아들을 따돌리고 하숙생끼리 외식을 하고 돌아와 핀잔을 듣기도 하였다. 그런가 하면 마을 앞 구멍가게에서 되들잇병 소주 한 병을 사는데 병뚜껑 속에 '또' 자가 나와 이에 현혹되어서 '또' 자를 찾으려고 소주 한 상자 병마개를 모두 열어 한 달 분의 생활비를 탕진한 적도 있다.

그렇게 생활하던 하숙집도 나와 같은 중학교 동창이 자기 하숙집으로 오라고 하였다. 그는 중학 시절 전교 4등을 할 정도의 모범생이었고 영어를 잘하여 도움이 될까 싶어 하숙집을 옮겼다. 그곳은 개천 둑방에 블록으로 방을 들여 세를 주고 하숙을 치는 열악한 환경이었다. 친구의 정에 이끌려 하숙집을 옮겼건만 친구는 나를 하수인 취급하였다. 또한 학교에서 불순 서클에 가입하여 밤이면 반대편 서클 조직 학생들이 찾아와 공포를 조성하고 하숙집 주인은 그들을 달래려 밥상을 차려주는 등 비싼 하숙비를 내며 불안하게 생활하던 중 친구의 소개로 다른 하숙집으로 이사를 하였다.

마지막 다섯 번째 하숙집은 초등학교 선생님 댁으로 선생님은 말이 없으나 사모님이 궁색하여 친구가 옆에 있어도, 조금만 늦게 귀가 하여도 밥을 주지 않는 등 비정한 밥장사로 보였다. 한방에 두 명이 생활하며 삼 학년이 되었는데 한창 민감한 사춘기, 간혹 엉뚱한 곳에 들려 외로움을 풀곤 하였다. 그렇게 이곳저곳을 전전하며 학교에 다니던 중 졸업 시즌이 다가오고 마지막 하숙비가 문제 되었다.

첫 번째 하숙집 주인아저씨의 처조카인 학생이 주말이면 찾아와 우리와 함께 잠을 자게 되었다. 그는 내가 수업료를 낼 돈을 서랍 속에 넣는 것을 보고 잠깐만 빌려 쓰고 준다고 하고 돈을 주지 않아 하숙비로 지급하던 쌀을 팔아 수업료를 내게 되었다. 선급으로 내던 하숙비는 후불로 계속 미루게 되고 졸업 때는 하숙비를 내지 못하고 책상과 짐을 모두 남겨 놓은 채 집으로 왔다. 밀린 하숙비는 하숙집 주인이 찾아와 부모님이 해결하였다.

모든 것이 힘들었던 시절 부모는 자식을 위하여 헐벗은 채 비싼 곡물을 챙겨 보냈건만 그들은 하나의 영업으로 생각할 뿐 성장기 소년은 배고프고 정이 그리운 채 외로운 생활을 해야 했다. 그래서인지 자기 몸을 보호하는 본능적인 습관이 배어 친구들은 쟤는 몸을 굉장히 아끼는 애라고 말하곤 한다. 자식은 부모 밑에서 커야 바르게 성장한다. 도시로 나가 학교에 다닌 학생들치고 잘못된 경우가 부지기수이다. 분별력이 부족한 사춘기의 소년이 누구의 통제도 받지 않는 자유분방한 환경 속에 다섯 번씩이나 하숙을 옮기며 우여곡절 끝에 학교를 무사히 마친 것을 행운으로 생각한다.

제2부 사람 살린 이야기

풍경화

　대처로 나가 학교에 다니던 시절 방학이면 어김없이 고향으로 돌아온다. 사춘기 시절 점순이는 나의 단짝 친구.
　저녁이면 무서움도 잊은 채 산 넘고 물을 건너 그녀를 찾아가곤 했다. 누구에게 들킬세라 담벼락을 맴돌며 그녀를 찾는다. 창문 밖으로 새어 나오는 불빛 아래 누에의 잠반에 뽕잎을 얹어주는 점순이를 보며 창문을 두드려 신호를 보낸다. 누에의 뽕잎 먹는 소리에 우리들의 대화는 어느 정도 안심이 되고 동구 밖을 맴돌며 그녀를 기다린다. 그녀의 모습이 가까이 다가올 즈음 우리는 황급히 자리를 뜬다. 부엉이가 우는 공동묘지를 지나 신작로 길을 걸으며 딸기밭을 찾아 걷곤 하던 시절. 우리는 그렇게 정이 깊어져만 갔다. 어느덧 사랑이 익어갈 즈음 그녀의 집에서도 나와의 교제 사실을 알게 되고 여자는 남자를 알면 결혼해야 한다는 유교 사상과 봉건적 사고방식이 강하게 지배하던 시절 그녀의 부모는 소문이 나기 전 빨리 시집을 보내야 한다고 딸을 압박했다.
　점순이는 나를 만나면 사랑보다는 결혼 이야기를 먼저 꺼내니 부모에게 시달림을 받은 것이 역력하다. 이제 갓 고등학교를 졸업하고 군 징집영장을 받아 놓고 있는 나는 그저 사춘기의 풋풋한 정을 나누는 것에 불과할 뿐 결혼이라는 단어는 아리송할 뿐이다. 언젠가는 우리 마을인 대추말 앞에 점순이가 걸어오고 있는 모습이 보인다. 누구에게 들킬세라 황급히 달려가 웬일이냐 물으니, 부모님이 나를 데려오라 했단다. 참으로 어이가 없고 마음이 불안하다. 일단 그녀를 달래며 시간이 되면 한번은 가겠다 하며 누가 보면 소문나니 빨리 가라 등을 떠미니 다소곳이 왔던 길을 되돌아가는 그녀의 가녀린 뒷모습이 애처로워 보였다.

철부지의 행동이 부모님께 탄로 날까 고심하던 중 좋은 묘안이 떠올랐다. 언젠가 책을 읽던 중 하숙생이 새로운 하숙집을 구하였는데 음식도 부실하고 불량 청소년들이 출입하여 이사 갈 것을 고심하던 중 못 피우는 담배를 한 갑 사서 불을 붙여 한 모금씩 빨고 마당에 툭툭 던져 놓으니 다음 날 아침 이를 본 하숙집 주인이 우리 집엔 이런 학생이 없었는데 하는 소리가 들린다. 내심 쾌재를 부르며 학교에 다녀오니 주인아줌마가 말하기를 다른 학생들에게 피해가 가니 하숙집을 옮겨 달라고 하여 소기의 목적을 달성하였다는 내용이었다.

추석 명절은 다가오고 저녁에 가기로 날은 잡아 놓은지라 마음의 준비를 한다, 같이 학교에 다녔던 동네 친구에게 도움을 요청하여 그 집 앞까지만 데려다주면 내가 눈 딱 감고 들어가 담판을 짓겠다고 윗도리는 흰색 러닝셔츠에 하의는 쑥베 교복 바지를 입은 채 아버지의 흰 고무신을 질질 끌며 담배와 성냥은 바지 주머니에 넣어놓은 상태이다.

삼거리 주막집에 들러 탁주 한 됫박을 들이키고 그녀의 집으로 향한다. 싸리문 앞에 이르러 안팎을 살피니 명절 전이라 그런지 사람이 웅성거리고 옷들이 정갈하게 보인다. 친구는 뒤에서 빨리 들어가라 등을 떠밀고 용기를 내어 일단 고개부터 들이밀고 마당을 지나 마루에 걸터앉는다.

방안에는 그녀의 아버지가 의관을 갖춰 앉아 있는 모습이 보이고 어머니는 부엌을 왕래하며 상 차리기에 바쁘다. 일단 아버님께 삐죽 인사를 건넨 후 마루에 걸터앉은 채 주머니에서 담배를 꺼내 입에 물고 불을 붙인다. 그녀의 아버지는 담배를 피우는 나를 넌지시 바라보고 나는 입에 문 담배를 한 모금 들이킨 후 마당에 휙 집어 던진다. 이를 본 그녀의 아버지는 혀를 끌끌 차며 나지막하게 "못됐구먼" 하는 소리가 귓전에 들려온다. 그 소리가 얼마나 반가운지 속으로 쾌재를 부르던 중 방으로 들어오라 한다. 점순이 어머니는 불화가 날까 조바심에 상 차리기 바쁘고 나는 방 안에 들어가 상을 마주하고 자리에 앉는다. 뒷문 툇마루에서는 작은아버지로 보이는 사람이 점순이에게 너는 어떤 생각을 하고 있느냐? 일단은, 네 마음을 알아야 우리도 뜻을 굽힐 것 아니냐? 하는 소리가 문틈 사이로 들려온다.

그녀의 아버지는 우리 딸과 깊은 관계가 있다는데 혼사는 어떻게 할 것인가 하고 물어온다. 나는 군대도 가야 하고 전역하면 공부도 더해야 하는데 어린 저에게 이런 말씀을 하시는 것은 너무 과분한 말씀이라 하며 이 마을에는 많은 처녀가 있고 모두가 친구 사이로 그중에서 점순이와 더 친하게 지냈을 뿐이라고 시치미를 떼니 말이 "그렇지 그게 사실인가?" 하며 철부지로 낙인을 찍는 모습이 역력하게 보인다. 그러면 우리 딸 혼사 문제도 있고 하니 이 시간 이후로는 다시는 만나지 말게 하고 당부하여 그러하겠다고 말씀을 드리고 저녁상을 물리고 집을 나왔다.

그러나 사랑은 그렇게 쉽게 끝나는 게 아니었다. 귀갓길 초등생에게 쪽지를 전달하면 점순이는 약속 장소에 나와 나는 어쩌란 말이냐 하며 눈물을 흘리며 하소연한다. 나는 남자라는 이름만 가진 굶주린 늑대와 다름없이 사랑만 포식한 채 등만 다독일 뿐이다. 세월은 흘러 어느덧 입대로 사랑했던 사이는 점점 멀어져 가고 휴가 나와 소식을 들으니, 시집을 갔다 한다.

한편으로는 허전하고 쓸쓸하기도 하였으나 어린 나에게 결혼이라는 부담감을 안겨준 부모님 의견을 우회적으로 거절한 게 대견하기도 하였다. 소식에 의하면 점순이는 고향 정취가 물씬한 농촌에서 잘살고 있다 하니 언젠가는 친구들과 함께 그녀의 집에 들러 옛 추억은 물론 따뜻한 밥 한 끼 나누고 싶다는 생각이 떠오른다.

하이에나

 요즘 유명인에 대한 학교 폭력 사건을 언론은 대서특필하여 당사자들은 많은 고뇌 끝에 깊은 반성과 함께 사죄하는 모습을 자주 보아왔다. '미투'가 한세대를 풍미 하는가 했더니 '학투'가 자리를 차지하고 기량이 출중한 선수를 연고권 지명을 철회하는가 하면 자격을 박탈하는 등 크고 작은 일들이 계속하여 체육계를 흔들고 있다. 학교 시절 쓰라린 추억이 머릿속을 파고들어 고뇌에 잠긴다.

 네가 유명인이라면 벌써 사회 격리 대상이 되었을 텐데 무명인이라 다행이라는 생각이 들곤 한다. 너는 동일계 진학으로 많은 수의 인원이 우리 학교에 온 게 사실이다. 북괴 남파 간첩 김 신조 일당의 얼을 이어받아 36인조라는 하이에나 무리의 서클에 가담하여 초원을 노니는 평화로운 친구들을 마구 해치고 면학 분위기를 망가뜨린 장본인이라는 것 역시 부인할 수 없는 것이 사실이다. 나는 학급 실장으로 너의 생생한 면을 뚜렷이 기억하고 있단다. 많은 교우가 공포의 도가니 속에 폭행과 피해를 입고 너희들은 천방지축 주린 배를 채우며 만찬을 즐겼다.

너는 어느 날인가 방과 후 빵집 뒷산 공동묘지에 나를 끌고 가 네 중등 후배 두 명과 합세하여 교복과 신발을 벗겨 놓고 폭력을 가하고 손가락으로 입안을 찢어 우측 볼 안쪽이 혀가 들랑날랑 밥알이 한 수저씩 상처에 고이게 하는 만행을 저질렀다. 혼수상태로 잠들다 깨어보니 팬티만 입은 채 묏자리에 누워있는 나를 발견하고 너희에게 맞아 정신을 잃었다는 것을 그때야 알게 되었다.

언젠가는 아침 등교 후 조회 시간 전 무엇이 마음에 안 든다고 차고 있던 혁대를 빼 나의 등짝을 수회 후려쳐 혁대 버클이 우측 손등에 맞아 많은 피를 흘리며 고통을 받은 게 지금도 기억에 남고 같은 36인조 강문이와 중도에 전학 온 재문이란 녀석을 서클로 끌어들여 너희 아지트인 빵집 탱자나무 가시울타리에 처넣고 폭행은 물론 교련 버클로 나의 머리를 수회 휘갈겨 빡빡 깎은 머리가 붉은 핏줄로 오랫동안 상처가 남기도 하였지. 겨울 동복이라 그렇지 가시에 찔려 고통도 많이 받았다.

또한 동산촌 출신 박병택이 말도 없고 싹싹하지 않다고 외진 장소로 끌고 가 합동으로 때려 그는 결국 자퇴하고 만 상태로 그 친구의 앞날을 영원히 망쳐놓은 장본인이기도 하다. 너는 각 과를 돌며 하이에나처럼 무리를 지어 덩치 큰 학생을 끌어내 폭행을 가하여 기를 죽이고 자랑삼아 발설하곤 했었다. 씨름 선수인 임업과의 황의청이가 대표적인 사례이지. 탱자나무 가시밭 폭행 사건으로 하숙집 아저씨가 학교에 찾아와 재문이는 퇴학을 당하고 강문이는 여러 가지 사유가 병합되어 제적 처리된 것으로 알고 있다. 진안에 가면 강문이를 만나려 수소문해도 가정까지 파탄되어 행불되었더구나.

너는 같은 반 죽은 재필이가 친구라고 형인 강재탁 교관의 비호 아래 졸업까지 한 것을 다행으로 생각해라. 이런 여러 가지 정황으로 볼 때 오랜 세월이 지난 이 시점에서 뭘 어떻게 하란 말이냐 하는 반문도 있을 수 있겠으나 인간이란 잘 먹고 잘산다고 그리고 너만 편하다고 되는 게 아니란다. 그것은 동물의 세계에서나 있는 일이란다.

시골 부모님들은 자식을 대처로 보내 교육한다는 자부심에 대들보 같은 소를 팔아 학비를 댄 감사함에 나는 어떻게든 교칙을 따르고 모범생이 되려고 노력했단다. 나는 1년 재수생인지라 너희들보다도 신체도 크고 기량이 월등한데 너희 하이에나 무리에 푸른 꿈의 청소년기를 무참히 짓밟히고 자식 교육에 혼혈을 기울이신 부모님과 나의 맑은 영혼을 말살시킨 너의 비행은 참으로 돌이킬 수 없는 아픔이고 억울함이란다.

같은 학년이면 모르겠으나 중등 후배를 대동하고 폭행을 가하였다는 것은 참으로 수치이고 도저히 용서할 수 없는 마음의 상처란다. 너와 가까운 몇 명의 친구들은 너를 따르고 협력하여 피해를 보지 아니하였는지 모르나 나는 가치관이 다르고 자존심상 고

분고분 너를 따를 수 없는 처지였다.

  가장 민감한 사춘기 고교 시절 나의 기량을 맘껏 펼치지 못하고 졸업을 한 후회와 한 번뿐인 인생 그 억울함을 어디서 씻을까? 너로 인하여 사회생활에는 강인한 자로 거듭 태어나 불의에 참지 못하고 정의에 도전하는 진짜 사나이로 살아온 것을 만족스럽게 생각한다. 지금이라도 깊은 반성과 함께 참된 삶으로 남은 인생 사회에 공헌하길 바라며 무엇보다 용기를 내어 사죄하길 바란다.

정이 많으면 탈도 많다.

 아버지는 기골이 장대하시다. 아버지는 체격은 건장해도 잔정이 많으시고, 마음이 여려 가족 앞에 눈물을 보이기도 하시는 분이다. 마을 공동 일이나 상갓집에 앞장서서 봉사하는가 하면 다른 사람의 보증을 들어줘 빚을 대신 갚아줘 가정불화를 자주 일으키기도 하였다.
 부의 피를 이어받은 나 역시 체격은 건장하나 마음이 여리고 잔정이 많아 사회생활에 많은 걸림돌이 되었다. 고교 시절 대처로 나가 학교에 다니게 되어 하숙 생활을 하였다. 하숙 주인집에는 다른 학교에 다니는 친척의 아들이 자주 오곤 하였다. 그의 부친은 선천적 뇌기능장애인으로 가정이 빈곤하여 주인집의 도움을 받는 일이 많았다. 공휴일이면 어김없이 찾아와 한방에서 잠을 자게 되고 서로의 친분이 오갈 즈음 그는 나에게 돈을 빌려 달라고 한다. 수업료를 납부할 돈을 본 것이다. 며칠 후에 주겠다는 말에 나는 아무런 생각 없이 돈을 빌려주었다. 하지만 그는 돈을 갚지 않았다. 주인 아들은 그의 신용 관계를 잘 알고 있었으나 나는 알지 못하여 큰 실수를 한 것이다. 수업료 납부 기간이 지나 담임선생님은 독촉하게 되고 나는 차일피일 날짜를 미루던 중 가정 통신문을 발송하여 멀리 전주까지 아버지가 찾으러 오셨다.

그 와중에 하숙집까지 이사하게 되어 그 학생과는 연락이 되지 않았다. 나는 다급한 나머지 조금 늦게 냈는데 연락이 간 것 같다고 거짓말을 하니 아버지는 안도의 한숨과 함께 고향으로 돌아가셨다. 수업료 문제로 깊은 고심을 하던 중 하숙비로 가져온 쌀을 팔아 수업료를 내게 되었다. 쌀을 팔며 더욱 가관인 것은 어머니는 아들 밥 많이 주라고 쌀을 체로 쳐가며 싸라기를 골라내고 일곱 말을 고봉으로 보냈건만 쌀집 아저씨는 쌀 담는 말을 손으로 툭툭 치며 기술적으로 쌀을 담아 여섯 말밖에 안 된다고 한다. 졸지에 쌀 한 말을 손해 보게 되고 쌀을 팔아 수업료를 내었으니 애먼 하숙비만 한 달씩 늦춰지는 신세가 되고 말았다.

그런가 하면 집안의 연배인 조카뻘 되는 친척이 찾아와 나는 청순한 마음으로 그를 맞이하고 너 닷새 정도 머문 적이 있었다. 하숙 생활할 때는 말이 없었으나 다른 곳으로 이사를 하려 하니 지난번 친척이 찾아와 밥 먹은 쌀값을 내야 한다고 하여 졸지에 또 쌀 한 말 값을 빚지고 말았다.

어느덧 졸업 시즌이 다가오고 마지막 하숙비는 치르지도 못한 채 졸업식 날에는 학교만 찾아가 졸업하고 친구들과 시내를 배회하다가 집으로 왔다. 하숙집에는 나의 책상과 교재 등 모든 소지

품이 남아 있는 상태이다. 어느 날인가 해 질 무렵 집에 들어가려 하니 여동생이 쌀을 머리에 이고 하숙집 주인과 문밖을 나오고 있었다. 황급히 골목으로 몸을 숨기고 느지막하게 집에 들어가니 어머니는 눈만 마주칠 뿐 말씀이 없으셨다. 나중에 알고 보니 하숙비를 받으러 와서 책상과 일부 필요한 것을 계산하여 공제하고 나머지 부족분을 약간의 돈과 쌀로 보상하였다 한다.

 마음이 여리고 잔정이 많아 학교생활 때도 고통을 받았는가 하면 사회생활에서도 불의에는 참지 못하고 앞장을 서 타인에게 돈을 빌려주고 돈 잃고 사람 잃는 일이 자주 번복되었다. 친구가 자녀를 해외에 공부시키는 관계로 학자금 조달에 어려움을 느끼고 있었다. 자식을 유학 보낸 동병상련의 처지로 여동생의 돈을 꾸어 도움을 주게 되었으나 그는 돈을 갚지 아니하여 내가 동생 돈을 갚게 되고 그는 결국 세월이 지나 매월 소액의 현금으로 원금을 갚아도 소원한 관계가 되어 다른 친구들의 경조사는 잘 찾아가도 나에게는 오지도 않는다. 그런가 하면 단골집의 식당 할머니가 너무도 잘 대해주어 이모라 호칭하며 다니던 중 돈을 빌려 달라고 하여 아들에게 보낼 유학자금을 건네주고는 고스란히 떼이고 말았다. 대학을 졸업한 고향 친구가 실직하고 돈을 자주 빌려 달라고 하여 나도 사정이 어려운지라 은행 이자를 붙여 받곤 하였는데 언젠가는 모임에서 친구들에게 고리 대금업을 하였다고 술주정을 부려 다투던 중 우측 중지가 골절되어 지금도 상흔이 남아 있다.

집안 형제들도 내 돈 한 번씩은 다 빌려 갔다. 퇴직금 담보로 신용도가 좋아 은행 대출을 이용, 처가 형제들에게도 도움을 주곤 했던 것이다. 그러나 그들은 감사함은커녕 처제는 자신이 부끄러워 연락도 없는 상태이다. 처남 역시 세 번씩이나 많은 돈을 차용 후 나 몰라라 하는 처지가 되고 마누라 역시 오빠를 하늘같이 여겨 말도 꺼내지 못하니 가정불화가 일어나면 돈 이야기가 되살아나곤 한다.

돈이란 여유가 있을 때 주는 것은 그런대로 견딜 수 있지만 없는 돈을 빌려주었을 때는 참으로 혹독하다. 사람들은 어떻게 나의 이런 심리를 잘도 알고 있을까? 부나방같이 교묘하게 파고들어 타인의 경제와 심리를 파괴하고 일언반구 양심의 가책도 없이 살아가는 것을 보면 세상은 참으로 아이러니하다. 때로는 아들에게 말하곤 한다. 세상을 살아가며 남에게 돈을 빌려주거나 보증은 서지 말아야 한다고 지금도 경제적인 손실과 그들의 배신을 생각하면 많은 외로움과 쓸쓸함이 교차하곤 한다.

"오늘날처럼 이렇게 바쁜 세상 비정한 사회에서 정신 바짝 차리고 재빨리 계산하며 살아가도 끝없이 상처를 입는데 이런 시대에 우리는 과거에 너무 정이 넘쳐나 손해 본 일이 많았다. 자로 잰 듯이 치밀하게 이 세상을 살아가도 살아갈까 말까 한데 정이 많으면 결과적으로 논리나 이치를 따지지 않아 비합리적으로 되고 손해를 보게 되는 것이 사실이다.

흔히 정이란 등나무 덩굴처럼 한번 얽히기 시작하면 풀 수가 없다. 한번 정이 얼크러지면 잘한 건지 못한 건지 줄 게 있는 건지 받을 게 있는 건지 속수무책이 되어 현대적인 합리주의 속에서 살아가자면 힘이 든다. 우리 사회에서는 법대로 하는 것이 많지 않은 것 같다. 사회나 가정이 정에 물러서 보는 손해, 정 때문에 일어나는 무질서, 정 때문에 비논리적이고 비합리적인 것들이 얼마나 많은지 모른다. 우리도 이제는 합리적인 사회를 만들기 위하여 매정한 사회가 되어야 한다. 좋고 나쁜 걸 분명히 하고 끊을 것은 매섭게 끊어야 한다. 옛날처럼 정에 질질 끌려가지 말고 한번 살아보자 하고들 이야기해 보자.(읽고 싶은 이어령 일부 발췌)"

이제는 잃을 것도 더 얻을 것도 없다. 단단한 땅에 물이 고이듯 남은 세월 평소의 생각대로 어려운 사람 돌보고 사회에 봉사하며 참다운 삶을 살아가려 노력할 뿐이다.

된장

  우리 집은 대가족으로 된장은 식량이나 다름없는 주요 식품이었다. 부모님은 메주를 만드는 날이면 어린 동생들을 제외하곤 가족 한 사람당 한 말씩의 메주를 만들어 된장을 담글 준비를 하신다. 무쇠 가마솥에 콩을 삶아 디딜방아에 넣고 찧어 쳇바퀴나 사각으로 된 나무틀에 보자기를 깔고 질근질근 밟아 이를 꺼내면 제법 단단한 덩어리의 메주가 탄생된다. 어린 동생들의 메주는 조그맣고 둥글게 만들어 선반에 매단다.
  쳇바퀴로 만든 메주는 울퉁불퉁 둥글고 못생겼다 하여 미운 처녀를 빗대어 메주 볼태기라는 별명이 생겨나기도 하였다. 발로 짓이겨 만든 메주를 지푸라기로 동여매어 겨우내 마루 위 선반이나 방안에 매달아 놓으면 메주 뜨는 냄새가 진동한다. 어머니는 메주가 잘 뜨는지 벌어진 틈새를 만져보곤 하셨다. 우리들은 배가 고플 때면 메주 조각을 떼어내 질근질근 입에 씹기도 하였다. 메주가 잘 뜨면 하얗게 분칠하고 노란색이 물들어 보기도 좋다. 썩거나 변질되면 검은 수염이 자라나 우리들은 귀신이 나온다고 나무

꼬챙이로 이를 걷어내기도 하였다. 뒤란의 장독대에는 가족사진처럼 가지런히 항아리들이 놓여있었다. 맨 앞의 막냇동생과 같은 작은 항아리엔 다양한 양념을 시작으로 가운데 중간에는 마른 멸치나 새우젓 고추장이 들어 있는 둥근 항아리와 맨 뒤 칸에는 김장할 때 배추를 절이거나 두부를 만들 때 사용하는 작은 운동장 같은 소래가 자리를 차지하고 커다란 김칫독과 도가니 2개가 병풍과 같이 둘려 있다. 하나는 간장독이고 다른 하나는 된장독이다.

겨우내 마루 위 선반과 방안에 매달렸던 메주는 추위가 가시기 전 장 담그는 날을 잡아 아버지는 물을 길어 나르시고 어머니는 소금과 물을 잡아 장을 담그고 불순물을 제거하기 위하여 마른 고추와 숯을 띄워 뚜껑으로 밀봉하신다. 장독대 주변은 청결과 오염을 방지키 위하여 짚을 엮어 주변을 깔고 도가니 속의 소금과 메주는 일정 기간이 지나면 숙성이 되어 용수를 도가니 속에 넣고 간장을 퍼내면 건더기는 된장이 되고 국물은 간장이 되어 우리의 소중한 음식 재료가 되곤 했다. 장독대의 도가니 속에는 간장과 된장이 듬뿍 들어있어 1년 양식이 되고 어머님은 햇볕이 들고 날씨가 맑은 날엔 커다란 된장독을 물로 깨끗이 씻어내며 흐뭇해하시던 모습이 떠오른다. 겨울이면 시래기 된장국에 밥을 말아 먹고 귀때기를 떼어갈 정도의 찬바람이 불어도 거침없이 학교에 갔었다. 몸에 상처가 나거나 다쳤을 때도 된장 한 숟갈 꾹 찍어 바르고 헝겊으로 동여매 놓으면 상처는 꾸덕꾸덕 아물어지고 어항 속에 된장을 넣어 사용하면 물고기가 몰려들고 마루 밑 누렁이가 아팠을 때도 된장을 밥에 부어 누렁이에게 먹이곤 했었다.

객지에서 타향살이 외로움에 어린 핏덩이를 안고 고향에 내려가면 어머님은 겨우내 벽에 매달려 바람에 날리던 구멍 숭숭 뚫린 시래기를 넣은 된장국을 더운밥과 함께 밥상에 내놓곤 하셨다. 오래 묵은 된장일수록 제맛이 난다. 성장기 시절 먹었던 된장 맛에 연어가 회귀하듯 모든 피로가 사라지고 삶의 환희가 치솟는다. 학교에 갔다 오면 부모님은 일터에 나가시고 부엌에 주저앉아 상추쌈에 된장을 넣어 밥을 먹곤 하던 것은 또 어떤가.

객지로 상경하는 아들의 이별에 어머님은 정이 그리운 듯 조그만 항아리에 된장을 하나 가득 담아 건네주신다. 어머님이 주신 된장은 나의 영혼을 살리는 피요 약이다. 어머님이 꾸려 주시던 된장도 곳간 열쇠를 넘겨받은 형님의 감독 아래 형수는 자기의 승낙을 받지 않고 주었다고 보는 앞에서 꾸지람과 험담을 하셨다. 된장이 없어서 받은 것도 아니고 어머니의 정과 영혼이 담긴 핏줄이나 다름없는 상비약을 건네주어 받은 것인데 된장통 하나에 하늘이 무너지는 실망감과 형제간의 우정은 자동차 유리가 깨어지듯 수천 갈래로 금이 가고 말았다. 된장은 우리 민족의 영혼이요. 약이며 피다. 지하철에서 어느 여인이 된장을 안고 가다 떨어트려 냄새가 진동하는 소동이 일어났다. 그도 가족들에게 영혼을 전달하려 된장을 안고 가다 사고가 난 것이다.

　간혹 시골 제례 차 내려가면 형수는 양념이나 먹을 것을 싸주시곤 한다. 나는 보라는 듯 아무것도 주지 말라, 빈손으로 가는 게 제일 좋다고 말한다. 형수 집의 농산물을 가져오게 되면 좋지 않은 생각이 주마등처럼 떠올라 필요한 것은 다른 곳에서 사 오게 되었던 것이다. 형수는, 도련님은 무엇인지 모르나 서운한 게 깊이 사무쳐 있다고 말하는 것으로 보아 자신이 했던 말은 까마득하게 모르고 있다. 말 한마디에 천 냥 빚을 갚는다고 부모님이 정으로 건네주신 된장 한 통을 자기의 승낙 없이 주었다고 대놓고 험담한 것을 생각하면 생을 살아가며 쓸쓸함은 지울 수가 없다. 젖먹이 어린애에게서 강제로 젖을 떼어내듯 된장 한 통을 계기로 남이 주는 것을 받기 싫어하게 된 대신 강인한 정신력으로 독립된 삶을 살아가는 계기가 되었다.

반지하

　초임 경찰관 근무 시절, 교통의 도시 대전에서 3년여의 생활 중 이제 막 돌이 지난 피붙이를 안고 서울로 이사를 하게 되었다. 공무원 월급이 박봉이라 하지만 지방에서는 그런대로 견딜 수 있었다. 서울에 방값을 알아보니 이제 겨우 살림을 시작하는 새내기로는 상상을 초월하는 액수에 어안이 벙벙 이사를 할 수가 없는 처지이다. 무조건 발령만 내고 근무만 하라는 국가 기관의 명령에 눈물이 앞을 가리고 혹독한 타향살이가 시작된 것이다.
　수많은 사람이 서울에 거주하고 있건만 나 한 가족 기거할 곳이 없어 가족을 지방에 남겨둔 채 한 달여 처가에서 출근하게 되었다. 비번 날을 이용 전세방을 구하던 중 반지하 방이 있다고 하여 찾아가니 들어가는 통로는 출입문도 없는 빗물을 가리는 가림막을 덮어 방공호나 다름없는 컴컴한 지하 공간이다. 명색이 주방은 구석진 곳에 벽돌 몇 장을 쌓아 시멘트를 바르고 수도 장치를 설치하여 그릇을 씻게끔 만들어 놓았다.
　부동산 소개 업소는 반지하 방이라 전세금이 싸다고 말하나 액수를 계산하니 나의 형편으로는 그것도 부담하기 어려운 실정이다. 82년도 전세금으로 130만 원을 내라 한다. 나의 전 재산은 이사 비용을 제외하니 100만 원이다. 여러 가지 고심을 하던 중 마누라 친구에게 부탁하여 부족분을 채우고 빌린 돈의 이자는 은행금리로 계산하여 갚기로 하였다.

반지하는 고양이 울음소리와 사람 발걸음 소리 등 온갖 소음까지 감지되는 아주 민감한 곳이다. 그러나 돈 없는 서민에게는 아늑한 보금자리이며 젊은이에겐 미래를 보장하는 희망이 머무는 곳이기도 하다. 눈보라 치는 추운 겨울, 잠결에 옷 속에 뭔가 감촉이 이상하여 깨니 생쥐가 바지 속에 숨어들어 있는 것이 아닌가. 살그머니 손을 넣어 쥐를 잡았다. 아침에 일어나 불을 켜니 윗목에 또 다른 생쥐란 놈이 까만 눈을 반짝거리며 바들바들 떨고 있다. 이를 본 어린 아들 녀석은 '찌찌' 하며 손가락으로 쥐를 가리킨다. 생쥐 가족이 추위를 피하러 온 것이다. 하필이면 생쥐 엄마가 추운 겨울에 출산하여 어린 생쥐들은 영문도 모른 채 우리가 살고 있는 반지하 방으로 피신한 것이다.

겨울이 지나고 봄과 함께 여름을 맞이하게 되었다. 여름은 무더운 계절. 반지하는 습도가 높아 3월에 태어난 둘째를 방에 뉘어 놓으면 목욕을 시킨 듯 온몸이 땀에 젖어 있다. 사람이 드나드는 통로의 벽에는 습기를 좋아하는 귀뚜라미 같은 벌레가 새까맣게 붙어 있어 집에 들어올 때는 약국에서 홈키퍼를 구매하여 벌레부터 잡는 진풍경이 벌어지기도 하였다.

　어느 날인가는 마누라가 사무실까지 달려왔다. 지하에 물이 들어 방바닥이 가득 차 난리가 났다 한다. 부랴부랴 달려가 고무대야를 들여놓고 쓰레받기로 물을 퍼내는 작업이 계속되었다. 원인을 알아보니 윗집 목욕탕에 샤워하던 물이 갈라진 벽을 타고 쏟아져 내린 것이다. 봉천동은 지대가 높고 교통이 불편하여 평지에 방을 얻는다고 하는 게 이런 꼴이 되고 말았다.

　어린 피붙이 형제를 데리고 여름을 날 수가 없어 처가가 있는 사당동으로 1년여의 처가살이를 하게 되었다. 반지하는 통풍이 되지 않아 습도가 높고 곰팡이가 번식하여 오래 생활하게 되면 콧속에 질병이 생겨 평생 고생한다. 처가와 변소는 먼 곳에 있을수록 좋다는 말과 같이 아무리 잘해주어도 낮은 자존감과 무언의 우울감은 많은 스트레스가 되곤 했다. 눈물 젖은 빵을 먹어가며 서울이란 타향이 이렇게 무섭고 힘든 것을 느끼며 사회생활에 크나큰 밑거름이 되었다.

　이제는 경제 발전과 함께 정책적인 입안으로 새로운 건축 구조를 설계하고 지하 방 구조를 바꿔 삶의 질을 개선해야 한다. 서울이라는 이름도 모르는 촌놈이 처가가 있는 서울 근무지를 희망하여 서울은 오게 되었으나 첫 시작은 참으로 혹독한 시련과 고통 속에 생활하는 고행길이었다. 마누라는 말한다. 대전에서 다른 여인을 만나 잘 살았다 가정하면 대전 그 어딘가 한복판에 살았을

테고 나를 만나 서울에 오게 되어 처음은 힘들고 고생스러웠으나 현재는 보람이 있지 않느냐고. 말은 태어나면 제주도로 보내고 사람은 태어나면 서울로 보내라 하지만 삶을 살아가는 데는 기준이 없다. 하지만 마누라의 의견을 인정하며 오늘도 주어진 하루를 보람 있게 살아가려 당차게 발걸음을 내디딘다.

처가

 추석을 맞이하여 장모님 인사차 처가를 방문한다. 오빠와 장인이 일찍 영면하여 그들의 명을 대신 살아가고 있다고 말씀하시는 장모님은 올해 나이 92세, 장수를 하심이 틀림없다.

 가난한 시절 도시에 상경하여 6남매를 성장시켜 출가시키고 바르게 살아오신 분이다. 우리들 신혼 초에는 젊은 나이에 아름다운 풍채를 자랑하던 옛 모습도, 무심히 흘러간 세월 앞에는 육신과 영혼만 살아 있을 뿐 모든 것은 무로 돌아가고 있다. 그러나 영혼만큼은 싱싱한 세포나 다름없이 살아있어 지난날의 생동감을 더해주는 좋은 대화로 활기차시다.

 요즘 하는 일이 무엇이냐 물어보아 텃밭을 경작한다 하니 농촌생활할 때는 마당 앞에 텃밭을 가꾸어 아홉 가지 열 가지 채소를 심고 가뭄 때는 물을 등에 짊어다 주고, 여름 가지는 질기고 씁쌀하나 가을 가지는 달고 맛있어 큰아들이 잘 따 먹었다고 지난날을 회상하곤 하신다.

 말이 없고 입이 무겁기로 소문난 장인어른이 나를 처음 대하는 순간 황서방은 장대 끝에 매달아 놓아도 살아남을 사람이라고 무엇을 보고 그런 말을 하였는지 지금도 궁금하다 하신다.

나의 둘째인 용재를 데리고 서울 대공원 구경을 가던 날 시골 고향 부모님이 산기슭에서 부엉이 새끼 두 마리를 데려와 키우던 것을 서울에 가져와 닭집에서 부산물을 구하여 먹이던 중 장소가 비좁고 냄새가 심하여 대공원에 기증키로 하였다. 어린 둘째를 등에 업고 대공원 관리 사무소에 들러 시골 고향에서 가져온 것이라 하니 보상을 한 전례가 없어, 그냥 기증하면 받을 수 있다 한다. 간혹 이보다 더 귀한 동물을 가져와도 무상으로 받았다 한다. 부엉이의 신상 기록 차 출생지와 구입 경위를 적어주고 대신 입장권은 무상으로 주겠다 하여 공원 관람을 하게 되었다. 오늘에야 옛 추억을 말씀하시는 장모님의 총기는 대단하셨다. 황서방은 구경하기 바쁘고 애가 체격이 크고 건강하여 등에 업고 따라다니기가 굉장히 힘들었던 기억이 떠오른다고 하여 '저는 애가 예뻐서 데리고 다니는 줄만 알았지 전혀 몰랐었다고 힘들면 말씀하셨어야죠.' 하며 마음 아픈 답변을 전달한다.

또 한 번은 본인도 바쁜 생활에 손주들을 돌볼 겨를도 없는데 한번은 집에 가보니 둘째가 독감인지 목에서 항아리 깨지는 소리가 들려 그때는 약이 있던 시절인지 없던 시절인지 잘 모르겠으나 간혹 서울역 앞에 있는 찜질방을 다닐 때라 찜질방 화로 앞에 토종 배의 속을 파내고 대추 생강을 넣고 뚜껑을 덮어 푹 익혀 단골을 상대로 파는 게 있었는데 그것을 구해와 먹였더니 그게 약발이 들었는지 고뿔이 사그라지고 나은 적이 있다고 말씀하신다.

저 연세에 과거의 살아온 삶을 영화의 한 장면이 스쳐 지나가듯 차곡차곡 삶의 무게를 덜어내는 입담은 어느 교수의 강연보다 더욱 현실감 있는 이야기로 전달되고 이를 듣는 우리에겐 피와 살이요 약이 되곤 한다. 장모님은 말씀하신다. 이젠 나이가 들어 모든 것에 손을 놓았다, 그저 살아갈 뿐이다, 집에 있으면 몸이 저리고 열이 올라 밖에라도 다녀와야 잠이 오고 마음이 안정된다고 하신다.

공원에 가면 많은 노인이 나와 시간을 보내곤 한다. 그들은 장모님을 보면 나이가 얼마냐 어떻게 살아가느냐 묻곤 하는데 참으로 듣기가 싫다 하신다. 저희도 나이가 들면 나와 다름없을 텐데 왜 남의 일에 관심이 많은지 이제는 보기가 싫어 공원에는 가지 않고 골목길 걷기 운동을 한다 하신다.

젊었을 때는 몰랐는데 배가 고파 뭐라도 사서 먹어야 걸음을 걸을 수 있다 하여 참 좋은 현상이라며 건강한 증세라 말씀을 드리니 뱃속에 거지가 들었는지 알 수 없다 하신다. 사람으로 태어나 모든 병은 다 치료할 수 있어도 뇌가 시들어 가는 병은 고칠 수 없다 하듯 연로한 노인 앞에 무어라 위로의 말도 건네지 못하고 말을 들어주는 것도 위안을 드리는 것이며 배고플 때는 꼭 사드시라고 슬그머니 용돈을 앞에 놓으니 안 받으려 사양하신다.

부모 앞에는 안 좋은 소리 우는 소리 아픈 소리 등은 하지 말고 그저 건강하게 잘 산다고 하는 것이 제일 효도하는 것이라며 자신이 건강해야 모든 일을 헤쳐 나갈 수 있으니, 매사를 긍정적으로 생각하고 다른 사람의 의견을 잘 받들어야 내 마음도 편하고 내가 잘 살아갈 수 있다는 진실한 삶의 이야기를 하시곤 한다. 걷잡을 수 없이 달려가는 세월 앞에 모든 건 손을 놓은 채 살아 있으니까 살아간다고 하는 말씀에 노랗게 물든 가을 들판의 벼 이삭처럼 삶의 무게에 고개가 숙어진다.

사람 살린 이야기

　생을 살아가며 경찰관이란 직업에 사명감이 앞선 나머지 인명을 세 번씩이나 구조한 경험이 있다. 쉬는 날을 택하여 산우들과 함께 설악산 등반을 향한다. 천불동을 거쳐 대청 산장에서 일박 후 오색으로 하산하는 코스이다. 중간 지점인 양폭 산장 부근에 바위가 낙하하여 등산로가 파괴되어 산행이 중지되었다 한다. 이미 계획했던 산행을 취소할 수는 없는 일, 마등령에서 비박을 하고 공룡능선을 타고 대청봉을 지나 오색으로 하산하기로 계획을 변경한다.
　1월의 날씨는 차고 매섭다. 거센 바람이 부는가 하면 눈이 많이 쌓여있다. 소공원을 출발 신흥사를 지나 비선대를 거쳐 금강굴에 도달하여 부처님 앞에 시주하고 안전 산행을 기원한다. 일곱 명의 일행은 하늘을 떠받치고 있는 암벽 등반의 메카 형제봉을 바라보며 가파른 산행길을 오르고 있다. 마등령 길은 최고의 난이도를 자랑하는 등산코스로 눈이 많이 쌓여 위험하기 그지없다. 일행 중 세 명의 여성 대원이 앞서거니 뒤서거니 묵묵하게 목적지를 향하여 도전을 강행한다. 동행한 동료가 감기와 몸살로 체력이 저하되어 무거운 배낭을 힘겨워한다. 아무도 도와줄 사람이 없어 내가 앞장을 서서 배낭을 높은 곳에 올려놓고 다시 또 내려와 배낭을 받아 올라간다. 그러기를 여러 차례, 말의 등처럼 생겼다는 마등령 정상에 배낭을 놓고 짐을 받으려 내려간다. 배낭을 받아 마등령 고개를 오르던 중 앞서가던 명달이 처의 비명이 들려 위를 쳐다보니 빙벽에 미끄러지며 속도를 내어 추락하고 있다. 체력이 저하되어 넘어진 것이다. 내 앞으로 미끄러져 내려오는 그녀의 발목을 두 손으로 움켜잡았다. 아래쪽 계곡을 보니 바위들이 칼날처럼 하늘을 향해 뻗어있다. 저리 떨어졌으면 어떻게 되었을까? 아찔한 생각이 스쳐 지난다. 사람이 죽고 사는 것은 순간이다. 설악의 공룡능선 산행은 사람을 살려낸 추억으로 영원히 간직되는 겨울 산행이다.

그런가 하면 직장 동료들과 운악산을 가는 날이다. 모두가 간편한 복장으로 구름도 쉬어 간다는 운악산으로 향하고 삼월의 날씨라 하지만 바람은 차고 거세다. 정상에 도달하니 갑작스러운 눈보라에 앞을 분간할 수가 없다. 막걸리도 한잔 곁들여 수다를 떨며 점심을 해결하고 하산을 준비한다. 하산 길엔 오십 미터의 무지개 폭포가 있다. 가파른 암벽으로 이루어진 폭포 길을 통과 하던 중 사람 살려 하는 비명이 들려온다. 뒤를 돌아보니 동료가 폭포로 추락하여 절벽을 미끄러지듯 빨려 내려가고 있다. 순식간에 일어난 일이다. 부랴부랴 추락 지점을 찾아 달려가다 하마터면 나까지도 절벽으로 떨어져 생명을 잃을 뻔하였다. 추락 지점엔 계곡이 얼어붙어 빙벽을 이루고 동료는 천만다행으로 나무와 바위들의 충격을 피한 채 둥글넓적한 마당 바위에 하늘을 보고 누워있다. 환자 옆에 불을 피워 체온을 높여주고 오랜 시간 사투를 벌이며 구조대를 불러 들것으로 이송, 병원으로 후송을 하여 3개월여의 치료 끝에 회복한 일이 있다.

언젠가는 또 추석을 앞두고 소래 어시장에 생새우를 사러 다녀오는 길이다. 해마다 일 년 먹을 젓갈을 준비한다. 추적추적 내리는 가을비에 우산을 받쳐 들고 새우젓을 등에 멘 채 내 집 앞 음식점 골목을 다다를 즈음 마누라가 뭐라 한다. 자기 저거 할 줄 알지? 앞을 보니 사람이 쓰러져 웅성거리고 누군가 심장에 압박을 가하고 있다. 심정지는 급속을 요하는 응급처치로 황금 시간을 놓치면 사망이다. 누군가 스킨십 하듯 가슴을 주물럭주물럭 힘이 들면 손을 떼고 하는 게 영 서투르다. 나는 다급하게 손 떼면 죽는다 소리치며 급히 달려들어 가슴 중앙에 두 손을 합장하고 압박을 가한다. 심폐 소생술은 갈비뼈가 으스러질 정도로 압박을 가하여야 효과가 있다. 가슴에서 우두둑 소리가 난다. 압박은 계속하여 이루어지고 119까지만 연결하면 성공인데 오리무중이다.

시간은 지체되고 힘이 빠진다. 출동한 경찰관은 뒷짐을 지고 파리가 휘날리듯 주변만 맴돌아 도움이 되지 않는다. 그렇다고 하던 동작을 멈추면 고귀한 생명은 끝이다. 주변 사람들에게 119를 독촉하라 강요하며 환자의 가슴을 압박한다. 계속하여 명치를 눌러대고 가슴에서는 뚝뚝 소리가 들려온다. 119 도착은 왜 그리 더딘지 팔에 힘이 빠지고 시간이 지루하다. 사력을 다하여 압박을 가하던 중 환자의 코에서 피가 흐르는가 하더니 숨소리가 들려온다. 그런가 하면 자신도 모르게 손을 움직이는가 했더니 다리까지 움직인다. 심장이 돌아온 것이다. 의식이 깨어난 환자는 자신의 상태를 알지도 못한 채 물속에 빠진 사람 건져 놓으니 내 보따리 내놔라 하는 식으로 발광한다.

  생명은 순간에 좌우되는 것, 사람을 살린 것이다. 119가 도착하니 멀쩡한 사람이 주정만 부리니 그들은 조금 전 긴박했던 상황을 알기나 할까? 상황의 심각성을 전달하니 귀찮다는 듯 우리가 전문가니 알아서 한다는 태도이다. 허전한 마음 뒤로하고 집으로 발길을 돌리며 전생에 직업이 경찰관인지라 사명감으로 사람을 살려낸 게 아닌가 하는 생각이 퍼득 스치고 지난다.

내 인생 최고의 날

꽝 하는 굉음과 함께 차량은 180도 회전을 하며 네 바퀴가 하늘로 향한 채 뒤집히고 말았다. 정신이 몽롱한 채 혼미한 상태로 꿈속에서 들리듯 "죽으면 안 돼요. 빨리 나와요." 하는 절규의 목소리가 들린다. 차량은 납작코가 되어 깨어진 앞 유리 사이를 비집고 밖을 나왔다. 그제야 먼저 나온 이들은 안도의 숨을 쉰다.

파출소 겨울 김장을 대비하여 이삿짐센터의 차량 두 대를 빌려 나들이 겸 배추를 사려 나의 고향 진안으로 가게 되었다. 내 고향 진안은 첩첩산중 두메산골이다. 지금은 교통편이 좋아 하루에도 족히 왕래할 수 있건만 예전에는 부지런히 차를 몰고 달려가야 올 수가 있는 곳이다. 김장 배추를 사러 간다는 핑계로 내려간 고향은 평온하고 포근하게 나를 감싸 준다.

전일 밤샘 근무에도 전혀 피곤하지 않고 머릿속이 맑다. 형님은 동생이 왔다고 대파 한 다발 뽑아 직원들과 나눠 먹으라 비료 포대에 넣어주시고 농사지은 콩을 한 자루 건네주신다. 배추밭으로 이동하여 두 대의 차량에 배추를 나눠 싣고 형님과 잘 아는 사이라며 덤으로 반 접을 더 실어준다. 배추는 샀으나 마음은 콩밭에 있어 작별과 함께 금강 상류의 이름난 맛집을 향하여 달려간다.

낮은 수온에서 서식하는 무주구천동 송어로 이름난 맛집 간판이 한눈에 들어오고 우리는 그곳에 자리를 잡는다. 금방 잡은 송어를 싱싱한 채소와 곁들여 콩가루를 넣어 비벼 먹는 맛은 고소하기 이를 데 없다. 붉은 담홍색의 송어회와 녹황색 채소의 어우러짐은 일곱 색깔 무지갯빛이다. 근무에서 오는 압박감과 팍팍한 도시를 탈출하여 대자연에서 느끼는 풍요로움을 간직하며 술잔은 물을 마시듯 마셔도 마셔도 취기가 없다.

서울에서 출발하기 전 안전에 대비하여 운전 담당으로 평소 순찰차를 운행하던 직원 2명을 탑승시켜 나와 차석은 선임자로 옆좌석에 탑승한다. 술좌석에서도 그들은 술을 전혀 못 하게 하고 차량을 운행케 하였으나 차량을 빌려준 이삿짐 업주가 자기가 하루는 봉사하겠다고 자청하여 따라온 게 사단이 되었다. 우리는 감사하다는 의미로 운전은 우리 직원이 하니 마음껏 드시라고 술을 권하게 되고 그도 부담 없이 배가 부르게 술을 마셨다. 차량을 나눠타고 서울로 상경을 하던 중 갓길에 차를 주차시키고 운전을 교대하는 것을 어렴풋이 인지하였으나 과한 음주로 이를 제지하지 못하였다. 업주인 이삿짐센터 주인은 옆에 타고 오기가 미안했던지 술이 다 깨었으니 자기가 운전한다고 하여 새내기 경찰관이 그 말을 믿고 운전대를 넘겨준 것이다. 깊은 취중 속에서도 자동차는 엔진이 깨어질 듯 전속력으로 달리는 것을 감지할 수 있었다. 천안을 조금 지나면 전시에 대비하여 비행장 활주로가 일직선으로 되어있는 고속도로가 있다. 앞차를 추월하려고 차선을 이탈하여 머리를 내미는 순간 뒤따라오던 5톤 화물트럭에 받혀 180도 회전하며 네 바퀴가 하늘로 향한 채 반대 방향으로 나동그라진 것이다. 적재함에 쌓였던 배추는 모두 부서지고 조수석 옆에 실은 콩자루가 쏟아져 고속도로는 마치 콩 타작을 한 마당이나 다름없이 콩들이 사방으로 튀어서 난장판이다.

 차량은 공중 부양하며 땅에 떨어져 탑 모양의 앞머리 부분은 납작하게 내려앉고 혼미한 상태로 정신을 차리던 중 "죽으면 안 돼요. 빨리 나와요" 하며 울부짖는 소리에 깨어진 앞 유리 사이로 엉금엉금 기어 나왔던 것이다. 내가 살았구나 하는 안도감에, 머릿속에는 신경전달 물질인 천연 진통제 아드레날린이 폭발적으로 분비되는 극도의 희열 속에 수많은 차량이 왕래하는 도로에서 디스코 춤을 추고 싶은 충동이 걷잡을 수 없이 일었다. 비몽사몽 중에도 현실 감각을 잃는 행동을 자제하느라 곤욕을 치렀다.

 차량은 폐차되었으나 천만다행한 것은 적재함에 실은 배추가 완충 작용을 하여 대형 사고임에도 세 사람 모두가 살아남고 지금까지도 안전하게 잘 살고 있다. 아무리 기적이라 해도 도저히 살아남을 수 없는 사고 현장에서 살아남았다는 것, 삶을 살아가며 생에 최고의 기쁜 날, 내 인생 최고의 순간이었다는 말이 지금까지도 생생하게 떠오른다. 마라톤 선수가 전 구간을 완주하고 희열을 느끼듯 죽을 목숨이 살아났다는 나만의 기적의 순간이 특별한 희열로 다가온다.

손주 돌봄이

나에겐 손주가 둘이 있다. 마누라는 아들 결혼 전부터 손주는 돌보지 않겠다고 굳게 약속하곤 하였다. 아이 돌보기가 힘들어 다시는 그런 전철을 밟지 않기 위해서였을 것이다. 큰아들 며느리가 임신하여 만삭이 되었을 때 대중교통은 출퇴근이 어려워 승용차로 한 달을 출근 시켜준 일이 있다. 이것이 손주 돌봄의 전초가 아닌가 생각이 든다. 어느덧 손주가 태어난 지 육 개월이 지나고 며느리도 출근해야 한다. 컴퓨터에 보모를 구한다는 광고와 주변 지인들에게 사람을 구한다는 말을 전하자 몇 사람의 신청자와 연락되어 대화를 나누니 보육료가 너무 높고 요구 조건도 까다로워 사람 구하기가 쉽지 않다.

마침 가까운 거리에 아들 외숙모의 여동생이 애를 돌보겠다고 자청하여 승낙하게 되었다. 이제 내일이면 손주를 데려간다. 손주가 태어나기 전에는 다른 사람들이 손주를 데리고 나오면 손주 덕은 못 본다 하며 뭣 하러 데리고 다니느냐? 하며 이를 말리던 때가 있었다. 그러던 내가 손주가 태어나고 다른 사람이 돌본다 하니 어린 핏덩이를 남에게 넘겨줄 수 없는 처지가 되고 사람도 믿을 수 없게 되었다. 또한 보육료를 내고 나면 며느리의 월급은 남는 것도 없을뿐더러 애 안 봐줬다고 노후에는 무슨 소리를 들을지 겁도 난다.

사람 일은 바로 앞을 모른다고 하더니 내가 이런 꼴이 될 줄이야 미처 몰랐다. 마누라에게 옳게 메든 거꾸로 메든 애는 내가 볼 테니 먹을 것만 챙기라 하며 손주를 데려오고야 말았다. 다행히 손주는 핏줄을 아는지 내 손만 가면 척 달라붙어 잠도 잘 자고 곱게 성장하였다. 그러나 인고의 세월은 말할 수 없는 고통으로 이어지고 애를 본다는 것이 세상에 이렇게 힘든 것인 줄 정말 미처 몰랐다. 여자는 표정이나 눈치만 보면 진자리 마른자리 잘도 알아차리건만 남자인 나는 도무지 감각이 없어 애만 둘러메고 다닐 뿐 마누라에게 핀잔도 많이 들었다.

손주를 돌보지 않겠다고 며느리에게 다짐까지 받아 놓은 마누라인데 내 고집으로 애를 데려왔으니 그 눈총 또한 말할 수 없는 스트레스를 안겨주곤 했다. 손주는 달이 지날수록 활동량이 늘어나 방바닥을 기어다니며 하루에도 책상 서랍을 몇 번씩 뒤집는가 하면 매번 방 안을 치워도 흐트러지는 것은 똑같다.

조금만 다른 곳에 눈을 팔면 안전사고로 이어져 두 눈 꼭 뜨고 애 앞에 눈을 맞추고 애가 잠든 시간이 쉬는 시간이다. 애가 잠들면 나도 잠들고 애가 일어나면 같이 일어나 활동한다. 애 보기가 힘겨워 고달픔도 많았으나 행복할 때도 많았다. 농부가 제일 행복할 때는 논에 물이 들어올 때이고 엄마가 제일 행복할 때는 아이 젖을 물릴 때라 하더니 애를 안고 우유를 먹이며 수정처럼 맑은 눈동자로 할아버지의 얼굴을 어루만질 땐 이 세상 최고의 기쁨이었다. 부모에게 효도하지 않아도 된다는 옛말이 생각났다. 어린 시절 부모에게 즐거움을 안겨주어 이미 효도를 한 거나 다름없다는 말이 여기서 유래된 듯하다. 손주 돌보느라 그 좋아하던 산행도 하지 못하고 산은 고사하고 이발할 시간도 없다. 텃밭에 채소를 경작하는데 늦은 저녁 시간에 일을 할 때도 많았다. 애를 돌보다 보니 제때 식사를 하지 못하여 굶기도 많이 굶었다.

남들은 퇴직 후 취미생활은 물론 재취업으로 용돈도 짭짤하게 벌 건만 나는 돌보미 관계로 직장도 갖지 못하고 오직 후손을 위해 봉사를 할 뿐이다. 그러던 손주가 어느덧 돌이 지나고 유아원에 들어가게 되었다. 선생님이 보호하고 있는 시간은 여유가 있으니 조금은 살 것 같다. 그렇게 손주는 한 해 두 해 세월이 지나고 이제는 제법 성장하여 유아 체능단에 들어가 수영, 태권도, 인라인, 축구까지 다양한 운동을 배운다.

매일 등·하원은 내 몫이 되고 말았다. 손주는 할아버지 내가 크면 할아버지께 선물하고 싶은데 무엇을 갖고 싶어? 하고 말을 건넨다. 나는 비행기를 타고 세계 여행을 하고 싶다 하니 그것은 선물이 아니고 갖고 싶은 것을 말하라 한다. 그래서 세계 최고의 자동차를 가지고 싶다 했더니 만화 영화에 나오는 자동차 이야기를 하며 그것을 선물로 준다고 한다. 일단은 고맙다 칭찬부터 하고 머리를 쓰다듬어 준다. 이런 소소한 일이 일상생활의 행복이 아닐까. 지난 일을 생각하면 말이 손주 돌보미이지 아무나 하는 것이 아니라는 것을 절실하게 느끼게 되고 아버지가 장남으로 할아버지 내외를 모셨던 관계로 어린 시절 할머니의 지극 정성스러운 사랑을 받고 성장한 게 오늘날 나의 손주에게 밑거름이 된 게 아닌가 싶다. 또한 선천적으로 타고난 인성이나 잔정이 있어야지 의욕만 가지고 되는 게 아니라는 것도 알게 되었다.

  일 년만 보면 된다고 하는 것이 이 년이 되고 이 년이 지나면 삼 년, 삼 년이 지나면 오 년이 되고, 자식들은 당연한 것으로 아는 듯하다. 맞벌이 자녀들을 거절할 수도 없는 처지로 이미 손주 돌봄이 교육까지 수료한 상태로 한 알의 밀알이 썩어 거름이 되고 싹이 터 열매를 맺어 가듯 조건 없는 사랑과 돌봄으로 손주를 키우려 한다. 사랑하는 손주야 네가 할아버지께 보답할 건 자고 나면 오이 자라듯 무럭무럭 성장하여 이 세상 즐거움이 넘치는 행복한 삶을 살았으면 하는 것이란다.

수박 한 통

　이른 새벽이면 골목길 폐지를 수집하는 할머니 모습이 보인다. 오늘따라 할머니의 손수레에는 책이 가득 쌓여있다. 아동 문고 도서이다. 문득 손주 생각이 난다. 이 책을 손주에게 읽어주면 얼마나 좋아할까. 또 책장에 넣어두면 마음이 풍요로워지겠지? 하는 생각에 할머니에게 다가가 말을 건넨다. 할머니! 고물상 가셔서 파시는 것보다는 내가 돈을 더 드려야 하고 할머니는 고물상을 안 가셔서 좋고 나는 이 책을 손주에게 읽어주면 좋겠다, 하니 그러자 하신다. 주머니에 있는 지갑을 꺼내 즉석에서 이만 원을 건네드리고 책이 무거워 가져갈 수 없으니 지하 주차장에 보관해 놓으시면 지나가는 길 자동차로 가져가겠다고 말씀드리고 운동을 하러 간다.
　주차장에 들러 책을 가져가려 하니 하얀 종이 위에 전화를 부탁한다는 검은 글씨와 함께 전화번호가 적혀있었다. 다소 궁금증과 함께 전화하니 할머니께서 급하게 내려오시며 손에 쥔 돈 이만 원을 돌려주신다. 나는 영문도 모른 채 책값으로 드린 건데 왜 안

받으시냐고 하니 내가 생각이 짧았다 하며 책을 그냥 가져가라 하신다. 손주 공부시킨다고 하는데 이 돈을 받는 게 아니다 말씀하신다. 돈을 드려도 기필코 사양하시는 할머니 앞에 '그럼 만 원이라도 받으세요. 나머지 만원은 제 손주 군것질 사줄게요.' 하고 안심을 시킨 후 만원을 건네주고 집으로 돌아왔다.

　날씨가 무더운지라 트럭에 수박을 파는 마이크 소리가 크게 들리고 할머니 생각에 하나를 더 사게 되었다. 즐거운 마음으로 할머니를 찾아가 수박을 산 김에 할머니 수박까지 하나를 더 샀다 하며 맛있게 드시라고 수박을 건넸다. 집으로 돌아와 수박을 쪼개니 겉은 멀쩡한 수박이 속은 상하여 먹을 수 없는 것 아닌가? 이를 어쩌랴. 감사한 마음으로 수박을 전달하였는데 상한 것을 주었으니 안 준 것만 못하고 할머니에게 미안하기도 하고 손주에게도 불길하다는 생각이 스쳐 지나간다.

　며칠 후 어린이집에서 손주를 하원 시키며 '오늘은 홈플러스 빠방 타러 가는 날이다. 홈플러스 가자' 하며 홈플러스에 들려 자동차 놀이를 즐기고 에스컬레이터를 타고 마트로 내려간다. 마트에는 싱싱한 과일들이 제각각 얼굴을 내밀며 향기를 내뿜고 있다. 나는 제일 좋은 수박을 하나 고른다. 수박을 사서 자동차 트렁크에 싣고 할머니 집에 당도하여 전화한다. 할머니가 내려오시고 손주를 시켜 할머니께 인사를 시킨다. 할머니 안녕하세요? 다섯 살의 손주는 앵무새처럼 시키는 대로 인사를 잘한다. 너에게 책을 선물로 주신 할머니란다. 배꼽인사로 얌전하게 인사드리라 하며 다시 또 인사를 시키고 트렁크에 있는 수박을 꺼내 할머니께 전달한다.

할머니께서는 지난번 수박 잘 먹었는데 웬 또 수박이냐 하며 반문하신다. 지난번 수박을 드리고 우리 집에 가져온 것을 쪼개보니 속이 상해서 먹을 수가 없어서 버렸다 하며 선물로 드린 것이 그렇게 되어 지금까지 마음이 편치 않았다고 말씀을 드리니 자기는 상하지도 않았고 잘 먹었다고 하신다. '손주에게 할머니 수박 맛있게 드세요. 하라' 하니 잘도 따라 인사드린다.

사람은 겉만 보고 판단하지 말아야 한다. 참되게 살아가는 할머니를 보며 많은 것을 보고 느낀다. 오늘따라 할머니에게 수박을 전달하고 돌아오는 이 기쁨은 그 무엇과 비교할 수 없다. 행복은 먼 곳이 아닌 가까운 주변에 있다는 것을 새삼 느낀다. 수박 한 통 여름날 무더위를 날려버렸다.

자연인

온갖 스트레스에 지쳐가는 도시인! 가진 것 없어도 여유와 행복을 느끼며 살아가는 자연인. 혹독한 겨울 산! 살을 에는 추위. 암흑 같은 깜깜한 밤하늘의 별들. 싸하게 밀려오는 찬바람은 심장을 파고든다.

온 산야는 눈으로 덮여 망치로 치면 금방이라도 피가 솟구칠 것 같은 얼어붙은 땅속엔 모든 식물이 동면을 한 채 봄을 기다리고 있다. 하늘을 찌르는 벌거숭이 나무들은 세찬 바람에 몸통 속 보일러 돌아가는 소리 귓전을 스치고 봄에는 더 좋은 잎을 피우겠다며 잔뜩 웅크려 있다.

도심 속 야광 불빛. 인공으로 뿜어내는 열기는 우선은 좋을지 모르나 몸속의 장기는 중금속 쌓여가듯 구멍 숭숭 뚫린 북어포가 되어 시들어 간다.

온실 속의 파 열 단보다 노지의 파 한 단이 낫다고 뽀송뽀송한 햇살에 얼굴을 씻고 음악이 흐르는 물소리와 새들이 노래하는 자연을 찾아 여행을 떠나는지도 모르겠다. 자고 일어나면 소화제보다 더 강력한 소화력. 왠지 모를 날아가는 새처럼 몸이 가벼운 것은 자연의 힘이다. 봄여름 가을은 부지런히 살고 겨울은 먹고 쉬느라 바쁜 계절.

고요하고 한갓진 산속의 겨울. 속세에서 벗어나 깊은 산속에 들어가 자연과 함께 생활하는 사람들. 그들은 일반인처럼 살아오다가 건강 문제, 사업 실패, 퇴직, 인간관계 붕괴 등 어떤 계기로 속세를 떠난 사람들이다. 그들은 도시의 생활에 상한 몸이나 마음의 질병을 자연에서 치유하겠다는 결심이 큰 비중을 차지한다.

수명은 유전적인 요인, 환경 요인에 의해서 결정된다. 유전적 요인은 타고난 것이어서 인위적으로 바꿀 수 없으나 기후 풍토 식습관 생활 수준 환경오염 교육 정도 직업 등 환경 요소들을 어떻게 잘 활용하는가에 따라 수명은 상당히 달라질 수 있다. 자연을 찾는 모습은 인간의 본성이 아닐까 생각한다.

일단 자연에 입문하면 양치질 이외는 생략하고 원시적인 자연 그대로 독특한 시간을 보내게 된다. 이처럼 추운 겨울 최고의 하이라이트는 대형 드럼통에 모닥불을 피워놓고 불멍에 빠지는 시간이다. 어둠과 밝음. 강렬한 추위와 불 앞에 펼쳐지는 따뜻함 서로가 상반되는 음과 양의 이글이글 타오르는 불덩이 속, 몸도 사랑도 행복도 몸속의 세포는 이글이글 살이 쪄 오른다. 우리 몸에 열이 더해지면 인체 조직과 장기 온도가 상승하고 신진대사를 원활하게 한다는 이야기가 있다. 불멍에 빠지면 시간이 가는 줄 모른다. 고요하고 적막만이 감도는 암흑 속 움막에서는 얼굴을 두건으로 감싼 채 침낭 속에 몸을 누이고 수면을 청한다. 다행스러운 건 전기장판이 바닥에 깔려 추위와 따뜻함이 교차하고 새록새록 콧속에 스며드는 맑은 공기는 갓 지은 쌀밥이 목 안에 넘어가듯 은하수 별빛이 밀려오듯 깊은 잠에 빠져든다. 그래서 소음이나 공해가 적고 공기가 맑은 깊은 산골이나 농어촌을 찾는지도 모르겠다.

친구는 말한다. 아는 여인이 놀러 왔다가 이곳에서 잠을 자게 되었단다. 그는 잠을 자고 난 이후 잠맛에 취해 다시 또 오겠다고 한단다. 그러나 특별한 관계도 아니고 오지 말라 했단다. 어느 여인이 외간 남자가 있는 산속의 움막에 잠을 자려 사정하겠는가? 자연에 들어가면 스트레스를 적당히 즐길 수 있으며 긍정적이고 낙천적으로 모든 열정과 끈기가 생기며 쾌적하고 적당한 수면은 삶의 용기를 불어넣는 치유 현장이다.

아침이면 떠오르는 붉은 해를 보며 시골 풍경이 좋아 한참을 선 채로 바라보며 타오르는 모닥불에 몸을 데우고 불 옆에 차려진 통나무 식탁에서 자연 그대로 아침 식사를 즐긴다. 그동안 살았던 삶은 나를 위한 것이 아니라 가족을 위해, 직장을 위해 또는 먹고 살기 위해서 어쩔 수 없이 벌였던 사투라는 생각이 든다. 뒤돌아 보면 스트레스의 연속이었고 몸의 어딘가는 한두 군데 고장도 나 있다. 이제는 부양할 가족도 없고 하는 일도 없다.

해가 뜨면 일어나고 해가 지면 잠을 자는, 세상 이렇게 하고 싶은 대로 살고 있으니 동물이나 다름없다. 동물은 자연환경을 바꿀 수가 없다. 자연 속에 삶의 향기를 느끼고 사색하며 공부하는 시간이다. 그것은 우주의 맥박이고 세월이 흘러가는 소리며 우리가 살 만큼 살다가 갈 곳이 어디인가를 소리 없는 소리로 깨우쳐 준다.

장구한 세월 속에 백사장의 모래 한 움큼만큼 살다가는 인간이 어디가 시작이고 끝인 줄 어찌 알겠으며 또 알 필요가 있을까?

눈 오는 날은 축복이 있는 날! 모두가 하얀 세상. 푸른 하늘을 쳐다보며 구름이 지나가는 길, 운길산 산마루에 걸린 구름과 숲속에 서린 안개에 눈을 마주하고 차고 부드러운 그 흐름을 통해 더덕더덕 끼어 있는 먼지와 번뇌의 망상을 자연 속에서 깨끗이 치유한다. 숲속의 운무는 아침 햇살에 줄행랑을 치듯 인간이 살다 가기에 애처로움을 달래보려는 무언의 경종을 설경의 신비와 눈꽃으로 인간에게 말하고 있다.

중앙일보 국제마라톤 경기를 마치고

 가을 하늘엔 금방이라도 비가 쏟아질 듯 먹구름 짙게 드리우고 날씨마저 스산한 분위기 속에 천둥 번개를 동반한 가을비에 밤새 불안한 마음으로 아침을 맞이한다. 마라톤 완주에 대한 부담감으로 머리는 아파오고 아무렇지도 않던 무릎이 통증이 오는 듯 불안하기도 하다. 그러나 이미 주어진 밥상을 물릴 수는 없는 법, 화랑 관창이 용감하게 적진으로 돌진하듯 잠자리를 박차고 준비를 서두른다. 위장의 부담을 줄이기 위하여 정성스레 준비한 찰밥과 지인으로부터 선물 받은 어리굴젓으로 조심스럽게 식사를 마치고 집결지인 잠실 종합 운동장으로 출발한다.
 가로수 은행잎은 우리를 축하라도 하듯 한 잎 두 잎 떨어져 길 위에 나뒹굴고 하늘엔 헬리콥터가 붕붕거리며 취재에 열을 올리고 있다. 다행스러운 건 밤새 내리던 비가 멈추고 동쪽 하늘엔 희미하게 붉은 해가 떠오르고 있다. 다만 짙은 안개와 습도가 높아 몸이 무거운 것이 걱정이다. 마라톤 복장과 선크림으로 얼굴과 목 부위를 진하게 화장하고 준비 운동을 마친 후 경찰 악대의 연주를 받으며 출발선으로 나간다.

　중앙일보 사장 및 오세훈 서울 시장의 내빈 인사를 마치고 개회 선언과 함께 오색 폭죽이 하늘 높이 터지며 드디어 출발 신호탄이 울린다. 출발선 부자 소리와 함께 손목에 차고 있는 시계의 추를 누르고 주먹을 불끈 쥐고 파이팅을 외치며 앞으로 달려 나간다. 해가 거듭될수록 새로운 것은 마라톤 붐이 일어나서 그런지 많은 여자 선수의 참가이다. 서로 간 각축전을 벌이며 달리다 보니 이순신 장군의 철갑옷 복장을 한 드럼팀이 승전고를 울리듯 북 치는 소리가 다리에 힘을 불어넣고 가로수인 플라타너스는 먼 길을 달리는 동안 힘들면 땀이라도 닦으라 하듯 부채 잎 같은 낙엽을 한 잎 두잎 조용히 떨어트리고 있다.

　긴장을 풀고 심호흡을 해가며 천천히 달리다 보니 롯데월드가 나오고 연도에는 많은 시민이 응원을 보내며 경찰관들은 차량 통제와 주변 경비에 여념이 없다. 도로에는 자동차가 불을 켜고 꼬리를 무는 행렬처럼 형형색색 복장의 마라토너들이 거리를 가득 메우고 모두가 열심히 목적지를 향하여 달리고 있다. 롯데월드를 지나 올림픽 공원 앞을 달리며 백제의 도읍지였던 몽촌토성을 통과 천호동 사거리를 우회하여 길동 사거리 방향으로 달려간다. 길동 사거리를 지나 한국체대, 그리고 가락동 농수산물 시장 앞을 지나니 이 정도 거리이면 대략 10km 정도의 거리를 통과하고 있다. 마라톤에서 가장 어렵다고 말하는 마의 구간, 초반 무리는 금물이다. 초반에 힘이 있다고 앞으로 달려 나가게 되면 체력이 고갈되어 실패하기 쉽다.

　이제 1차 고비는 넘긴 상태로 몸도 풀렸고 호흡이 안정된 상태로 가볍게 앞을 향하여 달려 나간다. 어느덧 서울권을 벗어나 성남 방향 쪽으로 K16 비행장 앞을 지나고 있다. 모자 차양에서는 처마 밑 낙숫물 떨어지듯 땀방울이 뚝뚝 떨어지고 수분을 보충키 위하여 급수대에 놓인 물컵을 독수리가 먹이를 낚아채듯 움켜쥐고 마시며 달려 나간다. 반대편 노선에는 선두 차와 운영 요원들의 차량이 오는 것으로 보아 국제 선수들이 오는 것 같기도 하다. 선두 차량 뒤에는 5명의 국제 선수가 무리를 지어 뒤를 따르고 그들은 검은 피부에 네안데르탈인 같은 머리뼈에 소말리아인처럼 야윈 체격으로 특히 종아리 부분은 살점이 하나도 없는 나무 꼬챙이 같은 다리로 달리고 있다. 그러나 달리는 속도는 선두 차를 앞서 가려 하듯 조금도 힘들지 않고 천리마가 달려가듯 자연스럽게 앞을 달려간다. 1진이 지나가고 조금 후 우리의 국민 마라토너인 이봉주 선수가 검둥이 선수와 각축전을 벌이며 달려가고 그 뒤로 한두 명의 선수가 띄엄띄엄 달려가고 있다. 국제 선수들이 경기하는 모습을 보며 달리다 보니 25km 지점인 반환점인 성남 종합 운동장이 눈앞에 보인다.

　마라톤은 중독성이 강한 스포츠이다. 마라톤에 입문 후 10km에서 하프 코스로(21.0975) 다시 온 구간(42.195)으로 늘려 나갔다, 마라톤을 완주하기 위해서는 극한의 한계에서 자신과의 처절한 싸움을 벌여야 한다. 우선 완주에 도전하기 전 충분히 연습하고 몸 상태를 만들어야 한다. 그렇지 않으면 다리나 팔 근육에 경련이 일어나 중도에 포기할 수밖에 없다. 대부분 사람은 20~30km 지점에 도달하면 에너지 고갈로 더 이상 뛸 수 없게 된다. 이 지점부터는 평소의 연습량과 의지로 사력을 다하여야 한다.

달리는 주자에게 힘을 내라고 하듯 이동 차량에 설치한 무대에서는 힘찬 음악과 율동을 곁들인 노래가 울려 퍼진다. 주머니에 넣어두었던 스포츠 겔을 꺼내 입안에 넣는다. 현재까지의 몸 상태는 정상적으로 달리는 데에는 지장이 없다. 옆에는 여자 선수가 가벼운 몸 상태로 달려오고 있다. 외모로 보아 그녀도 약간은 나이가 있는 듯하다. 그녀에게 다가가 열심히 하라며 손을 들어주자, 그녀 역시 좋은 반응으로 화답하며 전 구간은 이번이 3회째이고 하프 마라톤에서 1시간 30분으로 여자 부문 우승을 한 적이 있다고 한다. 개인 기록과 페이스 조절 등 정보를 교환하며 달리다 보니 그녀의 속도가 빨라지고 있다. 약간의 속도를 내어 그녀를 따라붙으면 그녀는 또 달아나고 나의 체력으로 그녀를 따르기가 어렵다. 서서히 그녀와 거리는 멀어지고 앞만 보고 달려가고 있을 뿐이다.

어느덧 35km 지점을 통과하니 달리는 것이 정말 고통스럽다.

이번을 마지막으로 다시는 도전하지 않겠다고 생각하며 달려가지만, 행사를 마치고 나면 다음 행사에 또 참여하게 되는 것이 마라톤 중독이다. 무릎은 통증이 심하게 밀려오고 가슴에도 압박감이 만만치 않다. 그러나 해야 한다, 해내고 말 것이라는 집념으로 앞을 향하여 전진한다. 완주지점이 가까워져 올수록 몸에 속도가 떨어지고 있다. 컨디션이 좋으면 앞사람 따라잡는 재미로 달려가건만 오히려 뒤따라오는 주자들에게 밀리는 것을 보면 체력이 고갈된 느낌이다. 급수대에 이르러 물을 마셔보고 바나나를 씹어 넘겨 보며 한 발짝 한 발짝 걸어본다.

  남들은 앞을 다투어 뛰어가는데 나는 걸어가서야 되겠는가? 평소 조금만 더 연습했더라면 이러한 고통과 아쉬움은 없었을 텐데 하는 생각을 하며 도우미가 소지하고 있는 멘소래담을 듬뿍 쥐어 양 무릎에 바른다. 진통제를 발라서 그런지 조금 전보다는 달리기가 좀 나은 편이다. 멀리 종합 경기장이 눈앞에 들어오고 연도에는 많은 시민과 가족들이 나와 응원을 보내고 있다. 사력을 다해 종합 경기장 정문을 통과 운동장으로 진입한다. 붉은 융단을 깔아 놓은 종합 운동장 주 경기장엔 마이크에서 흘러나오는 상징노래와 관중들의 힘찬 박수 소리를 들으며 운동장 트랙을 한 바퀴 돌아 드디어 42,195km 완주지점을 통과하니 결승선 시계는 정확히 3시간 43분을 가리키고 있다. 자신의 한계에 도전하는 풀코스 마라톤을 완주한 것이다.

마라톤을 완주하기 위하여 물고기가 한강을 오르내리듯 한강변을 달리며 하프 코스를 여러 차례 완주하였다. 천리마라는 나의 애칭같이 천리의 목표를 달성하려면 10회를 완주하여야 한다는 사명감으로 도전하다 보니 15회를 완주하는 기록을 세우게 되었다. 마라톤은 정말 자신의 한계에 도전하는 극한의 힘겹고 고통스러운 운동이다. 급변해 가고 있는 사회 현실 속에 마라톤으로 인하여 건강과 밝은 사고력 그리고 자신감과 용기 있는 삶이 그저 감사할 뿐이다.

- 2006.11.5. 중앙일보 국제마라톤 경기를 마치고

959호실

　누구도 오라 하지 않았다. 아무도 오라 하지 않았다. 그런데 나는 왜 여기에 왔을까. 2인실 병동실에 숙박계까지 쓰고 말이다. 사는 날까지 건강하게 살아갈 수 있으면 얼마나 좋을까? 건강이라면 타의 추종을 불허했건만 총 맞은 새처럼 점 하나에 두 손 들고 말았다. 타인의 장기에 무전 숙박이라는 정체불명의 종양이 자리를 잡게 되고 조무래기들이 뭘 알까마는 진을 치기 전 조기 치료가 성공적인 치료의 원동력이다.

　운동을 좋아하여 배드민턴 게임을 한 지도 꽤나 되었다. 주말이면 많은 회원이 모여 즐거움을 나누었다. 간식으로 즉석에서 요리가 만들어지고 나도 모르게 탁주도 몇 잔 곁들였다. 얼얼한 술기운에 셔틀콕은 네트를 넘나들며 경기는 과열되고 엎치락뒤치락 경기가 치열해질 즈음 뒤로 밀리는 공을 받으려다 같은 복식조의 여성과 충돌하여 두 사람 모두 땅에 전도되는 일이 일어나고 말았다. 여성은 앞쪽으로 넘어져 곧장 일어난 상태이나 나는 떼굴떼굴 굴러 담벼락을 쌓은 축대의 견치석에 옆구리를 찍히고 말았다. 창

피한 마음에 곧장 일어나 경기에 임하였건만 심한 통증으로 집에 돌아와 자리에 눕고 말았다.

뼈가 끊어지는 것 같은 통증에 아들을 불러 대형 병원 응급실에 가 진찰한 결과 우측 10번 늑골이 골절이란다. 담당 의사는 압박붕대로 가슴만 동여맨 채 특별한 치료약은 없으며 진통제 처방을 해주고는 시간이 지나면 완치가 된다며 퇴원하라 한다. 부자연스러운 몸을 가눌 길 없어 나의 전신인 경찰 병원에 입원하였다. 정밀 검사 결과 늑골이 골절되며 폐를 찔러 기흉이 온 상태로 우측 폐 주변에는 안개가 뿌옇게 끼인 것을 볼 수가 있었다.

담당 의사 역시 시간이 지나면 기흉도 가라앉고 치료가 완쾌된다고 하여 무더운 여름철 피서를 하듯 소정의 기간을 잘 마치고 퇴원하였다.

차후 경과 상태를 확인하기 위해 6개월 뒤 예약 날짜가 돌아와 점검을 받으니 폐의 심장부에 하얀 반점이 있다 한다. 검은 반점이라면 폐암이 확실하다 하나 하얀 반점이라 불명확하다는 의견으로 폐 가장자리 같으면 긴 바늘로 쿡 찔러 조직을 검사하면 알 수 있으나 심장 부위라 위험하여 흉부외과에서는 치료가 어렵고 호흡기 내과로 이첩하였다. 건강 하나만큼은 타의 추종을 불허하는 자신감으로 살아왔건만 이게 웬 말인가?

이왕 치료할 거면 실손 보험도 있겠다, 국내 제일 큰 병원인 ○○병원에 입원 치료를 받아 보겠다 결심하고 의무기록 사본과 동영상을 제출받아 검사에 들어간다. 담당의는 동영상이 흐려 새로이 해야 한다는 소견을 전달한다. 대기업은 이래서 부자가 되었나 하는 반신반의와 함께 처음부터 다시 시작되는 고통스러운 검사를 마쳤다. 담당 의사가 지정되고 전문의 소견은 현재의 상태로 보아 80%는 폐암으로 갈 확률이 높은 만큼 수술을 하여야 한다는 것이다. 우측 폐의 반점은 운동하다가 넘어져 늑골이 골절되어 찔린 자리의 흉터라고 하여도 지정의는 듣는 둥 마는 둥 원인 불명의 종양은 제거하는 게 맞다며 폐의 삼분의 일을 제거하면 체력의 30%를 잃게 되는 것 외에는 아무런 지장이 없다 한다.

일방적인 수술 날짜를 지정하여 담당의 집도 아래 옆구리를 뚫어 폐를 절제하는 흉강경 수술을 하게 되었다. 수술은 각 조별로 진행이 된다. 수술 경과 후 30분이면 판독이 결정되는데 나는 결과가 나오지 않는다. 다른 환우들은 중환자실로 이동하는 불안한 상태나 십여 명의 수술 환자 중 나만 일반 병실로 이동이 되어 안정 가료를 하게 되었다. 암 병동에 이렇게 많은 환자가 있다는 것을 몰랐다. 전국에 모든 환자는 다 모인 듯 면회객을 철저히 통제함에도 병동에는 면회객이 넘쳐난다.

일주일이 경과 되어도 병명이 나오질 않는다. 지정의의 의견으로는 현재까지 확답이 없는 것으로 보아 80% 이상은 암이 아닌 것으로 판명이 된다는, 초기와는 정반대의 의견을 말하고 있다. 그렇다면 왜 장기의 일부를 적출하는 수술을 강행해야 했는가?

하는 불신의 마음은 머릿속을 파고들고 십여 일 경과 후 폐암이 아니라는 최종 결과를 끝으로 퇴원하였다.

　암이 아니라서 좋기는 하다. 그러나 원인 불명의 종양이라고 가장 중요한 장기인 폐의 삼분의 일을 적출하는 수술을 감행했어야 했는가? 하는 의문점은 지금도 남아 있다. 최고의 친절과 편의를 자랑하는 국가 공무원의 모델이었던 대형 병원을 스스로 찾아갔건만 대기업은 이래서 번성하는가 싶은 마음과 의사의 신뢰성에 대한 의문감은 뱀이 똬리를 틀 듯 자리를 떠나지 못하고 있다.

　한번 수술을 받은 자는 면역력이 떨어져 상당한 고통이 수반됨은 물론 회복하기도 어렵다. 특히 고령자는 더 말할 나위가 없다. 한때는 마라톤, 자전거, 암벽, 전국 원정 산행을 자유자재로 누비며 체력이라면 누구에게도 뒤지지 않는 자랑거리였는데 멀쩡하던 장기를 적출하고 삶을 살아간다는 것은 참으로 가슴 아프고 슬픈 현실이 아닐 수 없다.

　운동 경기에 탁주를 마시고 순간의 실수로 늑골이 골절되어 원인 불명의 종양으로 장기를 적출하는 수술까지 받았으니 방심이 크나큰 사고를 일으킨 것은 사실이다. 사람의 신체는 한번 잃으면 복원이 어렵다.

　나의 건강은 크게 낙심할 정도는 아니나 외관상 깡마른 체격으로 보여 다소 왜소할 뿐 일상생활에는 지장이 없다. 너무 넘치는 체력과 야성을 즐기는 모험성을 배제시키려 체력을 조금 낮춰 놓은 상태가 아닌가 하는 긍정적인 마음의 여유를 가져 본다.

　암은 빠르게 진행되는 병이 아닌 만큼 병원 한곳에 연연치 말고 몇 군데 전문 병원에서 진찰 후 최종적인 결론에 도달하면 그때 치료를 받아도 늦지 않다. 장기를 적출하는 수술은 신중해야 한다는 것을 뼈저리게 느끼며 사는 날까지 한 점 부끄럼 없는 삶을 살아가려 노력할 뿐이다.

구급차

책 읽는 것은 즐거운 것. 노년에는 이만한 친구도 없다. 심신 수양은 물론 새로운 것이 뇌리를 스치니 더없이 즐겁다. 이 글 저 글 독서 삼매경에 시간이 흐르던 중 컴퓨터를 하던 마누라가 아들과 통화를 하는 소리가 들린다. 간간이 들려오는 소리에 손주가 다쳐서 병원에 대기 중인데 동네 병원에서 사진 촬영을 하니 팔꿈치가 골절되어 종합 병원으로 가라 했단다.

어린이집에서 무슨 일이 있었단 말인가. 마음이 불안하여 아들에게 전화하니 어린이집에서 넘어지며 팔이 겹쳐 성모병원 응급실 진찰 중이니 기다려 보라 한다. 헬스를 가려고 문밖을 나서려니 전화가 온다. 성모병원은 입원실이 없으니 다른 병원으로 연결을 해주겠다 한다나? 그러니 아빠가 세브란스 병원으로 애를 데리고 가서 접수하고 자기는 병원과 협의하여 다른 병원을 알아본다고 한다.

헬스를 포기하고 택시를 타고 성모병원에 도착하니 손주는 엄마가 데리고 이미 출발하였고 아들만 원무과에서 상담하고 있다.

자그마치 한나절의 시간을 소비하고 고작 다른 병원을 소개한다니 병원이 이런 곳인가? 하는 자괴감이 들기도 하고 연결을 해줘본들 자기 계열 나눠 먹기 영업에 불과하다는 불신을 져버릴 수가 없다.

아들은 병원에 남아 타 병원을 알아보고 나는 세브란스 병원을 향하여 택시를 타고 달려간다. 이곳도 종합 병원인지라 출입자가 많고 검역이 까다롭다. 응급실에 들어가니 손주는 이미 병원 안으로 깊숙이 들어가 진찰 중이고 보호자 한 사람 외에는 출입 금지로 밖에서 시간을 보내야 하는 처지다. 오랜 시간을 기다리던 중 깜깜한 밤이 되서야 입원실이 지정되고 손주를 만나는 시간이 왔다.

손주는 왼쪽 팔을 붕대로 감은 채 팔만 부자연스러울 뿐 평소대로 밝은 모습을 보여 다행이다. 손등에 붙인 붕대를 보이며 '나 피 검사 했어요. 하나도 안 아파' 하며 자랑한다. 여섯 살배기 꼬마가 뭘 알겠냐마는 넘어졌을 때의 충격으로 골절되어 통증과 다가올 수술을 대비하니 내가 다친 것 이상으로 착잡하다.

손주는 병상에 앉아 할아버지가 사 온 빵을 먹으며 왼쪽 팔이 아픈지 엄마한테 팔을 감싸라고 연신 독촉하며 아빠가 밖에 나가려 해도 같이 가야 한다며 떨어지지 않으려는 등 불안감이 역력하다. 주치의는 팔꿈치 수술에 대한 기초사항과 입원 기간 중 사용하는 어린이용 마취제 비용에 사인을 하라다. 휴대용 마취제 사용으로 보아서는 고통스러운 것만은 사실이다. 이유야 어떻든 수술이 잘되어 정상으로 돌아오면 더 이상 바랄 게 없다는 마음속 기도와 함께 병문안을 뒤로하며 발길을 돌린다.

　참으로 착잡한 하루를 보내고 손주는 며칠 후 퇴원하여 돌아왔다. 팔에 깁스를 한 채 놀고 있는 손주는 방안에 여러 집기를 차려 놓고 병원 놀이를 한다. 다친 자기의 팔을 엑스선 촬영을 하는 것을 본지라 종이 상자를 탁자 위에 올려놓고 전선 코드에 마우스를 부착하여 할아버지의 팔을 여러 각도로 이동시키며 어디가 이상이 있는지 진찰하여야 한다고 병원에서 하던 모습을 그대로 재현한다. 같이 놀아주며 손주의 빠른 완치를 바랄 뿐이다.

최재형 그는 누구인가?

옛 고구려 발해의 땅 연해주. 황무지 개척의 선구자인 고려인, 일제 강점기 가난과 기근을 피하려 농업과 목축업으로 터전을 마련하였다. 그 춥고도 광활한 노령의 시베리아, 구소련의 갖은 압박에도 가난과 실향의 외로움을 정신력과 노동으로 삶을 개척하였다. 항일 독립 투쟁의 중심지이며 선인들의 활동 무대였던 곳. 끝없이 펼쳐진 평원이 발해의 영토였다는 연해주의 땅 곳곳에는 독립운동가의 영혼이 서려 있다.

독립운동의 대부 최재형. 그는 함경도 경원에서 노비의 아들로 태어났다. 9세에 탐관오리의 학정과 주린 배를 채우기 위하여 가족과 함께 두만강을 건넜다.

최재형은 경제력이 없는 부모의 보호를 받지 못한 채 밥이라곤 통통 불은 누룽지를 건네며 어디 가서 돈이라도 벌어야지 밥만 축내느냐는 형수의 구박에 밥그릇을 집어 던지고 가출하게 된다. 두 살 터울의 봉준이가 항구에서 돈을 번다는 소문을 듣고 바닷가를 향하여 밤을 지새우며 항구에 도착하였으나 굶주림에 지쳐 쓰러지고 말았다. 선원들은 창고 앞에 쓰러져 있는 재형이를 발로 툭툭 차며 거지가 쓰러져 있는 것으로 생각할 뿐 아무도 관심을 두지 않던 중 러시아 선장이 발견, 집으로 데려가 보호를 받게 되었다.

자녀가 없던 선장 부인은 깊은 신앙심과 어진 마음으로 재형을 씻기고 고운 옷을 입히는 등 양아들로 입양시켜 어린 최재형을 외항선에 태우고 세계를 돌면서 글로벌 청년으로 다시 태어나게 한다. 그는 유창한 러시아어와 뛰어난 상술로 연해주에서 군납업으로 큰 부자가 된다. 부자가 된 배경에는 깡마른 가축을 대량으로 사들여 한인에게 사육시켜 군납하는가 하면 군사 도로를 개설하며 러시아인은 임금을 많이 주나 한인은 적게 주는 것을 똑같이 지급게 하여 한인들의 사기와 경제적 안정을 취하게 하였다. 하지만 쌓은 재산을 개인적으로 쓰지 않고 나라 잃은 동포들을 위해 베풀어 현지 한인들로부터 페치카(벽난로)로 칭송받았다.

그는 러시아로부터 여러 번의 훈장을 받고 행정 기관의 읍장에 선출된다. 최재형은 연해주 현지에 32개의 학교를 세워 인재를 육성하고 우수생은 러시아의 수도 상트페테르부르크에 유학을 보내 한인 교육에 초석을 다지며 대동공보를 인수하여 사회를 계몽했다. 그는 러일 전쟁 당시 러시아 해군에 물품을 조달하면서 일본의 야욕을 간파하고 자신의 모든 재산을 쏟아 동의회를 조직하고 막강한 러시아 인맥을 활용해 현지에서 의병 투쟁을 지원했다.

안중근 의사가 하얼빈 의거 때 사용한 권총을 사주고 자기 집에 사격 연습 장소를 제공하는 등 물심양면의 지원으로 하얼빈 의거는 성공하였고 국제 변호사를 지원하는 등 안 의사가 순국하자 안 의사의 가족을 돌보게 된다.

일제가 러일 전쟁에서 승리하자 연해주 독립운동의 근거지를 습격 일본의 총탄에 희생되었다. 모든 재산과 열정 심지어 목숨까지도 독립을 위해 초개같이 버렸다.

우리는 러시아의 연해주 우수리스크를 방문하여 스탈린에 의하여 강제 해산된 한인들의 삶의 터전을 뒤돌아보며 그들의 넋을 위로하고 일본군에 연행되어 끌려가던 중 사살된 최재형 선생의 넋을 기리기 위하여 아무런 연고도 없는 교도소 주변의 도로에 돗자리를 깔고 제사를 지내게 되었다.

또한 그의 생가를 방문하여 삶을 뒤돌아보며 우수리스크에 수많은 관광객이 방문하여 그의 넋을 기리는 것을 보았다. 최재형 정신은 무엇인가? 나라가 위기에 처했을 때 모든 것을 바친 희생정신과 나눔을 실천하는 노블레스 오블리주 정신이다. 이런 정신 덕분에 우리는 독립을 실현하고 6·25 전쟁의 폐허에서 불과 73여 년 만에 세계가 놀란 대한민국의 기적을 일궈냈다. 우리는 위기에 강한 민족이다.

나라가 있어야 민족은 살아 번영한다. 나라 없는 국민은 어디를 가도 설움 받는다. 내 나라 내 국토 내국민을 소중히 여기고 온 국민이 단합하여 뿌리를 내려야 한다. 우리의 국난을 최재형 정신을 잘 살리면 반드시 이겨낼 거라 확신한다.

텃밭

 도시보다 자연을 좋아하는 사람, 도시의 농부는 오늘도 텃밭으로 향한다. 텃밭은 나의 쉼터다. 소가 웅크리고 있다는 모습의 우면산 숲길을 따라 텃밭으로 향한다. 텃밭이 있어 거닐게 되고 산새들 노랫소리 자연과의 대화는 정신이 맑아지고 몸이 편안해진다. 걷기는 사람의 마음을 단순하게 하고 불필요한 군더더기를 털어낸다. 사람의 인생에서 맑은 공기를 마시며 야외 활동을 하는 그것보다 더 큰 가치는 없다고 한다.
 새소리를 들으면 기분이 좋고 꽃을 보면 마음이 아름다워진다. 햇빛보다 더 좋은 농부는 없고 식재료를 능가하는 요리사는 없다 하듯 텃밭을 일구고 끼니를 절반쯤 스스로 해결하는 자연인의 생활이 행복이 아닐 수 없다.
 쏼쏼 청아한 물소리와 새소리. 자연이 주는 아름다운 소리에 계절은 변화되어 겨우내 움츠렸던 나무에 푸른 새잎 온갖 꽃들이 만발하는 계절 봄철이 돌아오면 도시의 농부는 분주하다. 곡괭이 삽 쇠스랑 삼태기는 친구가 되고 모든 것을 수작업으로 해야 하니 몸이 고되다. 그러나 잡념이 없어 좋다. 봄에 씨를 뿌리지 않으면 가을에 거둘 게 없다. 제철에 씨를 뿌려야 좋은 결실을 볼 수 있다.

　겨우내 얼어있던 땅은 숨을 쉬듯 부풀어 오르고 곡괭이로 찍으면 살아 움직인다. 산 꿩은 힘들면 쉬었다 하라 하듯 꿩꿩 소리치고 까마귀는 매 맞은 종아리가 아픈 듯 깍깍 울음을 토해낸다. 머위 도라지 참나물 취 방풍은 주인님 오셨어요? 하고 인사를 하듯 새싹을 내밀고 강아지처럼 하인 취급을 받던 들판의 쑥 돌나물도 자리를 잡아간다. 낙엽을 모은 퇴비를 뿌리고 땅을 파헤친다. 흙은 살아 숨 쉬고 심술쟁이 두더지 농군 땅굴이 보이는가 하면 지렁이는 알몸인 채 튀어나온다. 나의 텃밭은 오랜 세월 자연에서 얻은 퇴비만 사용 농약 한번 하지 않는 철저한 유기농 텃밭이다. 이곳에서 성장하는 유기농 채소는 각종 병충해로부터 자신을 스스로 보호하기 위해 뿜어내는 휘발성 유기물질(피톤치드)이 더 풍부하지 않을까 싶다. 하우스에서 재배되어 출하된 파 열 단보다 노지에서 재배된 파 한 단이 면역성이 더 강하다고 한다. 그러나 이런 결실을 보기까지는 많은 집념과 노력이 뒤따라야 한다. 때로는 왜 이렇게 고되고 험난할 길을 택할까? 선비처럼 책이나 보고 유유자적하는 생활을 했더라면 하는 생각도 가져본다. 농부의 후손인지라 농사짓는 것을 보고 자랐으니, 자연을 좋아할 수밖에 없고 도시의 소음 공해와 스트레스 해소에는 자연 치유가 최상이라는 것을 알게 되어 이 길을 택하고 있는지도 모른다.

　남들은 쉬어가며 일하라 하지만 사람 일이 어디 그런가? 누구나 욕심은 인간의 본능이다. 자주 가는 것도 아닌지라 일을 몰아서 하려니 몸이 고단하다. 엉덩이만 돌리면 잡초가 솟아나고 뜨거운 땡볕, 싫다는 모기는 왜 그렇게 극성을 부리는지? 흙과 땀으로 범벅이 된 몸을 씻어내고 저녁에 마주하는 밥상은 임금님 수라상 못지않게 맛있다. 자고 일어나면 몸의 고난함은 봄눈 녹듯 사라지고 삶의 기운이 용솟음치곤 한다. 바로 이 맛에 텃밭을 경작하는 것 아니겠는가? 도시 사람은 부족한 채소를 산 중 사람은 약초를 어촌 사람은 해조류를 거둬, 주어진 환경에서 좋은 영양분을 섭취하며 살아가는 것 또한 즐거움이 아닐 수 없다.

　세계의 유명한 작가들의 명작 소설에는 고차원적이며 철학적인 내용의 소설보다 흙이나 대지 등 주로 자연과의 삶이나 대화를 소재로 쓴 단편소설이 많은 독자의 관심과 사랑을 받는 것을 자주 보아 왔다. 산중에서 노인이 밥 짓고 농사지으며 평범하게 살아가는 일상적인 내용임에도 인기 도서로 선정되는 것을 보면 자연은 우리의 모태이고 우리의 삶과는 뗄 수 없는 영원한 공급자임을 알 수 있다. 그래서 도시의 농부는 오늘도 텃밭으로 향하고 텃밭의 식구들과 함께 삶을 나누는 행복의 길을 택하고 있다.

플로깅

플로깅은 산책을 하면서 쓰레기를 줍는 활동을 말한다. 이삭을 줍는다는 뜻으로 쓰레기를 줍기 위해 앉았다 일어나는 동작이 건강달리기보다 열량 소모가 더 많고 환경을 보호할 수 있는 자연 보호 운동이다. 삶을 살아가며 맑은 공기를 마시고 야외 활동을 하는 것은 정말 좋다. 풍광을 감상하고 길벗과 담소를 나누며 느긋하게 걷는 길에서 쓰레기가 어른거리면 눈살을 찌푸리게 만든다. 양심이 없는 등산객이 놓고 간 쓰레기, 무심코 버린 비닐봉지나 화장지는 자연에 어울리지 않는 불청객이다.

서울의 관문인 관악산은 많은 등산객이 찾는 유명 산이다. 그래서 그런지 등산로엔 다양한 쓰레기들이 눈에 자주 띄곤 한다. 사람들은 이를 보고도 그냥 지나치는 경우가 허다하다. 산은 나의 얼굴이요 나의 마음이다. 자연에 대한 미안함이 앞선 나머지 오를 때는 즐거움을 만끽하고 내려올 때는 오물을 수거하곤 한다. 언젠가는 산 정상의 헬기장에 등산객이 버린 두 마대 분량의 쓰레기를 스틱에 걸어 어깨에 메고 내려온 기억이 있다. 보는 사람마다 생각이 다르듯 "수고하십니다" 하는 사람이 있는가 하면 '이른 새벽 많이도 주웠네' '헬기장에 버려져 있던 걸 저 양반이 가지고 오네' 등 보는 사람마다 표현이 다르다는 것을 알 수 있었다.

산에서 주운 페트병을 인근 마을로 하산하며 골목에 놓고 가던 중 무단 투기로 오해를 사는 일이 있었는가 하면 이른 새벽 둘레 길을 걸으며 가파른 고갯길을 오를 즈음 하얀 휴지 조각이 눈에 띄어 손으로 잡는 순간 뭉클한 액체가 손에 묻는, 누군가 볼일을 보고 방치한 것을 만진 일도 있었다. 쓰레기를 줍다 보면 이런 일은 다반사로 겪게 된다. 그러나 누가 뭐라 하던 내가 좋아서 하는 일, 내 몸에 밴 습관을 어찌하랴. 요즘도 등산로에는 마스크가 간혹 눈에 띄곤 한다. 길에 떨어진 마스크를 보며 코로나 시절 삼 년여의 은둔 생활이 주마등처럼 떠오르며 마음 한곳에는 쓸쓸함이 묻어온다.

농부가 땀 흘려 일을 마치고 저녁 만찬을 즐기듯 작은 봉사 활동 뒤에는 즐거움이 따르고 봉사하는 사람에겐 정직함과 여유가 있으며 따뜻함이 있다. 우리가 진정으로 산다는 것은 새처럼 가난하고 나비처럼 신성하며 영혼을 아름답게 가꾸고 사랑과 연민의 마음을 넓혀 내가 물들고 너도 물들면 이 강산은 더욱 아름다운 금수강산 아니겠는가?

행복을 추구하며 자연에서 이루어지는 대중적인 스포츠 활동과 연계되는 쓰레기를 줍는 플로깅 운동은 삶의 질을 높이고 지구를 지킬 수 있는 새로운 환경 보호 운동이다.

한 장 남은 달력 한 장

"마지막 달력 한 장이 퇴색한 벽 위에서 낙엽 지고 있다. 새해의 시작에는 두툼하게 살쪘던 달력도 차고 기우는 계절 따라 차츰 야위어 가더니 벌써 열하나의 동무들이 떠나가고 달랑 홀로 남아 세월 앞에 버티고 있다. 올해의 지나간 시간을 조용히 뒤돌아보며 차분하게 마무리 잘하고 새해를 맞이하라고 하루에도 몇 번씩 가만가만 이야기한다. 기억해야 할 것 마음 깊이 새기고 잊어야 할 것 까맣게 잊어버려 새로운 희망이 용솟음치는 새해 새 아침을 받아들일 깨끗한 가슴 하나 준비하라고 재촉한다.

한해가 끝나가고 있다. 무엇이든 끝이라는 말속에는 이상한 서글픔이 잠겨 있다. 하루해가 지는 낙조가 그렇고 한 계절이 끝나가는 가을이 그렇다. 시간만이 그런 것은 아니다. 사람들이 모였다가 흩어지는 곳이면 어디에서나 우리는 이 같은 빈 의자의 적막을 발견할 수가 있다."(읽고 싶은 글 이어령)

시작과 끝이 있는 한 사람들이 모여 웃고 노래하는 밤 주막에도 끝내는 흩어져 적막이 찾아오고 섬광을 뿜어내던 영화관의 기쁨과 슬픔도 전 세계를 달군 월드컵 경기의 응원도 종말의 시각과 빈터로 남아 있을 것이다.

  시간이 너무 빠르다. 달리는 시간 앞에는 아쉬움이 남는다. 인생도 한 번 가면 다시 오지 못하고 남는 것은 청산뿐이더라. 오늘이 마지막인 것처럼 내일은 묻지도 마라. 이 세상 최고의 명언은 오늘 같은 현재를 살아라. 나이를 먹는다는 그것은 내 책임이 아니다. 누구나 나이는 먹는다. 그것은 어쩔 수 없는 일이다. 건강이든 성공이든 모든 것은 자기와의 싸움이다. 독해져야 한다. 독해지지 않으면 세상은 문을 열어주지 않는다. 새해 첫날은 나이 한 살을 기념하기 위하여 떡국과 함께 유과를 먹는 게 우리의 풍습이다.

  일출을 보기 위하여 관악산 정상에서 야영하며 암자에서 제공한 떡국을 먹고 힘차게 출발했던 새해가 엊그제 같은데 한 해를 마무리하는 시간이 다가오며 한 장 남은 달력에는 친목회나 송년회를 찾는 메모가 어지러이 널려있고 주점 가에는 건배의 목소리가 진동한다. 자연에서 태어난 우리는 사시사철 계절의 변화 속에 한해를 극복하고 다음 해를 맞이하며 살아가는 시간 속에 시간은 시작과 끝이 같이 맞물리는 긴 행렬이라 볼 수 있다. 삶 또한 죽음이 있기에 서로가 맞물려 살아가고 있다. 옛 선조들은 죽음에 대비하여 관을 짜서 집안 행랑채에 보관하는 풍습이 있었다. 우리는 그것을 보고 어른들이 저 관을 보면 편안한 죽음을 맞이한다는 이야기와 오래오래 장수한다는 이야기로 반분되는 소름 끼치는 대화를 나누곤 했다.

"보름날에는 집집이 밥과 나물을 얻어먹어야 명이 길고 주는 사람도 복을 받는다는 풍습 아래 사랑방에 모여 보름밥을 나누어 먹던 추억이 있다. 젊음에는 두려움이 없었다. 잘살고 못살고 모든 것을 자기 손안에 집어넣을 부귀영화를 꿈꿔보지 않은 사람이 어디 있을까. 어떠한 문제나 역경도 없다면 멋진 삶이 될 거라고 믿는가? 폭풍이 휘몰아친 뒤 눈부시게 빛나는 햇빛이 구름 한 점 없는 화창한 날의 햇빛보다 더 찬란하다.

감나무를 심는 시골 농부에게 그거 언제 따 먹을 거냐? 하니 나무가 커서 손주들이 따먹으면 된다고 하였다. 고난 뒤의 행복 역시 마찬가지다. 아무런 어려움 없이 살아간다면 진정한 행복이 무엇인지 알 수가 없다.(젊은이는 늙고 늙으면 죽는다. 살아있는 동안 그대에게 주어진 모든 임무를 농밀하게 수행하라)"(글 이어령)

우리도 할아버지가 심은 나무에서 과일을 따고 성장을 하였듯 지구가 멸망이 온다 해도 오늘 사과나무를 심자. 내가 심은 나무에 손주들이 찾아오고 과일을 딴다면 그게 바로 에덴동산이 아니겠는가. 긍정적인 마음으로 나의 삶을 일깨우고 오늘을 살아갈 때 하늘도 푸르고 땅도 푸르고 나의 삶도 푸르러 대지는 온통 푸른빛으로 빛을 발하지 않겠는가.

당진 가던 날

　당진에는 내 친구가 살고 있다. 그는 일찍이 경찰에서 해임되어 마지막 보루인 탄광촌에 들어가 정착한 곳이 '초락도'인 섬이었다. 지금은 간척사업으로 광활한 토지가 형성되어 공단이 들어서는가 하면 관광지로 변화되어 부자 마을로 탈바꿈된 곳이기도 하다. 친구는 직장에서 퇴출당하자, 모든 불만을 가슴에 안고 일이 끝나면 대폿집을 전전하며 술을 마시고 자정이 넘어서야 집에 들어오곤 했었다. 탄광에서 받는 월급은 술값도 모자라 3남매를 부양하는 마누라는 보리, 쌀을 삶아 간장에 비벼 먹는 어려운 생활이 이어졌다. 셋째 막내는 임신 중절을 시킬 돈이 없어. 그냥 낳게 되었다고 언젠가 하소연하는 소리를 들은 적도 있었다.

　도시에서 탈출할 겸 여행 삼아 그에게 전화를 걸었다. 그곳에 갈 테니 네가 부담할 것은 네가 먹는 쌀과 잠자리만 있으면 된다고 모든 것은 내가 알아서 준비한다 하였다. 마누라는 그의 사정을 잘 알고 있는지라 반찬을 바리바리 꾸려주고 난 친구 한 명을 대동하고 그곳에 도착한다.

  저녁 시간이 다가와 큰 교자상을 펴놓고 상차림을 하던 중 너는 혼자이니 마을에서 가까이 지내는 친구를 이럴 때 초대하면 보험성으로도 좋다고 하니 부부 동반에 윗집 여성까지 대동하여 조그마한 거실에는 6명의 남녀가 자리하게 되었다. 무인도의 자연인이나 다름없던 홀아비 집에는 모처럼 웃음꽃이 만개하는 풍요로움이 펼쳐지고 이를 기회 삼아 내 친구를 잘 보살펴주어 감사하다며 맘껏 드시라고 술잔까지 권하니 너무도 좋다 한다.

  경찰 생활을 하며 타인에게도 직업을 알선하고 노인정을 찾아 봉사 활동도 하는데 친구 하나도 제대로 교화하지 못하고 일자리도 알선해 주지 못하는 것에 마음에 늘 부담이 있었다. 형사 활동하며 사방으로 관심을 가지던 중 지하철 4호선 남태령 터널 공사에서 인명 손실이 발생하는 안전사고가 일어났다. 사건을 취급하며 현장 소장에게 부탁하였다. 사적인 나의 이익을 위하여 청탁하면 죄가 되나 친구가 실업자로 탄광 갱도 기술이 있으니 불쌍한 놈 하나 도와달라고 하니 흔쾌히 승낙하여 그를 서울로 불러들였다. 이번 기회를 전화위복의 기회로 삼고 가정을 돌보고 월급은 꼭 집으로 보내야 한다는 다짐을 받았다. 그는 반장으로 지정되어 반원을 이끌고 월말이면 반장 수당까지 받는 품격 있는 대우를 받게 되자 가슴속 응어리진 한을 풀게 되고 마른 나뭇가지 새싹이

나듯 사회생활에 적응해 가는 모습이 보기 좋았다. 한편으론 집에서는 매월 송금되는 돈을 모아 송아지를 사들여 사육 수를 늘리게 되었다. 가정이 안정되자 친구는 농촌으로 귀촌하여 놀아도 소들과 함께 노는 참된 생활을 하고 있다.

주는 게 있으면 받는 게 있다고 나는 친구 집까지 초대되어 사위도 먹기 힘든 토종닭을 삶아 상다리가 부러지도록 대접을 받으며 텃밭에 심어놓은 쪽파까지 한 다발 건네주는 고마움을 보여주기도 했다. 그런가 하면 마을에는 강인한 정신력과 체력으로 홀로 사는 조선족 할머니가 있다. 그는 타국에서 홀로 살아가려면 자기가 먼저 주고 협력하면 상대방도 이에 응한다는 신념 아래 홀로 사는 노인이나 이웃집을 보살펴준다. 일손이 모자라는 농번기에는 맡아놓고 일자리를 구하는가 하면 돈도 벌고 즐겁게 살아가는 모습을 볼 수가 있었다. 그녀는 한때 고속 터미널에서 곱창집과 식당 종업원으로 일을 하여 음식 조리에는 만능 달인임을 알게 되고 봄나물인 머위 냉이 미나리를 채취하여 전을 부쳐주어 강한 봄기운을 느끼게 하는 기쁨을 안겨준다. 조선족 하면 약삭빠른 부정적인 생각이 들곤 하였으나 이번 기회로 생각을 바꾸게 되었다. 어깨가 아프다고 하여 소지하고 있던 파스와 조금의 용돈까지 건네주게 되었다.

과부는 깨가 서 말 홀아비는 이가 서 말이라더니 오랜만에 만나는 친구라 좋기는 하다 마는 집안 구석구석 허점투성이다. 차 내에 비치한 타올 한 장을 버릴 정도의 대청소는 물론 주변을 깨끗이 정리하자 싫어하는 눈치가 역력하다. 어느 사람이든 자기 영역을 침범하고 갑자기 환경을 바꾸면 마음이 불안할 것이다.

제아무리 가깝고 돈독한 친구라 해도 돈 없고 방탕한 생활을 하면 누가 그를 찾겠는가? 그를 취직시켜, 마음을 바꾸고 안정된 생활을 하는 것을 보며 거실에서 함께하는 식사는 더없이 기쁜 자리가 되고 분위기는 절정을 치닫는다. 자식 3남매와 며느리까지 모두 공무원으로 흠이라면, 나이가 들어서는 조강지처가 최고라 했는데 마누라가 지병으로 고인이 되어 홀아비가 된 것이 이내 못마땅하다.

본인은 말한다. 내가 젊어서 속을 너무 썩여 이렇게 벌을 많이 받고 있다고. 옷 빨아주고 밥해주는 마누라가 있는 너희들이 부럽다고 때늦은 후회를 한다. 젊었을 때는 밥 한 그릇 사지 못하던 친구가 이제는 거침없이 값비싼 음식을 대접하는가 하면 마을 주민들도 그에게 농비를 빌려 가는 등 신뢰를 구축하고 든든한 삶을 살고 있어 보람된 일을 했다는 자부심이 가득해진다. 어느덧 2박 3일의 일정을 마치고 작별의 시간을 맞이한다.

비상금

 직장에 다닐 때는 수입이 있어 같이 통장을 공유하며 사용을 해도 아무런 지장이 없었다. 그러나 일정한 수입이 없다 보니 통장은 자연적으로 마누라의 손에 들어가게 되고 마음도 변한 것을 알게 되었다. 선배들은 퇴직하면 비상금을 챙기라 했다. 그러나 나는 그것을 반대했었다. 통장을 같이 쓰면 되지 왜 양심 불량으로 행동하냐고? 그러나 내 생각이 잘못되었다는 것을 곧 알고 말았다. 들어오는 수입은 일정한데 나가는 돈이 많다 보니 통장을 공개하며 같이 사용한다는 것은 어불성설이었다.
 남들은 직업에는 귀천이 없다고 재취업에 성공하며 알뜰한 노후 생활을 즐기건만 맞벌이인 아들 부부의 손주 돌보미로 기회를 놓친 게 사실이다. 손주 돌보미로 어언 십여 년의 세월이 흘러가고 통장의 잔고는 게 눈 감추듯 사라져 입지가 좁아졌다. 남자는 돈이 없으면 의기소침 수중에 돈이 있어야 마음이 안정되고 얼굴색이 핀다는 것을 알게 되었다.
 경찰 초임 시절 시골 지서에 근무하며 마을 촌로가 찾아와 집안의 현금이 없어졌다고 낙심하던 생각이 떠오르곤 한다. 집에 들어가면 장롱 속의 현금을 꺼내 돈을 세어보는 것이 유일한 낙이었는데 돈이 없으니, 낙이 없다 한다. 홀로 사는 노인의 집에 들어가 사방을 관찰해도 외부인 침입 흔적은 없고 장롱 또한 옷가지가 가지런히 개어 있어 어디 잘못 보관한 것 같기도 하였다. 돈도 얼마 안 되는 작은 것에 실망감이 컸다. 그러던 어느 날 노인이 찾아와 돈을 찾았다 한다. 다른 곳에 넣어둔 것을 깜박 잊었다는 것이다. 시어머니가 며느리 몰래 숨겨 놓았던 돈은 물론 잃어버릴까 두려워 고가의 패물을 신발장 장화 속에 넣어두고 허둥대며 소란을 피우던 일은 파출소에 근무하며 자주 겪는 사례에 해당했다.

집안의 어른들이 명절 때면 자식들이 찾아와 용돈을 주는 것을 한 푼도 쓰지 못하고 전대 주머니에 차고 다니며 자랑을 하던 일, 그들은 과거 혹독한 가난에 시달리며 돈이나 재물을 보면 쓰지는 못해도 마음의 안정을 되찾는 신기루로 보는 듯했다.

사람은 궁하면 다른 보따리를 차게 된다고 울담에 사는 형제가 동생이 결혼하여 신방을 차리고 한집에 살게 되었다. 새색시를 들인 후로 쌀독에 쌀이 자꾸 없어진다는 소문이 파다하게 퍼져나가고 남편이 감옥을 가게 되어 면회를 가야 하나 돈이 없어 비상금을 마련하는 것을 알게 되었다. 삼풍 백화점이 무너져 콘크리트 더미에 깔린 교육 공무원이 결국 구조되어 살아 돌아왔지만, 학교의 책상 서랍에 몇천만 원의 통장이 있다는 유언을 부인에게 전달하는 뉴스를 보며 야비하다는 생각이 들었다.
　남들은 말한다. 손주 돌보미를 하면 용돈을 많이 주어 좋겠단다. 그러나 있으면 있는 대로 없으면 없는 대로 모두가 부족하게 살아가는 것은 똑같은 일이다. 가족이 두어 명 더 늘었다고 생각하고 손주들 먹거리 시장을 보아 준다. 한편으론 자식들에게 아무런 기대를 하지 않은 게 행복이라는 것을 알게 되었다. 남자는 품위를 유지하려면 돈 쓸 일이 많다. 각종 경조사와 모임은 물론 우편이나 스마트폰에도 수시로 고지서가 도착한다. 그러나 여성들은 이러한 문화를 이해 못 하고 통장을 손에 쥐니 남자들의 마음이 움츠려지는 게 사실이다.
　동물도 경쟁자를 피해 먹이를 땅에 묻거나 굴속에 저장하는 것을 보며 하물며 사람이 곤궁에 처하면 비상금이 있어야 한다는 것을 뒤늦게 알게 되어 많은 돈은 아니지만, 연금의 일정액을 비상금으로 저축하게 되었다. 집사람은 매달 어디에 돈을 그렇게 쓰느냐고 추근대지만 '난 돈 하나도 안 썼다. 어디다 썼는지 몰라' 하며 변명 아닌 변명과 함께 조금씩 통장의 잔고가 불어나는 게 쏠쏠하기도 하다.
　똑같은 통장이라 하더라도 백만 원의 여유가 있는 통장과 백만 원이 부족한 통장은 정신적인 측면에서 차이가 크다. 비록 많은 돈을 저축하는 것은 아니지만 매달 조금씩 쌓여만 가는 비밀 통장은 나만의 소중한 곳에 숨겨져 마음을 살찌우게 한다. 비상금은 나를 아끼고 사랑하는 보물단지로 윤활유 역할을 톡톡히 한다.

제3부 법창야화

경마장 사람들

말들이 뛰는 경마장엔 많은 사람이 몰려온다. 일명 건전한 스포츠라 하지만 승률에 따라 배당금이 천차만별이니 염불에는 마음이 없고 잿밥에만 눈독을 들이며 주말이면 경마꾼들이 구름처럼 모여든다. 경마장에는 회장이 사장으로 사장이 과장으로 과장은 직원으로 직원은 결국 노숙인으로 전락하여 방황하는 사람을 많이 본다. 돈 많은 사장이 많은 돈을 탕진하고 알코올에 중독되어 내 돈 내놔 내 돈 내놔 주정을 하며 운동장을 방황하는 것도 흔히 볼 수 있는 풍경이다.

어디서 구했는지 달랑 한 장인 천만 원권 수표를 환전하여 위아래 주머니란 곳은 다 구겨 넣고 옷을 살 돈이 없어 어깻죽지가 구멍 난 누더기를 걸치고 경마장으로 들어가는 모습을 볼 때는 쓸쓸하기에 그지없다. 돈을 땄으면 땄다고 잃었으면 잃었다고 한잔하자 하는 곳 또한 경마장 주변 포장마차이다.

이곳에는 수표를 환전해 주는 일명 와리깡 아줌마들이 존재한다. 그들은 호시탐탐 고객을 기다리며 꾼들은 슬금슬금 눈치를 보아가며 접근을 시도한다. 고객은 대부분 비정상적인 자금 흐름 줄이다. 형사와 환전 아줌마의 관계는 악어와 악어새의 공생 관계로 형사가 있으므로 현금과 신분을 보호해 주고 그들은 범죄 정보를 제공해 준다. 고객이 교환하는 수표를 주변에서 지켜보는 형사는 돈이 건네가면 정상적인 흐름이고 수표를 되돌려주면 문제가 있는 것으로 그녀의 깜박이는 눈동자에 범죄라는 신호가 전달되어 불심 검문이라는 핑계 아래 범인을 검거하게 된다.

범죄자를 검거하여 데리고 나오면서 조금만 방심하면 도주하기 일쑤이다. 잘 순응하며 따라 오는 척하다가 순식간에 도주하는 관계로 범인을 놓치는가 하면 이를 추격하던 중 범인은 다급한 나머지 지하철 터널 속으로 도주하던 때도 있었다. 부랴부랴 역무원에게 연락하여 차량을 정지시키고 터널을 수색하니 철로 옆에 숨어 있는 것을 검거할 수 있었다.

또한 사고 수표를 추적하여 심야에 아파트 단지를 수색 중 화재 현장을 발견하고 출입문을 두들겨 일가족을 깨워 잠든 어린이를 안고 나와 생명을 구하고 범인을 검거하여 돌아온 일도 있었다. 먹이사슬 환전 아줌마를 덫 삼아 범죄를 수사하다 보면 다양한 범죄가 꼬리를 문다. 길에서 지갑을 주워 환전하려 온 자가 있는가 하면 살인 사건에 연루된 자, 타인의 물건을 강탈한 자, 술에 취한 손님의 지갑을 훔친 주점 종업원, 택시 기사가 주소지를 알아본다고 취객의 지갑을 뒤지다 훔친 것이 덜미가 되어 잡히는가 하면 오빠가 훔쳐 숨겨둔 수표를 여동생이 몰래 가져와 환전하려다 검거되어 남매가 구속되는 가슴 아픈 사건도 있었다.

　더욱 가관인 것은 도박장에서 수표는 즉시 조회가 되지 않는 만큼 부정 수표가 만연하게 되고 이를 기회로 도박 선수와 소매치기범은 공생 관계를 맺게 된다. 소매치기범은 절취 현장의 수표를 조달하고 선수는 도박하여 오십 대 오십으로 분할을 하니 동업치고는 괜찮다. 수표를 추적하여 도박 일당을 일망타진하고 상습 절도범인 소매치기까지 검거하는 횡재를 만나기도 하니 형사 역시 경마장을 좋아하지 않을 수 없다.

　판검사, 변호사, 경찰 직업은 범죄인이 있어야 먹고 사는 직업이다. 모든 것은 범죄 정보가 형사의 능력을 좌우한다. 환전 아줌마 역시 많은 현금을 소지하여 가정에서든 노상에서든 강도를 안 당해본 사람이 없을 정도로 피해망상증에 사로잡혀 있다. 그런 그들을 보호해 주는 우린 서로의 다른 삶을 살아가는 공생 관계다. 상공을 나는 솔개가 먹이를 찾아 초원을 선회하듯 남들이 천하게 여기는 범죄꾼인 보물을 찾아 찌는 무더위에 검게 탄 얼굴로 두 눈을 번쩍이며 두리번거리는 것은 오직 형사의 사명감이다.

다이너마이트

 찬 바람이 몰아치는 혹한의 겨울, 노루 꼬리만 하던 햇살도 기운을 잃고 저녁노을이 짙게 물든 채 몸은 으스스 한기가 몰려온다. 조용하기만 하던 당직 사무실엔 때아닌 전화벨이 울려 퍼진다. 여기 은행인데요. 강도를 당했어요. 빨리 좀 와 주세요. 다급한 여성의 비명에 모든 업무를 중단한 채 부랴부랴 현장으로 출동한다. 은행에 도달하기 전 범인은 이미 도주한 상태로 직원들은 공포에 휩싸인 채 난리법석이다. 자초지종을 들어보니 마감 시간이 당도할 즈음 청년 2명이 들어와 우물쭈물 사무실을 맴돌다 신문지에 쌓인 뭔가를 탁자 위에 놓더니 "다이너마이트다." 터지면 죽는다. 소리치며 가지고 있는 돈을 모두 포대에 넣어라 협박하여 겁에 질린 여직원들은 책상 속에 있던 돈을 주섬주섬 포대에 담아 몇천만 원의 돈이 순식간에 강취당하였다는 것이다.
 범인은 오토바이를 이용 유유히 사라졌다. 사무실 탁자에는 신문지에 쌓인 파란 쇠붙이 상자의 전광판에서 불빛이 번쩍번쩍 언제 터질지 모르는 불안감이 몰려오고 있었다. 녀석들은 범행에 성공을 거두자 당황한 나머지 자신들이 소지한 다이너마이트란 물품을 고스란히 탁자에 놓아둔 채 도주를 한 것이다. 증거물은 수사의 보물 창고이다. 수집된 증거물을 위주로 수사는 활기를 띠기 시작한다. 그들은 소형 전기 변압기를 사들여 신문지에 말아 책상 위에 올려놓고 다이너마이트라고 공포 분위기를 조성하여 거액을 강취한 것이다. 그들이 남긴 유류품을 수거하여 지문채취에 심혈을 기울인다. 신문지에 포르말린을 투약하여 건조를 시키고 밤새워 수사에 초점을 기울이던 중 드디어 수사의 꽃이라 말할 수 있는 지문이 발견되고 범인이 결정된 것이다. 지문채취가 성공한 것이다.

주소지에 급습하니 범인은 이미 도주를 한 상태로 가족들에게 물어보니 등산을 간다고 배낭을 꾸려 집을 나갔다는 것이다. 배낭을 메고 떠났으니, 수사는 장기화할 것으로 추정되어 우선 지인 친구 가족 등을 상대로 연고권을 따라 수사선을 연결하여 추적을 강행한다. 강원도 주변의 유원지에 형사들을 급파하여 그들의 은거 지를 찾아 박차를 가한다. 동해의 겨울 날씨는 흰 눈이 덮인 새하얀 천지로 불어오는 찬 바람은 등짝을 얼어붙게 만든다. 그러나 형사는 직업이요. 법에 따라 범인을 쫓는 자이고 쫓기는 자는 법을 어겨 도망을 치는 자이니 조금도 두려울 게 없다. 다만 시일이 얼마나 소요될 것인가 달려 있을 뿐 범인이 밝혀졌다는 게 마음을 안심시킨다. 범인은 앞만 보고 도주를 하고 있으나 뒤를 쫓는 형사는 사냥개가 목표물을 추적하듯 모든 수사 기술을 동원하여 수사망을 좁혀 간다. 도대체 그들은 어디로 잠적을 한 것인가? 수사에 기운이 빠질 무렵 본서에서 연락이 왔다. 범인이 검거되었다는 것이다. 00 경찰서에 범인이 잡혀 있다는 것이다. 하던 수사를 멈추고 경찰서에 달려가니 2명의 범인을 보호하고 있다. 검거 경위를 묻자, 그들은 산천이 눈밭으로 뒤덮인 인적이 왕래하지 않는 산중에 텐트를 치고 생활하는 것을 이상히 여긴 주민의 신고로 경찰이 출동하여 신분을 조회하니 은행 강도로 수배되어 통보하였다는 것이다.

범인을 서울로 이송하여 조사에 임하니 저희 누나가 은행 옆에서 치킨 가게를 운영하여 자주 들려 심부름하던 중 은행 직원들이 단골로 드나들며 돈을 잘 쓰기에 용돈이 궁했던 터라 친구와 공모하여 은행을 털기로 하였다는 것이다. 그들은 돈 한번 써 보지 못하고 불안과 공포에 시달리며 쫓기던 중 오갈 데가 없게 되자 산속에서 은거 중 검거되었다. 성실하게 일하며 살아가야 할 청춘이 욕심으로 날아 가버린 안타까운 일이다.

모든 범죄가 그렇듯 사건이 발생하면 처음엔 난감하기 이를 데 없으나 범인이 검거되고 수사가 종결되면 대부분 가까운 주변의 인물이나 내연 관계 등 근자지 소행으로 이루어진다는 것을 쉽게 터득하는 사건이었다.

러브호텔

 강남에는 결혼상담소가 유독 눈에 많이 띤다. 초혼 재혼은 물론 최고의 학벌 최고의 스펙 등 다양한 광고 문구와 사진 등이 시선을 끌곤 한다. 결혼상담소가 성행하다 보니 범죄 장소로 활용된다는 정보가 생활 주변에 많이 나돈다. 허가 업소가 아닌 신고 업소이다 보니 유사결혼상담소가 파생적으로 성행을 한 게 사실이다.
 거리에는 각종 광고 이사 등을 알리는 전단지가 많이 나돈다. 길에서 호객을 하며 나누어주는 전단지가 있는가 하면 노상에 진열되어 있는 벼룩 신문까지 조금만 관심을 기울이면 범죄는 널려있다. 그날그날 생활 정보지를 수집하여 분석에 들어간다. 특히 벼룩 신문에는 결혼상담소라는 문구와 전화번호가 자주 눈에 띄어 다양한 부류의 정보원을 동원 고객을 가장하여 내용을 알아보니 결혼상담소란 광고 아래 윤락행위를 소개하고 있다.
 결혼상담소가 윤락행위 소개업으로 변질되어 돈벌이가 성행하고 정상적인 결혼상담소는 어려움에 시달리며 욕을 먹는 것은 기정사실로 범죄를 다루는 형사로서는 좋은 먹잇감이 아닐 수 없다.

본격적인 기획 수사로 수사망을 좁혀 들어간다. 강남 일대 유사결혼상담소를 모두 단속하면 좋으련만 한 곳만 성공해도 여론몰이만 잘하면 경찰의 명예는 물론 범죄 예방 차원에서도 대성공이다.

한낮의 오후 한적한 시간 물 좋은 강남역 유흥가 주변에 있는 오피스텔 결혼상담소를 급습한다. 쉰 대 중반의 부부로 보이는 내외가 책상에 앉아 낯선 외부인을 보고 의아하게 생각한다. 신분증을 제시하니 당황하는 기색과 함께 왜 남의 사무실에 함부로 들어오느냐 하며 언성을 높인다. 범죄자들은 대부분 시치미를 띠고 큰 소리를 치지만 시간이 지날수록 기가 꺾이는 게 그들의 본성이다.

수사의 백미는 재빨리 증거물을 확보하는 것이다. 장부를 회수하는 것이 증거의 보물 창고이다. 책상 서랍 속에 있는 장부를 압수하니 수많은 고객의 명단은 물론 포주로서 다수의 성 접대부를 고용하고 있는 연락처가 기재되어 수사는 급물살을 타게 된다.

고객인 손님이 성 매수를 주문하면 고객의 장소에 따라 가까운 지하철역을 기점으로 접선을 알선하여 환락을 즐기게끔 연결하고 소개비를 갈취하는 것이다. 윤락행위 방지법은 남녀 공동 쌍벌죄로 한 사람의 범죄행위에 성을 찾아 갈구하는 수많은 남성이 처벌받는 안타까운 사건을 취급하며 언론에서는 대서특필 여대생을 고객으로 결혼상담소에서 윤락행위 영업을 하다 단속되었다는 특종을 보도하기 바쁘다.

공급자인 여성의 직업에는 야간업소 아르바이트생이나 여대생이라 하더라도 휴학생 신분으로 용돈이 부족하여 활동을 한 게 다수이고 그들의 말에 의하면 밥 사 먹고 화장품 사고 유흥비로 탕진하다 보니 몸만 버리고 남는 게 없었다고 뒤늦게 후회하는 것을 보았다.

돈에 눈이 어두워 결혼상담소의 소개업을 가장한 윤락 업주나 쉽게 돈을 벌어 유흥비로 탕진시키는 아르바이트생들을 보며 비록 조밥에 수수를 섞어서 먹을지언정 하루를 살아도 한 점 부끄러움 없는 떳떳한 삶을 살아야 한다는 것을 느끼는 그런 수사 현장이었다.

보도방

방배동 카페 골목은 젊음의 거리 전국 가출 소녀의 집산지로 한때는 미군 기지촌이나 이태원을 능가하는 유흥가로 젊은 청춘이라면 이곳을 다녀가지 않으면 서운함과 궁금증이 남을 정도의 유명한 골목이었다. 작은 라스베이거스라 불리는 낮에는 적막하던 거리가 야간에는 청춘을 유혹하는 형형색색의 네온사인과 시나 소설의 제목과 다름없는 수많은 간판의 이름에 휩싸여 고객을 끌어들이는 호객꾼으로 불야성을 이룬다.

이곳에는 크고 작은 다양한 점포가 밀집되어 시대에 따라 변화하는 각종 유흥주점과 모텔 편의점 음식점 등이 주류를 이룬다. 멋모르고 호기심에 들렸다가 술값만 죄다 뒤집어쓰고 하소연할 곳이 없는 곳 또한 이곳이다. 신고한다 해도 주취자 본인이 어디서 술을 먹었는지 장소를 찾지 못하는 경우도 허다하다. 새벽녘이면 술에 취한 남녀가 휘청거리고 음식점에는 밤새워 정열을 불태운 청춘 남녀의 고기 굽는 냄새가 골목을 진동한다.

많은 청춘 남녀가 모이다 보니 각종 사건 사고 등 범죄가 꼬리를 무는 곳 또한 이곳이다. 유흥주점은 보도방이 주류를 이룬다. 미성년자인 가출 소녀를 접대부로 공급하고 수수료를 받아 챙기는 것이 보도방이다. 가출 소녀들은 이곳에 들어와 보도방에 연락만 되면 보도 실장은 숙소를 알선해 주고 모든 보호막을 만들어주니 집을 나와도 걱정할 것이 없는 곳 또한 이곳이다.

보도방과 유흥주점 모텔 등은 상호 공생을 하는 삼각관계로 주점을 찾는 고객은 미성년자인 접대부를 선호하고 주점은 손님이 원하는 미성년자를 연락하면 보도방은 대기 중인 가출 소녀를 공급하여 마지막 정열을 불태울 장소는 모텔이다. 사정이 이러하니 혈기가 왕성한 젊은 청춘 남녀들이 이곳을 많이 찾게 된다.

형사과에는 많은 사건 사고가 접수된다. 가출 소녀를 찾아 달라고 시골에서 상경한 부모가 있는가 하면 경쟁 관계에 있는 같은 업소끼리 정보를 누설하는 등 다양한 계층의 정보를 수집하여 단속에 들어간다. 그들 역시 단속망을 피하여 은밀한 장소를 불규칙적으로 정하여 점조직으로 이동하는 관계로 검거하기가 쉽지 않다. 검거된다고 하여도 소수의 인원으로 좋은 성과를 낼 수가 없는 실정이다. 큰 소득은 많은 시간과 날짜가 소모된다 해도 그들의 은거지인 아지트를 찾아내어 급습하는 것이다. 꿀벌의 이동 통로를 추적하듯 갖가지 노력으로 동선을 찾아 주택가 은밀한 곳에 그들의 장소를 알아내고 초저녁 일찍이 사무실을 급습하여 보도 실장을 검거 후 방안에 대기하고 있으면 소속된 미성년자 접대부

들이 영문도 모른 상태에서 하나둘 모여들기 시작한다. 이렇게 꿀단지 주워 담듯 십여 명의 미성년자를 검거하여 조사에 임하게 되면 여러 개의 유흥주점과 모텔이 미성년자 보호법 위반으로 처벌을 받게 됨은 물론 영업 정지 등 행정 처분을 받아 타격을 받게 된다. 접대부인 미성년자는 부녀 보호소로 이송하여 소정의 교육을 이수 후 부모에게 인계된다.

술은 한잔이면 양반 두 잔이면 어른 석 잔이면 아들이요 넉 잔이면 천방지축 젊은 남녀가 짝을 찾아 모여드는 불나방 거리인 방배동 카페 골목은 수요와 공급이 넘쳐흘러 단속을 강화하여 잠잠해지는가 하면 고무풍선처럼 새로운 범죄는 모락모락 연기 불 피어오르듯 다시 또 발생하곤 한다.

간혹 형사과 사무실에는 누군가 면회를 왔다고 찾아오곤 한다. 자세히 보면 사건으로 구속된 피의자가 출소하였다고 인사차 왔다고 한다. 어떻게 그렇게 빨리 나왔느냐 하는 질문에 수천만 원 변호사 비용을 주고 나왔다 자랑한다. 형사는 숟가락, 젓가락 고물을 수집하듯 범죄 증거를 수집하여 구속했건만 보란 듯이 거리를 활보할 때는 내심 허탈하기 그지없다. 범죄는 이렇게 돌고 돈다. 그래도 직업이 경찰관인 형사는 상공을 선회하는 참수리와 같이 내 나라 내국민 내 가정을 위하여 오늘도 결연한 자세로 어디론가 범죄자를 찾아 묵묵히 발걸음을 옮길 따름이다.

보이스 피싱

　보이스 피싱 범죄가 증가하고 있다. 최초에는 전화사기로 피해자를 공략하여 돈을 갈취하는 수법이 자행되었으나 디지털 범죄 등 해를 거듭할수록 다양한 방법으로 지능화되어 피해자가 속출하고 있다. 검사나 수사관 또는 금융기관을 사칭 시민들을 감쪽같이 속이는 보이스 피싱 범죄 조직은 피해자에게 돈을 받아내려는 정교한 사기극을 벌인다. 사회 초년병을 상대로 택배, 경리, 금융 알바라 속이고 비대면으로 재직증명서를 전송 근로 계약서를 작성하는가 하면 고액 알바 현금 수거책 등 다양한 방법을 동원하기도 한다.
　한 통의 전화가 걸려 온다. 아들이 납치되었다는 신고 전화이다. 급히 순찰 차량을 이동하여 신고자의 집에 다다른다. 신고자는 굳은 얼굴로 누군가와 전화를 주고받으며 불안에 떨고 있다. 경찰관이 도착했음에도 손가락으로 쉿(조용히) 소리만 전달할 뿐 계속하여 상대방의 말소리에 이끌려 불안에 떨고 있다. 범죄자는 아이의 비명을 녹음하여 전화에 연결하고 당신의 아이가 납치되었으니, 돈을 송금하라는 협박 전화이다.

그들은 아이의 비명을, 파열음을 내어 녹음하는 관계로 어느 부모가 들어도 자기 자식의 목소리인 비명으로 착각하여 공황 상태에 빠지게 되고 그 점을 이용하여 빠른 시간에 익명의 계좌로 돈을 송금시켜 속여 뺏는 것이다. 경찰관은 그들의 소행이 해외에서 걸려 오는 전화금융사기 범죄란 것을 잘 알고 있다. 전화 통화 내용을 귀담아들으며 메모지에 글을 적어 피해자에게 건네주고 답변을 유도하며 시간을 지연시킨다. 다른 한편으로는 학교에 연락하여 학생이 무사한지 알아본다. 학교에서 공부 잘하고 있다는 연락을 받고 부모를 안심시킨 후 전화기를 건네받는다. 나는 학생의 삼촌인데 돈을 보내줄 테니 어떻게 해야 하는지 질문을 하며 범인을 유도한다. 그들의 목소리를 자세히 관찰하면 다소 어눌한 조선족 사투리가 들려온다. 보이스 피싱은 대부분 해외에서 걸려 오는 전화인지라 어떻게 대처할 방법이 없다. 사건을 마무리 짓기 위하여 난 경찰관인데 넌 잡히면 죽는다. 넌 총으로 쏴 죽일 거야, 그런 줄 알아. 하면 그들은 어눌한 말투로 욕설과 함께 전화를 끊는다. 사건은 이것으로 일단락된다.

납치 사건의 경우는 즉시 신고를 하면 피해자를 안정시키고 사건을 종결시킬 수 있으나 무작위로 개인에게 전화를 연결하여 다양한 방법의 전화 통화에 매수되어 계좌를 이체시키거나 비밀번호를 전달하여 많은 돈이 편취되고 시간이 지나서 신고하는 경우가 다반사이다. 이미 현금은 인출되었고 검거도 어려운 실정이다. 전화금융사기 초기 단계에는 대도시는 물론 전국 농어촌까지 많은 피해자가 속출하고 재산을 탕진하는 사례가 많았다. 최근 들어서는 청년 실업이 심각한 현실을 악용하여 비대면 디지털 범죄가 성행되어 사회 초년생들이 손해를 입는 경우도 허다하다.

보이스 피싱 최선의 예방책은 검사나 수사관 금융기관은 전화나 문자로 전달하는 예는 없다는 것을 알아야 한다. 정상적인 우편물 이외는 어떤 경우이든 응할 필요가 없으며 돈에 관한 이야기나 계좌이체 비밀번호 등 조금이라도 의심스러운 느낌이 들면 즉시 전화를 끊어야 한다. 또한 마음을 차분하게 안정시키고 상대방의 목소리를 관찰하면 그들이 어눌한 사투리를 쓰는 조선족임을 감지 할 수가 있다.

보이스 피싱 범죄가 국내에 잠입 된 지도 수년이 지났건만 해가 거듭될수록 다양한 방법의 피싱으로 진화되어 국민 대부분은 보이스 피싱 자체는 알고 있으나 알면서도 당하는 게 전화사기와 컴퓨터 사기인 만큼 의심스러운 전화는 받지 않는다거나 끊는 게 상책이며 세상에는 공짜가 없다는 정답 아래 꼼꼼히 따져보고 뭔가 도움을 받으려는 의존성을 버려야 범죄의 피해를 막을 수 있다.

비명 소리

 서초구 잠원동은 한강 변에 인접한 곳으로 한강은 물론 고속도로를 연결하는 도심을 가로지르는 도로가 길게 누워있어 주변에는 크고 작은 녹지대와 공원이 많은 지역이다. 한강 개발 이전에는 광활한 모래밭에 뽕밭을 경작하여 누에를 키우는 잠업 영농의 유래가 있어 이를 치켜세우기 위한 뽕나무 공원이 조성되어 있기도 하다. 공원이나 녹지대는 주민 생활에 유익함도 있으나 방범과 치안에는 다소 위험성이 도사리고 있기도 하다. 무더위가 기승을 부리는 졸음이 몰려오는 밤늦은 시간. 한 건의 신고 사건이 접수된다. 공원 부지에서 비명이 들린다는 내용이다.
 급히 순찰차를 몰아 현장으로 달려간다. 한적한 곳에 차량을 세우고 현장 주변을 수색한다. 순찰 차량은 범인의 도주를 예방키 위하여 한적한 곳에 놓는 게 원칙이다.
 도보로 현장에 접근하여 주변을 수색하였으나 혐의점이 발견되지 않는다. 신고자에게 다시 전화를 걸어 내용을 알아보니 조금 전에 비명이 들린 게 맞다는 내용이다. 대충 위치가 어디쯤이라고 말을 전달하여 주변을 점검하며 용의자를 찾던 중 빗물 배수관에 여자를 눕혀 놓고 강간하려는 범인을 발견하였다. 사건은 순식간에 발생하였다. 범인은 심야에 주택가를 나와 녹지대에 인접한 길을 걷던 여성의 뒤를 따르며 미행하던 중 뒤에서 달려들어 목을 조르고 입을 틀어막아 잔디밭에 설치된 빗물 배수관에 눕혀 놓고 범행을 저지르니 잡초가 무성하여 발견하기가 참으로 어려웠던 것은 사실이다.

연인끼리 말다툼 정도로 생각하고 방치했더라면 한 여인은 고스란히 피해를 당하고 영원한 트라우마를 남기며 살아가는 아슬아슬한 현장이었다. 경찰의 사명감은 이래서 중요한 것이다. 범인은 택시 운전사로 왜소한 체격에 신장까지 작달막하여 이성과 교제할 얼굴형이 아닌 것만큼은 사실이었다. 그러나 남성 본능의 혈기 왕성한 정력 분출의 욕구를 해소할 길 없어 하던 영업을 멈춘 채 심야에 밖을 나온 아가씨를 맹수가 먹이를 채듯 범행을 저지르다 검거된 것이다. 심야 시간 원인 미상의 강간 사건은 바로 이런 범죄가 아닌가 싶기도 하다. 피해자는 변을 당하기 전 극적으로 구출되었으나 억울함과 분함을 참지 못해 땅바닥을 치며 몸을 뒹굴고 비명을 지르는 것을 보았다. 비록 피해는 당하지 아니 하였으나 한동안은 정신적 고통이 심하리라 생각된다.

우리는 서로 다름이라는 환경 속에서 살아가고 있다. 성도착증세의 용의자가 택시를 훔쳐 운전자를 가장 여성 승객을 골라 태워 한적한 복개천 도로에 주차 시키고 피해자를 겁탈 후 차량을 버린 채 도주를 하는가 하면 공원 주변 산책로에서 전화하며 유유히 걸어가는 처녀의 목을 졸라 인근 산으로 끌고 가 겁탈을 하려는 중 완강하게 반항하여 뜻을 이루지 못하자 둔기로 때려 중상을 입히고 도주하는 사건이 발생하기도 하였다.

  어디 그뿐이랴 새벽녘이면 날이 밝기가 무섭게 일을 나가는 근로 여성들을 상대로 일종의 반사회적 성격장애인 불상의 남성은 조그만 손 망치를 숨겨 길을 보행하는 여인들의 머리나 안면을 타격하여 상처를 입히는 묻지마 사건이 발생하기도 한다. 밤거리는 곳곳에 범죄가 도사리고 있다. 아무리 강한 남자라 하더라도 흉기를 들이대고 돈을 강탈하면 꼼짝없이 당할 수밖에 없다. 범죄자는 주간인 대낮보다는 일몰 후인 야간 시간을 택하기 마련이고 음주가 가미되어 범행을 저지르는 경우가 허다하다. 밤길을 조심해야 하는 이유다. 일찍 자고 일찍 일어나는 규칙적인 생활과 매사에 서로가 다르다는 인식하에 자신을 보호할 수 있는 길이 무엇인가를 신중히 생각해 방어해야 하겠다.

뽕쟁이

나는 뽕쟁이. 얘들아! 뽕 맞으러 가자! 이거 한방이면 세상 부러울 게 없어요. 그러니 내일 삼수갑산을 간다고 해도 이를 버릴 수가 있나요.

마약은 의존성과 금단 증상이 강한 중독성 약물이다. 뽕쟁이들은 이를 알면서도 처음에는 호기심에 한두 번 사용하다가 끝내는 늪에서 빠져나오지 못하는 것을 종종 보아 왔다. 마약은 덩어리를 물에 녹여 정맥에 주사하는 필로폰이 있는가 하면 연기를 흡입하는 대마와 알약으로 신경을 자극하는 엑스터시티. 청소년들이 즐겨 사용하는 접착제와 부탄가스 등 시중에는 다양한 부류의 환각제가 유통되고 있다.

일명 판자촌인 변두리의 산야에는 청소년들이 흡입한 접착제와 부탄가스의 잔해물이 어지럽게 널려 있는 것을 흔히 볼 수가 있다. 환각제인 대마나 접착제 부탄가스는 정맥에 주사하는 필로폰과는 달리 자기가 생각하는 것을 소리를 내어 주문을 외워가며 흡입하면 절정으로 치닫는 효과를 볼 수 있다고 그들은 말한다. 필로폰은 적게는 1~2명 많게는 여러 명이 서로 주사를 하여 환각을 즐기는 특성을 보인다. 그들은 평소에 전화로 대화를 나누고 접선 장소에서 만나 뽕을 즐기는 만큼 용의자와 많이 통화한 자들의 동선을 확보하고 의심스러운 자는 소변과 머리카락을 검사하면 양성 반응이 나타나므로 쉽게 판별할 수가 있다.

뽕쟁이 들은 야행성으로 주로 심야에 활동을 많이 한다. 일단 뽕을 맞게 되면 중추 신경이 자극되어 사람을 의심하게 되고 누군가 뒤를 염탐한다는 강박 관념에 사람을 꺼리게 되고 어두운 장소를 선호하며 몸은 계속 허약해져 신성한 근로정신은 물론 노동을 파괴하는 중독성 약물이다.

마약의 공급책인 상선은 육지보다는 항만 주변에 많이 분포되어 부산에 출장을 자주 가곤 한다. 말이 출장이지 봉고 승합차엔 여러 명의 형사가 탑승하고 한겨울 기름이 부족하여 분식으로 해결하는가 하면 숙소도 같은 방안에 여경이 먼저 샤워 후 남성이 들어가고 잠자리도 여자 형사는 문간 앞에 앉은 채로 밤을 새우는 악순환이다.

이미 수집한 정보를 이용 공급책인 상선을 검거하려 장소를 물색 전화로 유인한다. 서면 로터리에서 만나자는 문자가 뜬다. 택시에 남녀 형사 2명을 위장시켜 출발시키고 우리는 승합차를 이용 로터리를 맴돈다. 그러나 공급책인 상선은 좀처럼 차량에서 내리지 않고 차량을 멈추는가 하면 출발을 시키고 로터리를 빙빙 돌며 경계가 삼엄하다. 그러다 결국 수사관들이 미행한다는 것을 눈치를 챘는지 감쪽같이 사라지고 만다. 본거지인 서울 도심 같으면 자가용 승용차를 분산시켜 차치기로 앞뒤를 가로막아 검거할 수도 있으련만 지리감과 장비 부족으로 하수인인 물에 타서 먹는 마약 환자 두어 명을 검거 후 귀경을 하게 된다.

마약 투여자는 다른 범죄자와는 달리 겁이 많고 비열한 게 특징이다. 같이 뽕을 맞은 동료는 물론 사랑을 나눈 연인까지도 최후에는 거침없이 발설하여 피의자를 만들곤 한다. 연인의 말에 의하면 외모는 저렇게 대꼬챙이처럼 말랐어도 약물만 들어가면 성행위는 이 세상 최고의 위대한 남자 정말 행복했었다고 칭찬을 토해 내는 것을 보면 약물의 위력을 알 수가 있다.

마약 사범을 검거하려면 세심한 주의가 필요하다. 접선 장소에 나가면 주변을 두리번거리거나 여차하면 저항은 물론 도망칠 기세다. 타고 있던 대포차를 전봇대에 들이받아 시선을 집중시키고 도주를 하는가 하면 차량 앞뒤를 차치기로 막아 검거하려면 조금만 공간이 있어도 강한 충격으로 공간을 내어 도주하는 강력범이다. 단순 물에 타서 먹는 마약 환자를 검거할 때는 접선 장소에 여자 형사는 남자 형사의 팔짱을 끼고 데이트로 위장하여 주변을 거닐게 하고 사방을 포위한다. 검거된 피의자에게 왜 도주하지 않았느냐고 물으면 남녀가 데이트하는 줄 알았다 한다.

공급책인 상선을 검거하면 수백 명을 투약할 수 있는 마약 회수와 원천적인 공급 차단을 막아 언론에도 대서 특필되어 좋은 사건이 되련만 상선은 왕중왕으로 쉽게 검거되지 않는 특성이 있다. 그들은 마약을 주문하여도 교묘한 수단과 방법을 이용하여 노상에 진열되어 있는 벼룩 신문 다발에 중앙 부위를 오려내고 그 속에 마약 봉지를 숨기는가 하면 네모반듯한 스티로폼 가운데를 움푹 파고 필로폰을 넣어 소포로 위장시켜 던지는 방법으로 전달하기도 한다.

사람들은 마약을 하면 보통 연인과의 사랑에 많이 사용되는 것으로 알고 있으나 마약에 취해 미아가 되어 무작정 거리를 활보하는가 하면 밤새워 무엇을 끊임없이 조립하는 사람, 고된 노동 현장에서 피로를 회복하기 위하여 하는가 하면 음주 가무와 많은 스트레스 속 예술 창작 등 각자의 휠에 따라 다양한 행동이 노출되는 것을 보았다. 마약은 다른 범죄와는 달리 신성한 근로정신과 노동력을 파괴하고 국민 건강을 해치는 중독성 약물로 마약에 손대는 순간 모든 것을 잃게 됨은 물론 검거되면 무조건 구속이라는 강력 범죄라는 것을 우리는 알아야 한다.

수류탄을 보관한 죄

이른 아침 파출소에는 남루한 의복 차림의 노인이 까만 비닐봉지를 펼치며 무언가를 꺼내 놓고 수류탄을 가져왔다고 말씀을 하신다. 깜짝 놀라 웬 수류탄이냐 물어보니 고물 수집을 하던 중 어느 가정주부가 폐지 뭉치와 고철을 건네주어 받은 적이 있다며 선별 작업을 하던 중 수류탄이 발견되어 신고를 한다는 것이다.

도심에서의 수류탄의 발견은 가슴을 섬뜩하게 만드는 공포의 살상 무기이다. 수류탄은 인명 살상 무기로 과거에는 현역 군인이 탈영하여 극장에서 관객들에게 던져 다수의 희생자가 발생하였는가 하면 경찰관이 불법 무기로 신고된 것을 집에다 가져다 놓아 자녀들이 두들기고 놀다 폭발하여 손이 절단되고 눈이 실명되는 등 크고 작은 사고가 자주 일어나기도 했다.

어디서 가져 왔는지 아시겠느냐 하니 잘하면 찾을 수 있다고 말씀을 하신다. 일단 수류탄을 건네받아 무기고에 보관하고 아무에게도 보고를 하지 않았다. 공명심에 치우친 나머지 비번 날 조용히 탐문하여 그를 검거하여 공적을 올리려는 어리석은 생각이 앞선 것이다. 격무에 시달린 나머지 범인을 검거한다는 게 날짜는 미뤄지고 어느 날인가 경찰서에서 감독 순시를 나와 무기고를 확인 중 수류탄을 보게 되었다. 이게 뭐냐고 묻는 상관에게 고물 장수가 가지고 온 불법 무기라며 범인을 잡기 위하여 여기에 보관시켰다 하니 그는 상기된 표정으로 이런 무기는 대통령 신변 위해 사항 불법 무기로 상부에 즉시 보고할 사항이라고 말씀하신다. 내일 아침 곧장 본서로 이관하라고 하여 다음 날 부랴부랴 이관하게 되었다. 날아가는 새도 떨어트린다는 제5공화국 시절 대통령 신변 위해 사항 불법 무기를 상부에 보고치 않고 방치한 것은 직무유기로 전화 한 통이나 양면괘지 한 장이면 옷을 벗던지 불이익을 받아야 하는 위태로운 상황을 맞이한 것이다. 경찰서에서는 군부대에 즉시 보고를 하고 보안 사령부에서는 영관급 장교인 소령이 지프를 타고 경찰서에 도착하여 수사는 급물살을 타게 되었다.

파출소의 전화기는 고물 장수를 데려 오라 불똥이 튀고 고물상에 찾아가니 노인은 고물 수집 차 부재중이다. 주로 다니는 골목을 수소문하니 봉천동에서 사당동까지 광범위하게 돌아 저녁에나 들어온다 하는 것이다. 내가 이렇게 공명심에 치우친 나머지 위기에 처해 있는데 늦게 오면 올수록 나에게는 변명의 여지를 만들 수 있어 내심 위로도 되었다. 땡볕이 이글거리는 여름 불볕더위에 뇌신경은 녹아내릴 것만 같고 불안감에 휩싸인 채 등줄기에서는 식은땀이 연신 흘러내린다. 노인을 찾아 오토바이로 골목을 누비던 중 봉천동을 넘어 사당동에 이를 즈음 고물을 가득 실은 리어카를 끌고 고개를 넘는 노인을 발견할 수 있었다. 길 가장자리에 리어카를 세우고 자초지종을 설명한다. 예전에 파출소에 신고한 수류탄은 대통령 신변 위해 사항 불법 무기로 곧바로 상부에 보고를 해야 하는데 범인을 잡기 위하여 욕심을 부리던 중 이제야 보고를 하게 되었다고 군부대에서 장교가 나와 대기 중이고 경찰서로 모시고 오라 했다는 말과 잘못하면 내가 죽게 생겼다는 말을 전달하며 일단 그를 오토바이에 태워 가까운 나의 집으로 데리고 갔다.

  뜬금없이 제복을 입고 협수룩한 노인을 데리고 들어오는 것을 본 마누라는 두 눈을 휘둥그레 뜬 채 나를 바라본다. 얼른 점심밥 좀 준비하라 하고 할아버지를 방으로 데리고 들어가 다시 또 같은 말을 반복하며 전달한다. 점심을 드시고 나랑 같이 경찰서에 가면 야적장에 쌓인 고물을 선별하던 중 수류탄이 발견되어 신고하게 되었다고 하시면 된다고 말씀을 드린다. 식사를 마치고 밖을 나설 즈음 마음이 불안한 나머지 보험성으로 몇 천원의 돈을 주머니에 넣어 주기도 하였다. 파출소의 전화기는 불똥이 튀고 왜 사람이 도착이 안 되느냐 난리법석을 떨어 지금도 찾고 있는 중이라고 시간을 지연시키며 늦은 오후에 경찰서로 향하게 되었다.

  보안사 소령인 장교는 지친 표정이 역력한 나머지 책상에 다리를 걸친 채 불쾌한 표정으로 우리를 맞이하며 수류탄을 어디서 수집하였느냐고 질문을 한다. 노인은 다소 서툰 표정을 지으며 고물 수집을 하던 중 딸려온 것으로 생각이 되고 야적장에 쌓아놓고 선별하는 관계로 이제야 발견이 되어 신고하게 되었다고 말씀을 하신다. 비록 의복은 남루하고 헙수룩한 노인에 불과할지언정 이렇게 논리 정연하고 바르게 표현하는 것을 보는 감동의 순간이었다. 사람은 겉만 보고 판단치 말고 속을 보아야 진정한 사람을 발견할 수 있다는 것을 체험하는 순간이었다.

그들은 곧장 노인을 지프에 태워 현장을 찾아 나선다. 수류탄을 수집한 장소는 가정주부가 남편이 보관하던 것을 버리게 되었다며 광주 건설 현장에서 일하고 있다는 진술을 청취 후 보안 사령부에서는 광주에 수사대를 급파하여 공사 현장에서 일하고 있는 용의자를 심야에 서울까지 이송하여 수류탄을 보관하게 된 경위를 조사하게 된다. 용의자는 월남 파월 장병으로 참전 기념 용품으로 수류탄을 분해하여 껍질만 결합 후 국내에 들여와 보관 중 집안에 굴러다닌 것을 마누라가 버린 것 같다고 진술을 하였다 하는 것이다. 날이 밝으면 군 훈련장에서 투척을 하여 사실이 확인되면 방면한다고 한다.

불법 무기인 수류탄은 이렇게 어이없는 해프닝으로 끝이 났지만 필자의 심정은 어떠하였는가. 군사정권 아래 아부와 독재가 판을 치던 시절 인명 살상 불법 무기를 방치한 직무 유기로 신분상 불이익을 받아야 한다는 당혹감과 압박감에 놀란 나머지 스트레스성 신경이 뇌에 쏠려 머리가 터질 것 같은 두통에 이러다 뇌졸중으로 죽는 게 아닌가 하는 생각이 들기도 하였다. 약사에게 상담하니 많이 놀란 것 같은데 괜찮아질 거라며 약을 처방해 주어 고통 속에 시달리던 두통은 씻은 듯이 사라지고 흑구름이 몰려오던 적막강산은 환희의 햇살과 함께 새들이 노래하는 푸른 동산을 만들어 평화를 누리는 정상적인 활동은 다시 시작되었다. 아픈 만큼 성숙한다더니 제복만 입었을 뿐 앳된 애송이에 불과했던 청년은 알찬 열매를 맺기 위한 담금질의 강도는 더욱 거세진다.

어느 경찰관의 절규

날아가는 새도 떨어트린다는 5공화국 시절. 독재 정치에 저항하는 대학가에는 하루도 빠짐없이 시위가 계속된다. 학내에는 경찰이 상주하게 되고 여러 상황의 정보를 수집하여 시위에 대비한다. 오후에 시위가 있을 것 같다는 정보가 접수되고 학생들의 운집 장소인 아크로폴리스 광장 주변을 정점으로 상황 점검에 나선다.

많은 학생이 모여 농성하느니만큼 데모 진압도 중요하나 이를 안전하게 해산시키고 퇴로를 열어주는 것도 주요 업무 중 하나이다. 학원 실장을 필두로 각 대학을 연결하는 도로를 따라 자연대 산책로에 도달했을 즈음 누군가 억 하는 소리와 함께 얼굴을 감싸쥔다.

대학생이 숲속에 잠복 직원들의 호위를 받으며 학내 순찰을 하는 상사를 겨냥하여 던진 돌이 동료의 얼굴에 정통으로 맞은 것이다. 피를 흘리며 쓰러진 동료를 일으켜 세워 급히 병원으로 후송한다. 경찰관이란 직업에 광대뼈가 함몰되고 눈까지 장애를 입는 부상으로 평생을 불행하게 살아가야 할 처지에 놓이게 되었다.

도서관 광장엔 수많은 학생이 운집하여 아침 이슬 노래를 시작으로 본격적인 학내 농성이 전개된다. 이를 해산키 위하여 외부에서 대기 중인 진압부대 지원을 요청하고 가스탄을 투척하여 시위 대열을 해산시킨다. 사과탄을 던진다고 하는 것이 불안감과 조작 미숙으로 눈앞에서 폭발하는 관계로 파편이 날아들어 동료의 눈이 실명되는 사고가 일어났다.

사과탄은 폭발성이 강하여 30미터의 공중에 던져 안전하게 활용하여야 다중이 모인 군중의 부상을 방지하고 최류 가스를 이용 소기의 목적을 달성할 수가 있다. 순식간에 두 명의 경찰관이 영구적인 장애와 부상을 당하는 사건이 발생한 것이다. 안타까운 일이긴 하나 경찰관이라 다행이지 학생이 부상하였다면 언론은 물론 전국적인 시위 확산과 시민들까지 가세하여 사회가 혼란스러워지는 것은 불을 보듯 뻔한 일이다. 언젠가는 학내 데모가 치열하여 이를 분산시키려 공대 앞을 가로막는 작전을 구사하던 중 일천여 명의 공대생이 쓰나미처럼 몰려들어 1개 중대의 전경을 짓밟아 10여 명의 대원이 의병 제대를 하는 불행한 일도 있었다. 대학 정문 앞에서 시위대와 접전 중 가스탄을 장착하여 발사하는 차량을 대기시키고 화염병을 투척하며 달려드는 시위대를 향하여 다량의 다탄두를 발사하는 과정에 차내가 과열되어 가스탄이 폭발되어 차량이 불타고 직원이 사망하는 사고가 있었다.

서울역 광장에선 학생들이 고가도로에 벽돌을 쌓아놓고 경찰관들에게 던져 다수의 부상자가 발생하였는가 하면 학생들을 향하여 발포하려던 가스탄을 총구에 부착시키던 중 뇌관을 잘못 건드려 터지는 관계로 분말을 온몸에 뒤집어서 쓴 채 학생들은 손뼉을 치며 조롱하는 웃지 못할 부끄러운 일도 있었다.

  밤을 새운 시위 진압에 잠시 휴식을 취하려 노상에 잠든 대원들에게 기습적으로 돌을 집어 던져 크고 작은 부상이 일어나는 테러를 당하는 일도 있었다. 경찰관이 부상하는 것은 당연시되고 학생이나 시민이 부상을 당하면 안 된다는 인식은 참으로 가슴 아픈 현실이다. 경찰관이라는 신분에 말 한마디 못 하고 불안한 세월을 살아가던 시절 … 이처럼 민주화는 많은 경찰관의 희생과 국민의 피와 땀과 노력으로 맺어진 결실의 열매이기도 하다.

연탄가스

이른 아침 한 통의 전화가 걸려 온다. 학교 앞 자취방에 여학생이 죽은 것 같다는 신고 내용이다. 현장에 임하여 확인하니 사망한 게 사실이다. 같이 자취하던 세 학생이 아침 준비를 하던 중 한 학생이 깨워도 일어나지를 아니하여 주인집 아저씨께 이야기하게 되었다며 집주인의 신고로 사망한 것을 알게 되었다. 세 학생은 문간부터 차례로 누워 잠을 자는 관계로 문가에서 잠을 자는 학생이 엎드려 잠을 자는 습관으로 문턱 구들장에 뚫린 쥐구멍으로 올라오는 가스를 고스란히 흡입하여 사망한 것이다.

부검의를 동원하여 연탄가스에 의한 사망이 판명되고 부검을 마친 시신을 유가족에게 인계하려 하니 완강한 거부로 시체는 마당에 방치된 채 주인집 안방으로 들이려고 문 앞 마루까지 운반하는 등 난리법석이다. 주인은 문을 잠그고 경악을 금치 못하는 등 좀처럼 합의점을 찾지 못 하고 마당과 담벼락 주변에는 사망자의 친지와 동리 주민들이 모여 장사진을 이룬다. 가까스로 많은 액수의 금전으로 합의하여 시신은 인도되고 평소와 다름없이 일상 근무를 하게 되었다.

 어느 날인가 또 사람이 죽었다는 신고를 접하게 되고 현장에 달려간다. 이게 웬일인가? 밤새 안녕이라고 우리 지서에 차 배달을 오던 정 다방 정 양이 멀거니 눈을 뜬 채 골방에 드러누워 죽어 있는 게 아닌가? 그녀는 갓 스물을 넘긴 하얀 피부에 미모의 여인으로 누구에게나 호감이 가는 여성이다. 총각인 나와는 서로가 객지에서 생활하고 있는 처지라 동병상련의 관계로 많은 위로와 정이 가는 게 사실이다.

 어제까지만 해도 사무실을 넘나들며 웃음을 선보이곤 했던 그녀는 자기의 오빠가 좋은 곳에 근무한다며 시골 순경인 나를 도시로 보내준다고 동정까지 하곤 했는데 죽음이란 이름으로 싸늘한 시체로 얼굴을 대하니 모든 정적이 끊기듯 싸늘하기 그지없다. 원인 미상의 변사 사건은 마당 한구석에 사과 상자를 쌓아 마대를 깔고 시체를 뉘여 부검에 들어간다. 의사의 집도 아래 그녀의 옷은 벗겨지고 손에 잡힌 메스는 하얀 가슴을 절개하고 몸속의 장기는 하나하나 분리되어 유리 병에 밀봉된 채 국과수 감정을 위하여 보관된다.

 최종적으로 그녀의 장기에서 연노란색의 빛깔이 보여 그녀 역시 연탄가스 중독으로 판명이 났다. 연탄가스 사망자는 장기를 열면 하나같이 뱃속의 지방이 연어 색깔처럼 노란 게 공통 사항이다. 현장 검증 차 부엌 아궁이에 신문지와 종이 뭉치를 말아 불을 붙여 확인하니 이곳 역시 방안 구석에서 검은 연기가 피어오르는 게 아닌가. 그렇게 하여 연민의 정을 느끼던 정 양은 여러 조각의 분신을 남긴 채 사라지고 부검을 마친 의사와 함께 씁쓸함을 달래려 즉석에서 소주잔을 나누며 마음을 가라앉힌다.

직업상 사건 사고의 현장을 자주 보게 된다지만 그녀의 사망 사건은 쉽게 지워지지 않고 그녀의 얼굴이 떠오르곤 했다. 민원인 한 사람만 들어와도 그녀가 들어오는 것 같은 착시 현상에 당황하게 되고 야간 근무 교대 차 잠을 깨우면 그녀가 문을 열고 들어오는 것 같아 놀란 적이 한두 번이 아니다. 식욕을 잃고 정신적으로 심한 몸살을 하던 중 좋은 묘안이 떠올랐다. 죽음 그 자체를 슬퍼하거나 사물에 집착하지 말고 직업상 겪어야 할 업무라 생각하며 사건 사고를 대하니 좀 더 대범하게 일할 수 있는 용기가 생겨났다.

지방 근무를 마치고 인구 밀도가 높은 서울 대도시에 진출하니 툭하면 연탄가스 중독 사건이 접수되곤 한다. 시골에서 상경한 미장원 소녀가 꿈도 펼쳐보지 못한 채 변을 당하는가 하면 부모님 집을 찾은 신혼부부가 방이 비좁아 옆집 골방에서 잠을 자다 변을 당하는 등 신고만 접수되면 연탄가스 중독 사건으로 공포의 대상이 되곤 했었다.

정부에서는 죽음의 사신 연탄가스를 방지하는 특허를 발명하면 포상금을 지급하겠다는 대대적인 홍보와 광고가 나붙고 수많은 희생자와 세월의 변화를 거듭하며 많은 시행과 착오를 거듭한 끝에 연탄보일러가 탄생하게 되었다. 무고한 시민의 생명과 공포의 대상이던 연탄가스는 백신이 개발되듯 희생자는 점점 사라지고 첨단을 달리고 있는 광 고속 스마트 시대를 맞아 석유 가스 전기 등 대체 에너지로 전환되어 우리들의 생활은 획기적인 변화를 불러오고 삶의 질 역시 높아졌다.

오색 여인숙

나그네라면 잠시 들러 잠을 청하던 곳. 관악산 줄기를 타고 흐르는 신림천 둑방에는 기쁨과 슬픔을 간직한 애환이 서린 오색 여인숙이 있었다. 다른 여인숙과는 달리 다섯 색깔 무지개 오색이란 간판이 눈에 잘 띄어 그런지 작은 숙박업소의 여인숙에는 나그네가 쉬어가고 젊은 남녀가 사랑을 불태우는 장소로 평화로이 영업을 진행 중 이곳에도 우환이 겹치고 말았다.

군에서 탈영한 사병이 총기를 휴대하고 잠입한 것이다. 탈영병은 자기의 신변을 방어하려 총기를 들고 총격을 가하여 도로에는 교통이 마비되고 치안은 최고의 혼란 상태를 이야기시키고 있었다.

그런가 하면 대학교 학내에는 5공화국 독재정권 물러가라는 구호 아래 수많은 학생이 운집하는 대규모 시위가 발생하여 전 경찰관이 동원되고 경찰서에는 잔여 인원 일부가 남아 있을 뿐 여인숙 탈영병 사건은 대처할 수 있는 여건이 되지 못한 게 사실이다.

경찰서에는 타격대도 없고 신고 출동 인력도 없는지라 교통 순찰차를 급히 불러 감독자인 경비계장과 함께 현장 출동을 하게 되고 순찰차는 경광등을 번쩍이며 목적지 주변에 도착하여 도로에서 사방을 두리번거리던 중 탈영병은 차량에서 내리는 경찰관을 먼저 보고 창문에 총기를 내밀고 정조준하여 경찰관을 사살하고 말았다. 그는 군에서 요인 암살 등 저격수 요원으로 훈련된 사병인 만큼 총알 한 방으로 정확히 조준 사격을 가하여 경찰관을 사살한 것이다.

교통 순찰 차량을 운전하고 출동한 경찰관은 탈영병의 총격으로 인하여 영문도 모른 채 현장에서 사망하게 되고 감독자인 계장은 복부에 관통상을 당하여 병원으로 후송되는 사태가 발생하였다. 천만다행인 것은 늦은 봄날 쌀쌀한 날씨에 동복인 잠바를 착용하여 점퍼에 부착된 쇠붙이 단추에 탄환이 맞는 관계로 총알이 비켜나가 대장이 크게 파열되지 않아 중환자실에서 고생은 많이 하였으나 생명을 건질 수가 있었다.

탈영병 사건은 군 특수 부대와 경찰 특공대의 출동 아래 사살되어 진압이 완료되었으나 출동한 경찰관이 사망하고 중상을 입는 인명 피해가 발생하는 사고로 일단락되고 말았다.

같은 시각 대학교 중앙에 있는 도서관 앞 광장은 학생들의 시위 집결 장소로 도서관 내부의 베란다 창문은 해충을 방제한다는 명목 아래 철망으로 단단하게 시정하여 학생들이 이탈하지 못하게끔 경비원들이 감시하고 있으나 잠시 자리를 비운 빈틈을 이용 공부를 하는 척 위장한 학생이 가방 속에 숨겨둔 식칼을 꺼내 철망을 찢고 책상다리에 묶은 밧줄을 창문으로 던져 외부 난간으로 튀어 나가 시위를 주도하려다 바닥으로 추락하여 현장에서 사망하고 같이 튀어나온 다른 학생이 시위를 주도하는 사태가 벌어지고 말았다.

도서관 건물 옥상에서는 경찰관인 체포조를 투입하여 밧줄을 던져 3층 난간에서 시위를 주도하는 학생을 검거하여 지상으로 끌어 내리는 작전이 전개되었다. 시위 주동자가 추락하여 사망하는 사태가 일어나자, 도서관 앞 광장은 광기가 서린 학생들의 시위가 확산하고 경찰 진압 부대와 치열한 접전이 벌어지는 가운데 시위대를 해산시키려 던진 최류탄 파편이 경찰관의 눈을 가격하여 실명되는 사고가 발생하였다.

그런가 하면 쓰나미가 몰려오듯 공대에서 도서관 광장으로 운집하던 일천여 명의 학생이 도열 중인 일개 소대의 전경을 짓밟아 다수의 부상자가 발생하고 몸이 부자연스러운 전경은 오랜 치료 생활 중 의병제대를 시키는 일이 있었다.

한편 고인이 된 경찰관의 장례식은 경찰서장으로 진행이 되고 각계에서 내빈은 물론 죽음을 애도하는 많은 주민이 참여하여 장례를 치르게 되었다. 경찰서에서는 어린 가족을 남겨두고 사망을 한 고인의 가족을 위한 장례 위원이 편성되고 부의금과 성금을 취합하여 여러 차례의 회의를 진행 후 현금을 건네주면 일시적인 위로는 되지만 손실이 크다는 판단으로 단칸방 위주의 건축 구조와

고밀도 인구에 착안하여 불경기가 없다는 목욕탕 사업이 호황이라는 의견이 일치되어 건축업자를 선정하고 대지를 매입하여 목욕탕을 지어 유가족에게 넘겨주게 되었다.

  광주 항쟁은 피의 오월이라 말하듯 신림동에서는 같은 날 같은 시각에 탈영병 사건으로 두 명의 경찰관이 생명을 잃거나 중상을 입는 사고와 학내에서는 시위 주동 학생이 추락하여 사망하고 경찰관의 눈이 실명되는가 하면 병역 의무를 수행하는 전투경찰관이 부상으로 불명예스러운 전역을 해야 하는 좀처럼 찾아보기 힘든 치안 사태가 발생하여 5공화국 정권에 대한 5월 항쟁에 버금가는 피의 5월이 발생한 것이다.

전원 마을

 남태령엔 전원 마을이 있다. 선비가 고개를 넘어가며 "이 고개가 무슨 고개냐?" 물어보니 하인이 이름을 몰라 남쪽으로 넘어가는 고개라 남태령이라 하였다 한다. 남태령은 고개만 넘으면 경기도 과천 수원을 연결하는 남쪽 끝 관문이다. 우면산 기슭 양지바른 그곳에 있는 전원 마을은 한때는 꽃 재배단지 꽃마을로 유명했던 곳이다.

 주민들은 비닐하우스를 조성하여 다양한 꽃 작물을 재배하고 봄철이 되면 도매 시장과 상인들에게 판매하여 앞치마를 두른 전대 주머니엔 현금이 두둑하게 들어있는 것을 볼 수가 있었다. 이곳에는 고향을 북녘에 두고 남한에 정착하여 알뜰하게 가정을 꾸리고 꽃 작물을 재배하여 경제적으로 안정된 생활을 하는 부부가 있었다.

 하늘만 보고 땅 갈고 씨 뿌려 자식 낳고 풍년 들면 세상만사 더 바랄 것 없던 그들의 가정에도 어두운 그림자가 스며들었다. 아버지는 어느 날 일명 하우스병으로 세상을 하직하였다. 비닐하우스는 안과 밖의 온도 차가 심하다. 오랜 세월 안과 밖을 드나들며 활동하게 되면 신체에 이상이 생겨 갑자기 피를 토하고 사망하는 게 하우스병이란다.

아버지는 그렇게 해서 세상을 떠나고 어머니가 가업을 이어받아 화훼원은 전과 다름없이 다양한 꽃들이 재배되고 경제적으로 어려움 없이 자녀들도 좋은 레벨의 학교에 다니며 살아가던 중 강도 살인을 당한 것이다. 날이 저물어 귀가하지 못하고 하우스 안에서 잠을 자던 중 칼에 찔려 사망하고 돈을 강탈당한 것이다.

사망자의 얼굴엔 수회의 칼에 난자당한 자국이 선명하고 선혈이 낭자한 채 흉측한 모습으로 온실 바닥에 쓰러져 있다.

수사는 급물살을 타게 된다. 현장 주변의 증거물 수집과 사망자의 신변을 토대로 혐의점을 찾아내는데 주력하고 부검의의 집도 아래 사체 부검에 들어간다. 얼굴을 알아볼 수 없을 정도로 난도질한 것으로 보아 서로가 잘 아는 일명 면식범이 틀림없다.

이곳에는 매년 농업학교에서 현장 실습 차 파견을 나오는 학생들이 있었다. 그들은 농장에서 숙식하며 화훼 원예를 체험하는 관계로 농장주인 아주머니의 일거수일투족은 물론 꽃을 판매하여 거둔 수익금을 어디에 보관하고 있는지조차 다 알고 있다. 주인아주머니가 잠든 시간을 이용 한 명의 학생이 싱크대 서랍 속에 넣어둔 현금을 절취하던 중 들키고 말았다. 주인은 학생에게 호령하며 압박을 가하자 학생인 소년이 강도로 돌변 피해자를 사망케 하는 사건이 발생한 것이다.

　순식간에 일어난 살인 사건으로 피의자는 당황한 나머지 범죄의 증거를 인멸하려 현금을 땅속에 묻고 범행에 사용한 식칼을 물에 씻어 제 자리에 가져다 놓은 후 피 묻은 교련복을 소각하고 목욕까지 하는 대담성을 보였다. 하지만 한 가정의 행복은 순식간에 파괴되고 젊은 청춘의 소년은 영원히 돌아올 수 없는 길을 건너고 말았다.

　수사를 마치며 아쉬운 점은 절취 현장을 목격하였다 하더라도 지혜롭게 대처하여 날이 밝은 다음 날 차분히 해결할 수 있었음에도 혈기 왕성한 고등학생을 어린 소년으로 취급하고 꾸지람과 압박을 가하자 궁지에 몰린 소년이 불안을 느낀 나머지 강도로 돌변하여 고귀한 인명을 살상까지 이른 것이다. 두고두고 아쉬움이 남는 그런 사건 현장이었다. 삼가 고인의 명복을 빌 뿐이다.

중앙도서관

　서초동에는 공공 기관이 많이 밀집되어 있는 장소로 각종 사건사고 등 치안 수요가 많은 곳이다. 점심시간이 다가올 무렵 한 건의 112 신고가 접수된다. 반포 중앙도서관 지하 광장에서 칼을 들고 난동을 부린다는 지령이다. 급히 순찰차를 불러 탑승하고 현장으로 달려간다. 범인은 과도를 손에 들고 사람 접근을 거부하며 가까이 가면 찌르려고 칼을 휘두른다.
　얼핏 보기엔 약간의 정신 이상이 있는 것 같기도 하고 무엇인가 불만을 가득 품은 채 원한이 서려 있는 것 같기도 하다. 자극을 가하면 더욱 난폭해질 것 같은 기세가 보이고 마음을 진정시키려 달래 보려 한다. 그러나 조금도 반응이 없이 과도를 손에든 채 반항을 한다. 무슨 일이 있는지는 몰라도 일단 칼을 내려놓고 대화를 나누자고 해도 그는 아랑곳없이 과도를 휘두르며 달려든다.
　과도를 들고 쫓아오면 뒤로 물러서다 그가 멈추면 다시 또 협상한다. 그러기를 여러 차례 시간이 지연되다 보니 주변에는 많은 사람이 몰려들고 휴대전화로 사진을 찍는가 하면 긴장된 분위기이다. 범인을 빨리 제압하는 것이 경찰의 임무이고 위상이건만 그렇다고 과격하게 물리력을 행사하거나 총기를 사용하게 되면 시민이나 언론은 반대편으로 돌아서고 인권 옹호에 문제점이 발생하게 된다.

직원을 시켜 차내에 비치된 경찰봉을 가져오라 한다. 칼을 들고 덤비는 범인을 유인하여 길이가 긴 몽둥이로 막아내고 뒤에서 가격하여 체포하자는 작전이다. 긴 봉을 가지러 가던 직원은 다급했는지 경비원 책상 옆에 놓여있는 우산을 들고 그와 대항한다. 범인은 칼을 휘두르며 달겨들고 경찰관은 우산대로 방어하며 격투를 벌이던 중 서로를 껴안은 채 땅에 전도된다. 순식간에 벌어진 일이라 미처 손을 쓸 여유도 없이 달려가 넘어져 있는 범인을 제압하며 소지한 과도를 찾으니 보이지 않는다.

직원의 몸을 더듬으며 찾아보니 오른쪽 팔꿈치 관절 부위를 대각선으로 깊게 찔려 플라스틱 손잡이만 보일 뿐 칼날이 깊숙이 박혀 있는 상태이다. 심장을 비켜 지나간 것이 천만다행이다. 응급처치 하나로 옆에 있던 시민의 넥타이를 풀어 팔뚝을 동여매고 인근 대형 병원 응급실로 달려간다. 응급실에선 과도가 너무 깊게 찔려 자상 사고 전문 병원으로 가야 한다며 다른 병원을 연결한다. 자상 사고 전문 병원에는 외국인 근로자가 다수 수용된 것으로 보아 제조업에 종사하는 그들이 안타깝게 느껴진다. 상급자인 팀장이 지시하는 대로 작전에 임하였다면 부상을 방지할 수 있었을 텐데 본인의 무모한 행동으로 큰 부상을 하였으니, 위로는커녕 귀싸대기를 한 대 때려주고 싶은 것이 솔직한 심정이었다.

저녁 뉴스에는 경찰관이 부상을 당하였다는 소식이 전해지고 상부에서는 왜 장비를 사용하지 않았느냐 난리법석이다. 일단은 경찰관이 상해를 입었기에 언론도 옹호하는 쪽으로 기울고 모든 것은 일단락되었다. 그러나 공상을 입은 경찰관은 오랫동안 고생을 하여야 한다.

사건을 접하고 많은 희비가 교차하였다. 과도를 들고 무언의 반항하는 피의자를 차분하게 유도하고 장비를 사용하여 검거하였으면 경찰관의 부상도 없었건만 상급자인 팀장의 지시를 무시하고 조급하게 우산대를 들고 대항을 한 점 등은 이를 목격한 시민들에게 조롱거리가 되고 깊이 반성할 여지를 남기게 되었다.

그동안 여러 곳에서 경찰관이 희생당하는 것을 보아 왔다. 공명심에 치우친 나머지 여관에 숨어있는 범인을 검거코자 급하게 문을 열다가 기습을 당하여 칼에 찔리는가 하면 쫓기는 수배자를 검거하다가 흉기에 찔려 숨을 거두고 글을 기고하는 필자 역시 현직에 있을 때는 몇 번의 위기감도 있었다. 피의자를 대면할 때는 그들은 범죄자이며 압박감에 이성을 잃은 자로 주위 상황에 따라 적절하게 대응해야지 급박하게 대하게 되면 화를 초래하게 됨은 물론 생명을 잃을 수 있다는 것을 잊지 말아야 한다.

총소리

한 건의 신고 사건이 접수된다. 아파트에 사람이 죽어 있다는 것이다. 도심지 형사 업무에서는 자주 있는 일이지만 긴장된 마음으로 수사 도구와 서류를 챙겨 현장에 임한다. 출입문을 여는 순간 거실 바닥에는 두 명의 남녀가 사망한 상태로 쓰러져 있고 한 남자는 천장에 목을 매단 채 덩그러니 달려 있다. 방바닥에는 독일산 엽총이 놓여있고 탄환을 쏜 탄피가 널브러져 있으며 달력 뒷면에는 사전에 작성된 것으로 보이는 유서가 가지런히 적혀 있었다. 사망자는 공기총과 엽총을 소유하고 있었다. 경찰서에 총기를 보관하고 필요할 때 찾아 사냥을 마치고 나면 다시 보관하던 중 총기를 찾아 가족을 살상한 것이다.

사건은 이른 새벽 시간이었으나 신고 접수 시간은 저녁 해 질 무렵으로 옆집 가정을 상대로 조사에 임하니 자기들은 이른 새벽 공사를 하는 것으로 알았고 한 번만 소리가 더 나면 신고하려 했는데 조용해서 그만뒀다고 한다. 새벽 시간대 경비원 근무자들을 상대로 진술을 청취하니 총소리를 듣긴 들었으나 어느 호실에서

났는지 알 길이 없어 그냥 방치하고 말았다 한다. 이렇게 도시민의 삶은 불감증이 심한 상태로 사망자의 친척이 전화해도 받지 않아 집에 찾아가니 이런 상태라고 신고를 한 것이다.

사망자는 화랑을 운영하는 골동품 수집가로 경제적으로도 안정된 중류 생활자로 슬하에 자녀가 없어 양아들을 입양하여 함께 살고 있었다. 양아들이 성장하여 대학을 진학하게 되고 학비를 납부하게 되었다. 평소에 우울증과 약간의 정신 분열 증세를 보이던 남편은 어떤 생각에서였는지 대학을 보내지 않아야 한다며 납부한 수업료를 반환시켜야 한다고 부인에게 말하곤 했었다. 이것이 빌미가 되어 갈등이 초래되고 심경의 변화와 함께 새벽 시간대를 이용 사건을 저지른 것이다. 사망자 가족의 시체를 검시하니 자그마치 일곱 발의 맹수용 탄환이 가슴과 팔 얼굴에 명중되고 심장 중앙 부위에는 작은 무궁화꽃 모양의 탄환 자국이 선명하게 나타나는 등 거실에서 잠을 자던 가족은 무참하게 변을 당한 것이다. 사전에 작성된 것으로 보이는 한 장 분량의 달력 뒷면에는 양아들을 대학에 보낼 이유가 없었으며 총소리가 들리면 경찰이 곧장 달려올 것이고 나의 시체도 곧바로 이송되면 장기는 사용할 수 있으니, 의료기관에 기증을 요한다는 내용의 유서를 남겨 놓고 자신은 식탁 의자를 이용 천장에 목을 매단 채 생을 마감한 참으로 끔찍한 현장이었다.

총기는 인명을 살상시킬 수 있는 무기류로 소지 허가와 함께 경찰서에 보관시켜야 한다. 농촌을 제외한 도시에서는 수렵 채취 기간을 제외하고는 출고가 되지 않는다. 또한 출고되었다 할지라도 당일 자정까지는 보관시켜야 한다. 공기총은 상대적으로 위험도가 적어 그 시절만 해도 출고를 하면 집에 보관이 가능하였던 것으로 알고 있다. 이런 소지 허가의 맹점을 이용 사망자는 엽총 가방에 공기총을 넣어 보관시키고 엽총은 집에다 보관하던 중 가족을 살상한 것이다.

가족을 살상하고 본인까지 사망한 상태로 공소권 없음은 물론 변사 처리로 사건은 일단락되었으나 사건 처리 후 경찰서에서는 난리가 났다. 총포 화약 담당이 제대로만 점검하였어도 인명 사고는 막을 수 있었을 텐데 엽총 가방 보고 보관을 시켜 사고가 발생한 만큼 담당 경찰관은 신분상 불이익을 받는 징계 처분을 받았다.

사건을 마무리하며 아쉬웠던 점은 경찰관이 가방 안의 내용물을 철저히 검사하여 확인하였거나 사망자가 평소에도 우울증세로 죽는다고 넥타이로 목을 매는 등 이상 증세를 보였을 때 가족이라는 이유로 이를 소홀이 취급하여 돌이킬 수 없는 사고가 발생한 것이다. 한집에 같이 생활하는 가족이라 하더라도 이상 증세나 문제점이 발견될 때는 냉정한 판단 아래 전문의의 치료나 상담 등 빠른 대처로 각종 사고를 미리 방지하는 게 현대의 삶을 살아가는 우리들의 책무가 아닌가 싶다.

형사의 눈물

　경찰의 꽃이라고 말하는 수사 형사는 제복을 착용하는 경찰과는 달리 사복을 입고 시민들과 어울려 범인을 검거한다. 형사 당직 날은 밤새워 조사에 임해야 하는 고된 일과 과로에 시달리는 고통스러운 업무이기도 하다. 당직 날은 예나 다름없이 범법자들이 몰려오고 밤샘 근무는 예사이다. 파출소에서 상습 절도범 청소년 2명을 인수하여 사건 배당을 하고 시간을 소비하다 보니 날이 밝아진다. 피의자인 절도범은 불우한 가정환경에서 성장한 비행 소년인지라 눈치나 행동은 형사를 뺨칠 정도로 예리하고 기민한 행동을 엿볼 수 있었다. 틈만 나면 소변이 마렵다고 담당 직원을 종용 화장실을 이용하는가 하면 들고양이처럼 눈치를 보기 일쑤이다.
　날이 밝아 주간 근무자와 교대 시간이 되어 업무인계를 하려 인원을 세어보니 2명의 피의자가 보이지 않는다. 절도범 2명이 감쪽같이 사라진 것이다. 보호실에 있는 다른 피의자에게 물어보니 새벽 시간에 책상에서 잠깐 조는 사이 문을 열고 도주하였다 한다. 수갑을 차고 있었는데 어떻게 도주하였느냐 하니 한 사람은 손목이 가늘어 철창에 걸어놓은 수갑을 헐겁게 채워 손목을 빼내고 다른 한 명은 담당 형사와 화장실을 다녀올 때 형사 본인이 직접 채우지 않고 자신에게 수갑을 차라 하니 차는 척 시늉만 내고 수갑을 붙들고 있었다는 것이다. 이들은 서로 도주할 것을 엿보던 중 교대시간 잠깐 눈을 감고 졸음을 쫓는 사이 탈출을 감행한 것이다.

참으로 어이가 없는 눈에는 하늘이 노랗게 변해오고 있었다. 더욱이 놀란 것은 같이 수용된 피의자들이 도주하는 것을 뻔히 지켜보고도 침묵으로 일관하고 있었다는 것이 기가 찰 노릇이었다. 일단은 반장과 상의 끝에 과장실에 들러 이를 보고 하니 경악감에 말을 잊지 못하고 일이 확대되기 전 빨리 잡아들이란다. 검찰청에 들러 담당 검사에게 자초지종을 이야기하니 검사는 걱정이 많겠습니다. 최대한 수사를 해보시고요 해결이 되지 않으면 지명수배(기소중지)를 내리십시오. 하신다. 검찰은 수사지휘권 기관이라 점잖게 말씀하시지만, 우리의 감찰 기관이나 언론사가 알게 되면 경찰서는 초상집 분위기는 물론 나와 담당 직원은 신상에 불이익은 물론 하루아침 해장거리로 전락할 게 뻔하다.

아침도 생략한 채 피의자의 동선을 추적하여 수사는 진행이 된다. 그들이 방을 얻어 동거 생활을 했던 아지트에 여자 친구를 대동하고 내부를 살피니 방안과 창고에는 갖가지 다른 재물들이 고물상처럼 널려있다. 이 녀석들로 인하여 얼마나 많은 사람이 피해를 보고 불안에 떨며 지냈을까 하는 생각에 미안한 마음이 앞서기도 하였다.

　주변을 탐문하며 대기 하던 중 피의자로부터 압수한 전화기에 벨이 울린다. 재빨리 여자 친구에게 건네주고 내용을 들으니, 할머니의 목소리다. 금이나 다이아몬드 등 비싼 거 있느냐고 묻는다. 불량 청소년들을 상대로 재물을 속여 뺏는 장물아비이다. 지금은 가지고 있는 게 없다고 전화를 끊고 또 다른 전화를 기다린다. 얼마 후 다시 또 전화벨이 울린다. 다른 남자 친구가 애정을 구하는 내용으로 들린다. 이때의 답변은 '나 결혼했어요. 나 임신했어요.' 하며 거침없이 전화를 끊는 것으로 보아 절도범은 아닌 것 같다.

　가출 소년인 이들이 사용하는 말투나 상대방이 절도범이든 강도이든 제 눈에 맞으면 성욕을 불태우고 남의 사정은 아랑곳없이 재물을 털어 유흥비로 탕진하는가 하면 어린것을 상대로 귀금속을 속여 뺏는 장물아비 할멈은 마귀 같다는 생각이 든다. 청소년의 비행이 이 정도로 심각하고 같은 인간이라도 살아가는 방법이 다르다는 것을 실제로 보게 되는 현장이기도 하다.

　야간이 되어도 나타날 기미는 보이지 않는다. 피의자 중 한 명이 어머니가 장애인으로 신내동에 영구 임대아파트를 분양받았는데 자기가 그곳에 살게 될 것 같다고 하던 말이 생각이 났다. 조를 나눠 반장 조는 그들이 살았던 현장 주변을 탐문하고 우리 조는 신내동으로 향한다. 각고의 노력 끝에 집을 알아내어 문 앞에서 동태를 살피니 계집애와 녀석들의 소곤거리는 목소리가 들려온다. 이들을 검거하려면 주변 환경 등 퇴로를 철저히 차단하고 검거에 임하련만 담당 형사는 속이 타는지 승낙도 없이 문을 두드린다. 문이 잠긴 채 인기척이 없던 중 창문 여는 소리가 들려 밖으로 달려가니 2층에서 베란다를 타고 뛰어내려 도주를 감행한다. 부리나케 달려가니 언덕에서 '쿵' 하고 떨어지며 나뒹구는 피의자를 한 명은 검거하였으나 한 명은 놓치고 말았다.

  방 안에 있던 여자 친구는 도주한 피의자의 애인으로 그 녀석을 못 잡으면 네가 죽는다는 엄포를 놓아가며 연락이 올 때까지 집에서 기다리라고 돌려보낸 후 피의자를 추적한다.

  이른 새벽 두 눈은 붉게 충혈된 상태로 그녀에게 전화로 확인한다. 연락이 없느냐고? 엄마를 바꾸게 하여 당신 딸도 똑같은 죄로 절도범을 검거하지 못하면 영원히 인생을 망치게 되니 연락이 오면 집으로 유인하여 빨리 신고하라고 당부한다. 회의를 진행 중 한 통의 전화가 걸려 온다. 그녀의 엄마가 나지막한 목소리로 집에 들어왔다는 것이다. 그럼, 시치미를 떼고 밥이나 차려주고 시간을 벌면 우리가 도착한다는 내용을 전달한다. 피의자가 도주할 것에 대비하여 관할 파출소에는 강력범이 들어있으니, 주변을 포위하고 있어 달라 공조 수사를 부탁 후 승용 차량 지붕에는 경광등을 부착하고 고속으로 도로를 질주한다. 방배동에서 은평구 신사동까지는 족히 한 시간은 넘게 걸리는 남과 북 먼 거리이다. 차량이 잘 소통되는 곳이 있는가 하면 도로가 정체되어 갓길과 반대편 차선을 가로지르며 사거리에 정지되었을 때는 차량에서 내려 수갑을 치켜들고 손을 흔들며 교통 정리 후 달려간다. 각고의 노력 끝에 목적지에 도달하여 집안에 들어가니 그의 어머니는 자기의 딸과 피의자를 방안으로 유인하여 문을 잠가 놓았다고 우리에게 열쇠를 건네준다. 자기 딸을 구제하려고 형사 뺨치는 수사 협조에 모성애가 강한 것을 새삼 느끼며 방안에 진입하니 주인집 딸만 동그라니 서 있을 뿐 피의자는 보이지 않는다. 애인 어디 있느냐고 물으니, 집에서 나간 지가 제법 되었다고 한다. 방안을 뒤지며 장롱을 열어 이불속을 뒤지니 그 속에다 감추어 놓았다. 탈주범은 이렇게 모두 검거되었으나 그 고통과 허탈감 속에 저녁 식사 자리에서는 눈물이 소주잔보다 더 많이 흘린 것 같다. 이를 검거하기 위하여 얼마나 많은 시간과 고통을 격이어야 했던가? 경찰의 신분은 검거한 그것으로 끝나지 않는다. 적대 관계나 원한을 산 누구 한 사람이라도 상부 감찰 기관에 보고하면 신분상 불이익을 받아야 한다.

　피를 말리는 근무는 계속되고 하루 이틀 날짜가 지나다 보니 사건은 조용히 일단락되었다. 동료들에게 인심을 잃지 않았다는 자부심과 함께 단단한 땅에 물이 고이듯 아픈 만큼 성숙해진다는 말 그대로 범죄자들이 설설 기는 강력 형사로 거듭나는 계기가 되기도 하였다.

제4부 손주와 지리산을 종주하다

새해 첫날 손주와 관악산을 오르다

설날 새 아침 산을 오른다. 일찍이 손주와 초등학교 입학 기념으로 관악산에 올라 정상에 깃발을 꼽자고 약속을 해 놓은지라 실천에 옮겨야 한다.

어린 손주는 산에 오른다 하니 며칠 전부터 마음이 들떠 전화를 한다. 일기 예보는 한파와 폭설이 예상된다고 경보 발령을 내린 상태로 영하의 날씨에 눈이 쌓이고 바람결이 심하다. 그러나 정한 약속을 어찌할 도리가 없다. 성장하는 어린 소년에게 다음으로 미룬다는 것은 어른이 약속을 지키지 않는 것으로 인식할 수 있어 강행할 수밖에 없는 처지이다.

아빠는 배낭을 메고 할아버지는 가이드가 되어 출발을 시작한다. 어른들은 따뜻한 복장에 등산화까지 방수가 되어 산행에 큰 지장이 없으나 손주는 맞는 등산화가 없어 운동화를 신어 보온성이 떨어지고 신발이 젖을까 걱정이 말이 아니다.

정상을 향하여 산행은 시작이 된다. 코로나로 사람이 다니지 않은 외진 산길을 걸으니 눈이 많이 쌓여서 사람이 많이 다니는 주

능선으로 방향을 바꾼다. 관악산은 악 소리가 들어가는 이름 그대로 암 능이 많고 가파른 구간으로 평소에도 오르기 힘든 코스이다. 하물며 어린 소년을 데리고 눈길을 올라 하산한다는 것은 많은 위험이 따르는 힘든 산행이다. 노력 없이 되는 게 어디 있으랴. 손주를 앞세우거니 뒤세우거니 보좌하며 정상을 향하여 발길을 옮긴다. 겨울바람은 거세다. 손주의 볼이 붉게 물들어 오고 나 또한 손이 시리다. 아들은 무거운 배낭을 짊어진 채 묵묵히 뒤를 따르고 우리는 정상을 향하여 한발 한발 나아간다.

　오가는 산우들도 어린 소년을 보며 놀라움을 금치 못한다. 산행하며 많은 대화를 나눈다. 이번 관악산 등반은 세 번째로 여섯 살부터 1년에 한 번씩 올랐다고 말을 전한다. 남자는 강하고 여자는 예쁘게 성장해야 한다는 말을 덧붙이며 남자는 먹을 것을 책임지고 여자는 요리를 맛있게 하여 화목한 가정을 이루는 게 사람이 살아가는 도리라고 말한다. 지금은 잘 모르나 성장하면 부지 중 떠오를 것이라 하며 초등학교에 들어가면 입학 기념으로 관악산을 등반하였다는 게 좋은 이야깃거리가 될 거라고 말해준다.

　고봉에 오를수록 눈이 많이 쌓였다. 소나무에는 눈꽃이 만발하고 소담스럽게 핀 눈꽃을 보며 그림의 아름다움과 음악의 즐거움을 비교하며 공부도 잘해야 하지만 음악과 미술도 몸에 익혀야 삶의 풍요를 누릴 수 있다고 곁들인다.

　어린 나이에도 조금도 힘들다는 표정이 없이 정상인 연주대에 도착한다. 정상에는 많은 등산객이 운집하고 약속대로 정상에서 손주는 태극기를 손에 들고 기념 촬영을 한다. 평소 시험 본다고 하며 세뇌를 시켰던 나의 철학을 전달한다. 나는 할 수 있다. 나는 해야 한다. 꼭 해내고야 말 것이다. 손주는 하나같이 또박또박 따라서 복창한다. 드디어 해낸 것이다. 이를 본 외국인이 감동하였는지 태극기를 잠깐 빌려 달라고 한다. 그도 태극기를 높이 들어 기념사진을 찍고 부상으로 사이다를 한 병 건네준다.

우리는 자리를 이동하여 관악산의 정상 심장석인 관악산 표지석에서 기념사진을 촬영한다. 이곳에 오면 모든 등산객이 기념사진을 찍는 관계로 줄을 서서 대기하여 많은 시간이 소모되곤 한다. 평소 단독 산행 때는 그냥 지나치곤 하였으나 오늘은 손주와의 등반 기념으로 시간이 지체되더라도 꼭 인증 사진은 남겨야 한다. 해발 629m 정상인 고봉은 바람결이 심하다. 눈이 쌓여 앉을 자리도 없다.

장소가 비좁아 배낭을 눈 위에 내려놓은 채 손주만 비상식으로 김밥을 건네고 우리는 초코파이와 과일 몇 조각으로 요기를 채우며 하산을 서두른다. 노루 꼬리처럼 짧은 겨울 햇살에 빨리 서두르지 않으면 고생한다. 어린 손주를 대동하였으니, 시간이 지체되는 건 사실이다. 관악산에서 돌산으로 유명한, 제일 난이도가 높은 자운암 능선을 따라 하산을 시작한다. 급경사를 이룬 암 능으로 길은 위험하나 거리가 짧은 게 장점이다. 정상적인 산행도 힘든 구간에 눈까지 쌓여 곡마단 서커스 재능을 부리듯 세심한 주의가 필요하다.

　철제 난간과 자일을 움켜잡고 한 발 한발 조심스럽게 이동하며 험난한 바위의 절벽엔 부둥켜안아 내리고 울퉁불퉁한 곳은 썰매를 타듯 미끄러져 내려오며 비몽사몽 여러 번의 부축과 도움으로 산길을 내려가니 할아버지! 나는 이런 산길 안 좋아하니 다음부터는 이런 길 가지 말라고 조언한다. 내려오는 길이 너무 힘이 드는지 또 같은 말을 계속한다.

　이를 듣던 아빠는 한번 한 말 다시 또 하지 말라고 짜증을 낸다. 할아버지인 나는 젊은 시절 암벽 등반을 배워 북한산 인수봉은 물론 설악산 범봉까지 이름난 곳은 모두 섭렵한 추억을 가지고 있다. 그래서 그런지 욕심이 지나친 나머지 쉽게 생각하고 이 길을 선택했건만 눈길이 이렇게 힘들고 어려운 줄 몰랐다. 그러나 이 길을 택한 것은 나름대로 생각이 있었다. 자운암 능선 아래는 서울대 공학관이 있는 곳으로 능선에서 보면 서울대 전경이 한눈에 들어오는 조망권을 가지고 있다. 나는 손주에게 저곳이 우리나라에서 제일 공부를 잘하는 학생들이 다니는 대학교라며 너도 공부를 잘하면 저 학교에 들어갈 수 있다고 말을 전한다. 손주는 뜻을 아는지 모르는지 알았다며 대답은 잘도 한다. 그런 뜻에서 산이 무너질 정도로 야호 하고 크게 소리 질러 보라 하니 있는 힘을 다하여 함성을 지른다. 잘했다는 칭찬으로 등을 다독이고 미끄러지고 넘어지기를 수회 하산 지점인 서울대 공학관에 도착한다.

  버스 정류장엔 시내버스가 대기 중이고 평소 시내버스 타는 것을 좋아하는 손주에게 네가 공부를 잘해서 이 학교에 들어오면 매일 저런 버스를 탈 수 있다고 하니 좋아한다.

  다가올 초등학교 입학 기념이란 이름으로 어린 손주를 대동하고 눈이 쌓인 위험한 산행을 무사히 마치고 나니 기쁜 마음을 가슴에 새기는 한가위 설날이었다.

  - 2022.1.1. 관악산 산행을 마치고

운장산의 봄

이른 새벽 짙은 안개 속 대지는 온통 하얀 솜털처럼 보이고 떠오르는 태양은 언제 그랬냐 하듯 용담호의 물안개는 말끔히 걷히고 수면으로는 더운 김만이 아른거린다.

봄이면 고로쇠액과 산나물, 여름이면 울창한 수목과 청정계곡 가을이면 오색찬란한 단풍 겨울엔 덕유산을 버금가는 운해와 산안개, 꼿꼿한 지조를 자랑하는 산 대나무(山竹)가 전 지역에 군락을 이루고 있는 곳. 이곳이 바로 운장산의 자랑이다.

자동차는 운장산을 향하여 출발한다. 밤새 내린 봄비로 대지는 온통 안개 속으로 묻히고 시야를 10m도 분간하기가 어렵다. 이곳은 전국에서 5번째로 큰 용담호가 있어 심할 때는 한나절씩 안개가 끼곤 한다. 자동차는 쌍라이트를 켜고 용담호를 따라 운장산을 향하여 달려가고 구봉산을 지나 약 3km 운행을 하니 운장산 자연휴양림 안내판이 보인다.

매표소를 지나 조금 오르니 약 2km 구간에 걸쳐 삼림욕장과 함께 숲속의 집 아담한 별장(방갈로)이 있고 청소년 수련장과 잘 다듬어진 산책로 계곡을 따라 안락한 쉼터 넓은 주차장 야외 캠핑 장소와 깨끗한 화장실 등 휴양소답게 잘 조성되어 있다. 조금 더 올라가니 넓은 바위 위로 흐르는 계곡의 물은 맑다 못해 투시되는 햇살에 속살을 훤히 드러내 놓고 에메랄드빛을 발하곤 하여 무아지경 신선이 따로 없는 곳이다.

시야를 분간키 어렵던 안개는 언제 그랬냐는 듯 말끔히 걷혀 봄 햇살에 얼굴이 따가울 정도이다. 흘러내리는 계곡의 물은 나무들에게 봄소식을 알리는 듯 맑은소리 자아내고 운장산을 향하는 북벽 산악 지역엔 하얀 고드름이 주렁주렁 할아버지 수염 같기도 하다. 동행하는 사람이 한 사람이라도 있으면 좋으련만 같이 할 사람이 한 사람도 없으니 다소 쓸쓸하고 소름이 끼친다. 눈 쌓인 등산로엔 어김없이 산토끼가 안내자로 발자국을 남기고 나는 그 뒤를 따라서 가고 있다. 매표소에서는 운장산 정상까지는 8km로 당일 산행이 어렵다고 관리소에서 이야기하였건만 혼자서 무모하게 도전하고 있으니 내심 겁도 난다. 산행 중 고봉에서 바라본 운장산의 전경은 말 그대로 무아지경 신선이 따로 없다. 하늘엔 조각배 떠돌듯 하얀 구름이 여행을 떠나고 동쪽엔 운해와 산안개 멀리 보이는 거대한 산맥은 푸른 바다를 연상케 한다.

고봉엔 부챗살만큼이나 넓죽한 대나무 숲이 장관을 이루고 이 높은 곳에도 역시 무명의 묘지가 자리 잡고 있다. 옛 조상님들은 명당을 찾아 높은 산봉우리에 묘를 쓰셨단다. 많은 돌을 성벽처럼 쌓아 토대를 구축하고 주변엔 울창한 대나무 숲이 바람을 막아주어 부자의 후손들이 쓴 묘지 같기도 하다. 지금은 양지바른 곳이면 민가 주변이나 밭두렁 등 아무 곳이나 묘지를 쓰지만 말이다. 밤새 내린 눈은 응달쪽엔 얼음이 얼고 양지쪽엔 녹아내려 진흙탕이라 장화를 신고 가는 것이 나을 듯싶다. 운장산은 다른 산과는 달리 산맥을 계속 이어 오르는 것이 아니고 큰 산맥을 지나 계곡으로 하산 다시 또 다음 산맥을 이어서 등반하기에 약간 지루하고 체력이 많이 소모되는 곳이다.

　혼자 하는 산행이라 은연중 두려움으로 걸음을 재촉하는 바람에 돌부리에 걸려 넘어지고 말았다. 우측 무릎을 바위에 부딪쳐 부상 정도를 점검하니 통증은 다소 있으나 걷는 데는 지장이 없다. 따가운 봄볕에 이마엔 땀방울이 빗물처럼 흐르고 소나무 그늘에 앉아 잠시 휴식을 취한다. 불안한 나머지 잠깐씩 쉬어가며 산행은 계속되고 정상을 얼마 남겨놓지 않은 가파른 지점에서 앗뿔사, 또 넘어지고 말았다. 그것도 앞으로 넘어진 것이 아니고 뒤로 넘어져 동물적인 감각으로 밧줄을 잡고 매달려 간신히 추락은 면하였다. 정말 순간적인 일이다. 요 정도로 끝났으니 말이지 누가 나를 구조했을까? 하는 생각에 정말 끔찍하다. 그래서 혼자 산행은 위험하다. 정신을 차린 후 산행은 계속 이어지고 줄을 잡고 암반을 오르던 중 갈증과 몸의 체온을 식히기 위하여 고드름을 떼어 입안에 넣고 씹어본다. 시원한 그 맛은 아이스크림 먹는 것처럼 맛있다. 정상을 오르면 오를수록 능선을 따라 대나무 숲은 하늘을 찌르고 바람 한 점 없는 화창한 봄볕은 사람을 경쾌하게 만든다. 어느덧 오르다 보니 1212m의 운장산 정상이다. 이곳엔 누군가 높이를 표시하는 표석과 방송국에서 설치한 조그만 송신탑 외에는 아무것도 찾을 수가 없다.

배낭에 있던 도시락을 꺼내어 그때서야 점심을 먹고 조금 휴식을 취하다 보니 14:30분 하산을 하여야 한다. 단체로 관광버스를 이용하면 하산 지점에 차량이 대기하면 되는데 처음 매표소 입구에 차량을 주차하였기에 그곳까지 가야 하는 어려움이 있다. 왔던 길을 되돌아갈 수도 없는 법. 저 멀리 계곡에 보이는 마을 쪽으로 하산하기로 하였다. 이곳 하산 지점은 대나무 숲이 키를 훨씬 넘어 숲을 빠져서 나가는데 하늘이 보이지 않는다. 그 아름답던 대나무 숲이 이제는 공포스럽고 소름이 끼친다. 뭔가 발뒤꿈치에서 부스럭 소리가 나면 뒤돌아보게 되고 뒤를 돌아보면 아무것도 없다. 낙엽을 밟고 놀라 당황하는 기색이 역력하다. 부지런히 하산을 종용하여 마을 회관에 도착하여 촌락주민에게 운장산 휴양림 매표소 입구까지 거리를 물어보니 정확히 10km라고 한다. 그 정도 거리라면 풀코스 마라톤도 완주하였는데 즐겁게 뛰는 예열 정도밖엔 되지 않는다.

좋은 훈련 코스라 생각하고 물병에 식수를 채우고 배낭끈을 조여 맨 후 긴 팔을 걷어붙인 채 출발한다. 배낭에 등산화까지 신고

달리려 하니 과거 김신조가 소속되었던 북괴 124군 부대원과 똑같은 완전 군장 무장 구보이다.

  이곳 역시 계곡을 따라 맑은 시냇물은 따스한 봄햇살과 함께 맑다 못해 속살을 내민 채 조잘대고 여울엔 버들강아지 봄 처녀 젖가슴 터질 듯 눈망울이 부풀어 있다. 도로를 달리며 눈에 보이는 전경은 파노라마의 한 장면이 스쳐 지나가듯 아름답기 그지없다. 달리면서 몸으로 직접 체험하는 운장산, 신비롭고 아름다운 경험으로 내 몸에 새겨졌다.

고대산 보개산 금학산 종주를 마치고

　강원도의 최북단에는 해발 800~900고지의 고대 보개 금학산은 북녘을 향하여 하늘을 떠받치고 있다. 산행을 연계 종주하려면 체력은 물론 부지런함도 있어야 한다. 이른 새벽 지하철 첫차를 타야만 동두천에서 신탄리행 버스를 타고 입구에 도달할 수 있다. 한탄강을 따라 달리는 버스는 가다 서기를 반복하며 목적지인 신탄리역에 도착한다. 철마는 달리고 싶다는 경원선 최종 종착지인 신탄리역은 미래의 통일에 대비한 남북 철로 공사로 운행이 정지되고 버스가 운행을 대체하고 있다.
　신탄리는 고대산의 풍부한 임산 자원을 이용 숯을 구워 생계를 이었다는 전설이 전해지고 촌락을 이룬 주막이 번창했다는 곳이다. 골이 깊고 높아 북녘의 땅을 볼 수 있는 유일한 곳. 이곳은 북에 고향을 둔 실향민과 전방 근무로 고생했던 옛 전우들이 많이 찾는 곳이기도 하다. 답답했던 도시에서 생활해 고봉에 올라 광활한 철원 평야를 한눈에 볼 때 가슴이 뻥 뚫리는 청량감과 남자들만의 암울했던 옛 군 생활의 추억을 반추 삼아 군사 시설물을 둘러볼 수 있는 곳 또한 이곳이다. 등산로 입구에는 정겨운 간판의 식당들이 눈길을 유혹하고 마당에는 많은 통나무를 쌓아놓아 겨울 추위에 훈훈함을 불어넣어 준다.

등산로를 따라 산길을 걸으며 멀리 보이는 한탄강은 눈물이 흐르듯 연천 평야를 가로지르고 바위 능선을 따라 정상을 향하는 이곳에는 남북 분단의 아픔이 서려 있다. 조금만 전망이 좋은 곳이면 어김없이 진지를 구축하고 높은 고지대까지 폐타이어를 끌어올려 축대를 쌓았는가 하면 돌을 성벽처럼 쌓아 벙커를 만들었다. 허물어져 가는 낡은 시설물들을 보며 지나고 보면 한갓 소꿉장난에 불과하고 개미들의 병정놀이에 불과했던 것을 젊은 장정들 청춘깨나 빼앗겼던 아픔이 고스란히 서려 있다.

정상에 도달하니 철원 평야가 한눈에 들어오고 포탄에 하얗게 변해버린 백마와 같다는 백마고지가 보인다. 6·25 전사자 유해 발굴기념 지역이라는 간판이 있는 것으로 보아 중공군의 남침을 막는 혈전을 벌인 격전지라는 것을 알 수 있다. 분단의 한, 망향의 한, 북녘이 그리울 때 멀리서나마 북녘땅을 볼 수 있는 휴전선과 가장 가까이 있는 곳, 이곳에는 장병들이 파견되어 영토를 지키고 모노레일을 이용하여 물자를 수송하고 있다.

고대산을 뒤로하고 보개산을 향하여 발길을 돌린다. 보개산을 향하는 길목엔 주의 안내문이 붙어있다. 산행에 많은 시간이 소모되니 겨울철 산행을 주의하라는 경고문이다. 눈이 채 녹지도 않은 산길엔 동물 발자국만 보일 뿐 사람 발자국이 없는 것으로 보아 고대산에서 원점 회귀하는 것으로 보인다. 멧돼지가 사람을 해친다는 무서움과 두려움이 앞서는 나머지 뛰다 걷기를 반복한다. 사람이 왕래하는 안전 산행길에서는 몸이 무겁게 느껴졌으나 이곳에서는 긴장 탓인지 오히려 몸도 가볍다.

빠른 걸음으로 보개산을 통과하여 금학산을 향하는 계곡에 이르니 임도를 타고 온 자동차가 보이고 그들은 주변 벙커를 바람막이 삼아 점심을 들고 있다. 긴장된 마음의 여장을 풀고 해발 947미터의 학이 내려앉는다는 금학산을 향하여 발길을 향한다. 몇 해 전까지만 해도 모노레일과 전기를 이용 계곡의 물을 끌어 올려 취사하던 장병들의 숙소가 이제는 전술 도로가 개설되어 정상까지 스리쿼터 지프가 오르는 것을 볼 수 있다.

금학산 정상에 오르니 인구가 줄어서인지 장병들이 모두 철수하고 빈 막사만 덩그러니 남아있어 바람결 소리가 쓸쓸함을 더한다. 좌우로는 병풍처럼 펼쳐진 고대산 삼각봉 거장들의 호위를 받으며 학이 내려앉는다는 곳에서 논의 바다 황금벌판 철원 평야를 굽이굽이 한눈에 펼쳐 볼 수 있다. 6·25의 치열했던 격전지. 철의 삼각지 북녘땅을 바라보며 멀리 보이는 북한의 옛 노동 당사가 당시의 아픔을 전해주고 있다.

역사를 모르는 사람은 자연 그대로 한편의 풍광일 뿐이다. 철원 평야를 뺏겼더라면 어찌 되었을까? 하는 불안감 속에 육지는 아군이 지키고 바다는 유엔군이 경계 근무를 하는 관계로 동해의 영토가 좁은 것은 자기의 영토와는 관계없는 일이라 북한에 많이 내주고 말았다는 역사의 교훈을 새기며 내 나라 내 국토 철원의 얼굴 금학산을 뒤로하고 하산을 시작한다. 날씨는 차가웠으나 삼 산을 종주하는 천리마의 위력으로 오늘도 자연에서 에너지를 받는다. 거침없이 내일을 향하는 호연지기에 행복감에 젖는다.

- 2020.12.25. 고대 보개 금한 삼산 종주를 마치고

손주와 지리산을 종주하다

손주가 여름 방학을 맞이하였다. 초등학교 입학 기념으로 가족과 함께 지리산 종주를 하기로 약속했다.

전국적인 장맛비로 많은 비가 내릴 거라는 일기 예보 속에 어린 손주를 대동하니 불안감이 몰려온다. 그러나 자연 따라 순응키로 하고 심야 고속버스는 목적지를 향하여 달려간다. 시야를 분별할 수 없는 빗물은 차창을 때리고 밤새워 달리던 차량은 어김없이 목적지에 도달한다. 모두 비옷으로 무장하고 머리에는 플래시를 두르고 산행을 시작한다. 불나방이 제일 좋아하는 것은 반사되는 불빛이다. 숲속을 거닐던 손주는 시야를 가로막는 불나방이 자기를 쏘는 벌로 착각하고 깜짝깜짝 놀란다. 이것은 벌이 아니고 불빛을 좋아하는 나방이라고 하며 체험 학습의 중요성을 전달한다.

오늘 산행은 성삼재를 출발 노고단을 경유 세석 산장까지 21km를 능가하는 장거리 산행이다. 노고단 산장에서 간편식으로 아침 식사를 마치고 출발을 기다린다. 등산로가 개방되어 출입문 앞에 인증 사진을 남기고 힘찬 파이브와 함께 산행은 시작된다.

산새 소리에 날이 새는 것을 감지할 수 있다. 밤새 내리던 비는 보슬비로 단장을 하고 빗물을 머금은 연초록 식물들은 싱그럽기 그지없다. 나무숲을 걷는 등산로는 빗물을 막아주는 우산이 되고 안개 낀 산야의 구름은 지리산의 장엄함을 보여주기가 아까운 듯 가렸다 폈다 운무를 연출한다.

산야의 길목에는 천상의 화원 야생화가 만발하고 휘파람새의 휘파람 소리는 발걸음을 더욱 경쾌하게 만든다. 손주는 나뭇가지에 앉은 작은 휘파람새를 보며 '저 작은 새가 어디서 저렇게 큰 소리가 나와' 하며 나를 당황케 한다. 그런가 하면 다양한 야생화를 이 꽃은 이름이 뭐야 하며 묻는다. 응! 이 꽃은 하늘나리 이 꽃은 하늘 동자 요놈은 노루오줌꽃이란다. 노루오줌꽃은 밤에는 야광 불빛을 발하고 색깔이 다양하여 하얀 꽃은 소변이 건강하여 흰색이고 노란 꽃은 수분이 부족하여 노랗게 꽃을 피웠다 하니 금방 암기를 한 듯 하얀 꽃을 보면 얘는 건강하네. 노란 꽃을 보면 수분 부족이네 하며 끊임없이 이야기가 이어진다.

노고단 정상을 거쳐 돼지령 피아골 삼거리를 지나 세 개의 도가 연결된다는 삼도봉 토끼봉을 지나 연하천 대피소에 도착하여 미리 준비한 도시락으로 점심을 먹는다. 손주의 걸음이 느리므로 충분한 휴식을 취하지 못한 채 다음 구간을 향하여 출발을 서두른다. 걷고 걷기를 여러 차례 벽소령 산장에서 잠시 휴식하고 식수를 보충하여 다시 산행을 계속한다. 오랜 세월 풀과 식물이 자라지 못한 등산로는 돌부리와 바위투성이로 성인들은 황새가 걸음을 걷듯 성큼성큼 돌부리를 밟고 지나가면 된다지만 어린 손주는 한발도 떼지 못하는 너덜 길이다. 손을 잡아 주고 한참을 걷고 뒤돌아보면 불과 몇백 미터에 불과할 뿐 좀처럼 진척이 없다. 손주는 가다 서기를 반복하며 자꾸 주저앉는다. 산장은 언제 나오느냐고 몇 번이고 계속 묻는다. 가도 가도 끝이 없는 오르막길 힘이 드는지 눈물을 뚝뚝 흘린다. 어르고 달래며 용기를 불어넣으며 오후 여덟 시가 넘어서야 산장에 도착할 수가 있었다. 부랴부랴 햇반을 데우고 산장에서 파티는 사라진 채 저녁 먹기가 바쁘다. 세수는커녕 옷도 갈아입지 못하고 취침에 들어간다. 날이 밝기가 무섭게 취사장으로 달려가 아침 준비를 하며 다음 산행을 대비한다. 산장에서의 수면은 정말로 단잠이다. 그래서 자연인은 잃었던 건강을 회복하는 것 아닌가 한다.

　대망의 천왕봉을 향하여 산행이 시작된다. 중간 지점 장터목 대피소에서 약간의 휴식과 간식으로 열량을 보충하고 어린 손주는 대피소를 드나들며 손목에 인증 도장을 찍기에 즐거움이 넘쳐난다. 고등학생을 인솔하던 여자 선생님은 어린 소년이 기특했는지 에너지 바를 건네주며 용기를 북돋아 준다. 지리산의 제1경 제석봉을 오르니 대지의 습도는 안개가 되어 구름을 만들고 구름은 하늘을 이동하며 구름바다를 만든다. 지리산 고사목 애환이 담긴 글을 보며 인간의 욕심이 얼마나 무서운 것인가를 체험하며 손주에게도 산에 불을 지르거나 나무를 베면 안 된다고 일러준다. 통 천문을 지나 정상이 가까워졌다는 것을 아는지 손주는 앞장서 바위산을 오르고 드디어 육지에서는 제일 높은 천왕봉 정상에 도달하였다.

 모든 등산객의 칭찬과 장하다 소리를 들으며 이곳까지 오며 어린 손주는 많은 사람에게 기쁨을 주고 오가는 사람으로부터 에너지 바를 다섯 개가 넘게 선물 받았다. 자연은 우리의 스승이다. 도심 속의 치열한 경쟁의 삶도 광활하게 펼쳐진 대자연 앞에는 겸손해지고 모르는 사람에게도 친절을 베풀게 된다. 정상에는 쉬파리 떼와 날벌레가 기승을 부린다. 한라산 설악산 정상에서도 기억에 남는 것은 쉬파리 떼뿐이더라 하는 어느 등산객의 말처럼 곤충은 냄새에 민감한 만큼 우리 몸에서 나는 땀 냄새는 그만큼 고생하였다는 징표이리라.

 천왕봉 정상에서 광활한 지리산의 전망을 관찰하니 신록의 능선은 굽이굽이 장엄하기 그지없다. 한때는 전쟁의 상흔 빨치산 은거 지역으로 아픈 역사가 있다. 그러나 이제는 국립공원으로 내 나라 내 민족에게 용기와 풍요로움을 안겨 주는 어머니 같은 산으로 많은 사람이 이곳을 찾는다.

 손주와 가족 기념사진 인증을 마치고 이제는 하산하여야 한다. 중산리 방향은 오를 때는 칼바위 하늘길이고 내려갈 때는 직소폭포가 낙차를 가하듯 급경사가 심한 코스이다. 길이 험난하여 여성들은 다리가 후들거려 애를 먹는 장애물 코스이다. 지리산 종주는 2박 3일도 힘든 산행길이며 1박 2일의 산행은 건강한 성인도 무리인데 어린 손주를 데리고 종주하는 것은 크나큰 모험과 고행이 아닐 수 없다. 도전 없는 성공이 어디 있으랴. 손주에게 성장하면 왕이 되어라 기를 전달하며 최고봉에서 흐르는 천왕샘의 물을 건네고 식수를 보충한다.

 한발 한발 조심스럽게 손을 잡고 가파른 계단을 내려가기를 여러 번 이제는 할머니도 지쳐 배낭을 멜 수가 없다. 아들이 배낭을 앞뒤로 메고 힘겨운 하산을 계속한다. 손주가 산을 내려오며 할머니께 직언한다. 할머니 아빠가 힘드니까 할머니 배낭은 할머니가 메세요. 엄마가 아가를 돌봐야지 아가가 엄마를 돌보는 게 어디 있어요? 할머니는 내 아빠의 엄마잖아요. 여덟 살 손주의 질책에 할머니는 말 한마디 못 한 채 배낭을 둘러메고 다리를 절룩인다. 너무 지치고 힘든 나머지 이젠 서로 간 싸움이라도 날 지경이다. 할머니는 뒤를 따르며 길이 위험하다 애를 바르게 인도하라며 겁먹은 표정이다. 잔소리하지 말라는 충고에 손주에게 나도 한 방 얻어맞고 말았다. "할아버지! 할머니께 잔소리한다고 하지 마세요. 잔소리가 맞는 말도 있고 틀린 말도 있어요. 그리고 할아버지와 할머니는 결혼했잖아요?" 한다.

 어린 손주로부터 선비 같은 말을 듣게 되고 오랜 시간의 사투 끝에 1박 2일의 산행은 무사히 끝났다. 총 33.2 km 26시간의 산행을 종주한 것이다. 산행은 심신을 단련하는 도전과 집념 고행의 연속이다.

일단 종주를 마치고 나면 독수리가 환생하듯 온몸이 활기가 솟아나며 생기가 돈다. 손주는 아들 부부가 맞벌이인지라 출생 후 6개월이 지나 우리 부부가 키워 남다르게 애정이 많은 편이다. 우리 집 인근에는 우면산이 자리를 잡고 있어 남들은 놀이터나 인근 골목을 배회하며 육아 도우미를 하건만 나는 손주를 캐리어에 넣어 등에 지고 우면산 정상 소망 탑에 앉아 우유를 먹이곤 하였다. 어린 손주는 그렇게 성장하며 철 따라 우면산을 수 회 넘나들고 초등 입학 전 관악산을 여러 번 종주하는 기염을 토해냈다. 그런 체험 학습을 토대로 육지에서는 제일 높은 지리산 천왕봉을 오르는 쾌거를 이룩한 것이다. 미래의 꿈과 도전 정신을 심어 주고 먼 훗날 아름다웠다고 말할 수 있는 추억을 안겨 준 것을 기쁘게 생각한다.

- 2022. 7. 24 지리산 종주를 마치고

관악산 불성사

어둠이 짙게 내린 새벽하늘엔 가녀린 초승달 빛을 발하고 별들은 잠들어 도시의 야경은 불야성을 이룬다. 지지리 궁상 도시의 쳇바퀴 멈출 사람 누가 있으랴. 나그네는 암릉으로 이루어진 해발 629미터 남쪽 관문인 관악산을 향하여 한 마리 청노루가 되어 산야를 누빈다. 산길엔 정상을 향하는 산우들의 불빛만 반짝일 뿐 적막만이 감돈다.

사람들은 말한다 왜 산을 오르느냐고. 등 시리고 외로울 땐 산에 올랐다. 계절 따라 변화하는 자연은 우리의 스승이다. 동녘 하늘에 붉은 태양 솟아오르니 나뭇가지 기지개를 활짝 켜고 갈까마귀 상공을 날아올라 공중을 선회한다. 연주대 정상에 올라 멀리 산야를 관망한다. 광휘의 햇살에 수탉이 활개를 치듯 청계산이 눈앞에 다가오고 과천 안양 벌은 백제의 황산벌 같은 전운이 감돈다.

저 멀리 구름처럼 낮게 깔린 서해는 한편의 파노라마를 연출하며 호연지기를 만들고 스님의 불경 소리 반주 삼아 경내를 돌며 오늘의 안전 산행을 기원한다. 경내에는 날개 부러진 까마귀 한

마리 날지 못하고 뛰어다니는 모습이 애처롭다. 연주암을 뒤로하고 팔 봉으로 향하는 길. 팔 봉은 언젠가 헬리콥터가 공중을 선회하여 불의의 사고로 숨진 산우를 들것으로 옮겨 영면을 도운 일이 있다. 그곳에는 위패가 봉안되고 이곳에 오면 그의 영혼을 빌며 주변을 청소하곤 한다.

　팔 봉은 의상대를 기점으로 여덟 개의 암 봉과 맞은편에는 하늘을 찌르는 육 봉이 수호천사처럼 병풍을 두르고 있는 산기슭 아래 의상이 수도하였던 가장 큰 사찰이었다던 불성사가 있는 곳이다. 간간이 빈 하늘 물고기가 헤엄치는 풍경소리만 들릴 뿐 게슴츠레 눈을 뜬 노승만이 양지바른 곳 햇볕을 쬐고 보살과 법사는 나뭇짐을 지고 들어온다. 나그네는 불심이 발동되어 배낭을 벗어 던지고 땔감을 하러 간다. 통나무를 지게에 짊어지고 절간으로 옮겨 도끼로 장작을 팬다. 양지바른 그곳에 장작을 쌓아두니 겨울 양식이 따로 없다. 행복은 바로 이런 것이 아니겠는가. 오늘 시주는 이것으로 만족한다.

　소나무가 울창한 깎아지른 절벽엔 크렁크렁 속울음 울며 타오르는 영혼을 잠재우지 못한 수많은 바위가 앞을 다퉈 얼굴을 내민다. 무너미 고개를 거쳐 삼성산을 향하여 발길을 돌린다. 갈 길은 먼데 불성사에서 땔감 시주를 한다고 체력을 과하게 소비하여 다소 걱정이다. 바람이 심하게 불어 쉴 장소가 없다. 한발 한발 사력을 다해 망월 암을 거쳐 상불암 툇마루에 앉아 라면과 햇반으로 열량을 보충한다. 삼성산 깃대봉에 정점을 찍고 땅 위에 솟아오른 암반에 자연석으로 이루어진 삼막사의 남녀 근성 칠성각에 도달하여 자연의 묘미를 관찰한다.

이곳은 부처님 오신 날과 칠석날에는 많은 불자가 치성을 드린다고 한다. 원효대사가 창건한 삼막사를 거쳐 호압사 방향으로 산길을 걸으며 육신은 탈골이 되고 자연의 뼈만 앙상하게 남은 칼바위 능선을 지나 서울대 앞 돌산까지 관악산을 한 바퀴 순회하는 산행을 하며 혼자 걷는 길에는 그리움이 몰려온다.

산행을 마치고 아늑한 곳에 들려 식사를 곁들이며 생의 피로를 말끔히 씻어내는 것, 하루의 산행 일기를 정리하며 가슴속에서 더운 김이 모락모락 피어오르는 이때가 산행하는 가장 행복한 순간이다. 지금, 오늘도 즐거웠다고 행복의 옹달샘이 뽕뽕 솟는다.

- 2020.12.11. 관악산 종주를 마치고

백두산 문학기행을 마치고

　백두산까지 앞으로, 앞으로 무찔러 찔러 대한 남아의 총칼이 번쩍거린다. 원수야 오랑캐야 압록강 건너서, 어서 빨리 물러가라 두 손 들어라.
　남북의 첨예한 대립 속에 병역 의무를 수행한 대한민국 남자라면 누구나 한 번쯤 불렀음 직하다. 백두산가는 목이 터지도록 불렀으나 백두산은 가보지 못했다. 1년 중 8개월 이상 눈이 덮여 희게 보인다는 백두산은 한민족에게 민족과 국가의 발상지, 생명력 있는 산, 민족의 성산, 신산으로 숭앙 되어 왔다. 백두산을 향하는 들녘의 척박한 토양엔 옥수수 경작으로 녹화사업 열중이다. 백두산에는 미인송 소나무와 자작나무가 주종을 이루고 자작나무에서 나오는 차가버섯이 유명하다. 천연기념물 백두산 호랑이가 있어 눈이 많이 내릴 때는 가축을 방사시켜 보호한다. 여우 노루 사슴 등이 서식한다. 땅이 넓으니 소음과 먼지가 나는 도로에는 마을이 없고 아늑한 산속에 마을이 있으며 차량은 마을 공동 버스를 이용하고 주민은 백두산 입산증을 가지고 약초를 캐고 양봉업자가 많다. 천연 자연물이 많이 생산되지만 돈 쓸 곳이 없어 돈이 많다고 한다.

  백두 산야의 파란 하늘엔 먹구름이 몰려오는가 하면 짙은 안개 산야를 뒤덮고 하루에도 몇 번씩 날씨가 변화하는 백두산은 하늘을 찌르는 미인송 소나무와 자작나무 숲이 장관을 이룬다. 일일 3만 명 이상의 입산객이 오르는 백두산 천지는 손에 닿을듯한 곳이 바로 북한인걸. 같은 공산권인 중국 땅에 발을 딛고 가는 이 마음 60만 대군의 중공군이 아니었으면 남북통일 한마음 한뜻 가슴 아픈 일이 없었을 텐데…. 아프다, 아프다. 정말 가슴 아프다.

  구름 숭숭 바람 숭숭 태양 숭숭 빗물이 숨바꼭질하는 백두 산야는 자연의 화가 자작나무 그림을 그리고 오색 들꽃 하늘을 향한 하늘지붕 개마고원이다. 앞서가는 가마꾼과 뒤를 따르는 수많은 관광객이 백두산 천지를 향하는 1,442계단을 한발 한발 조심스럽게 오르고 있다. 청심 계단의 청아한 물소리는 열기에 달아오른 마음의 심경을 내리고 가마를 타고 가는 사람 가마 메는 괴로움 모르고 가마꾼은 몇 계단을 오르지 못하고 숨을 헐떡이며 가마를 내려놓곤 한다. 설악산 지게꾼은 평생을 업으로 산장에 필요한 물건을 지게로 운반하며 매월 일정액을 저축하여 자선 단체에 봉사한 일은 웬만한 사람이라면 모두가 알고 있는 일이다. 그러던 지게꾼도 헬리콥터에 일자리를 뺏긴 채 자연으로 되돌아가게 되었다. 이들 가마꾼도 언제 손을 놓게 될지 불안스럽기도 하다.

백두산은 3대 천지로 백두산 천지 사람 천지 옥수수 천지이다. 백두산 천지는 매일 모습을 드러내는 것이 아니다. 1년에 고작 80여 일 보여준다고 하니 3대가 덕을 쌓아야 볼 수 있다 하는 말이 있을 정도로 백두산 천지의 기상 상황은 변화무쌍하다. 맑은 날씨가 드물고 잠깐 좋더라도 변덕이 심해 금방금방 변하기 때문이다. 가정에서 마시는 백산수가 이곳에서 생산되는 것을 알게 되었다. 총 16개의 봉우리 중 6개의 봉우리가 북한에 속하고 7개는 중국에 있으며 3개가 국경에 걸쳐 있다. 백두산 최고봉은 병사봉이나 김일성을 찬양한 나머지 장군봉으로 이름이 바뀌었다 한다. 김일성이 60만 대군 인해전술 중공군 지원에 힘입어 북조선을 지킨 공로로 백두산 일부를 떼어주었다는 풍문이 도는 가운데 우리 민족은 천지 전체를 대한민국 영토로 주장하고 있으나 독도와는 달리 그다지 적극적으로 주장하지 않고 있어 마음 아프다.

백번을 올라가도 잘해야 두 번을 볼 수 있다는 이곳. 오를 때는 완만한 경사 평탄한 길을 올랐으나 분화구의 바깥은 완만하지만, 안쪽은 절벽 수준으로 거대한 가오리가 헤엄을 치듯 천지 전체를 덮고 있다. 야생화가 만발하여 천상의 화원으로 변하는 이곳. 팔월이라 그런지 많은 들꽃이 사라지고 이름 모를 꽃과 노란색의 만병초가 하늘을 향해 웃음을 짓고 있다. 정상에 도달하니 수많은 입산객 발 디딜 틈이 없고 중공군 인해전술 실감이 나는 그들은 자리를 잡으면 조금도 양보치 않는다. 어린 초등생까지도 보호난간 손을 잡고 눈앞의 이익에는 조금도 양보의 기미가 없다. 동방 예의지국 우리 민족은 서로서로 양보하며 천지를 즐기건만 막무가내 그들 특유의 기질을 유감없이 보여주고 있다.

　백두산 천지는 홍수가 나면 한반도 전체를 1cm 두께로 덮을 수 있는 크나큰 용량이 축적되어 있다. 시야가 흐려 천지가 안 보인다고 쉽게 포기하고 하산하는 사람이 많다고 하나 조금 더 침착성 하게 기다리다 보면 천지를 볼 수가 있다. 천지의 수심은 204m로 깊은 곳은 307m까지 도달되어 물이 차가워 1분을 손을 담그지 못하는가 하면 수온이 낮아 물고기가 살지 못하고 겨울에는 얼음이 얼어 빙판을 이루나 온천수 쪽은 얼지 않아 김이 피어오른다. 대륙의 땅 중국은 땅이 넓어 14억 인구가 살아갈 수 있고 어딜 가도 사람 모이는 곳이면 개미 떼 행렬을 이루듯 장사진을 이룬다. 홍수가 나도 산 위에 올라 태평하게 구경하는 게 그들의 문화이다. 작은 땅마저 분단 속에 살아가는 우리들은 모든 것을 빨리빨리 해결하려는 조급함이 애석하기도 하다. 오를 때 보지 못한 꽃이 내려올 때 보이더라 하듯 사람 공해에 무엇을 보았는지 알 수 없어 중간쯤 하산길 다시 또 정상을 향하여 치닫는다. 안정된 마음으로 천지를 감상하니 천지는 가오리형 모양으로 마치 거대한 가오리가 양 날개를 펴고 우리 앞에 다가오듯 파란 하늘과 함께 너울거린다. 백두산 천지의 물이 장백 폭포를 만들고 압록강 두만강은 백두산 중턱에서 발원되며 유일하게 송화강이 천지에서 발원되어 이들 모두 동해로 흘러간다.

  백두산 천지 관광을 마치고 금강 대협곡 트레킹을 하며 화산 분화구가 흘러내린 계곡에는 작은 축소판의 그랜드 캐니언 콜로라도강이 흐르는 협곡과 거대한 바위가 녹아 뼈만 남긴 여러 모양의 바위 형상이 이채롭다.

  서파 등정을 마치고 북파로 이동하니 봉고차는 정상까지 구불구불 롤러를 타듯 S자 코스를 돌고 돌아 정상에 도달한다. 마치 백담사 입구의 도로를 곡예 운전을 하듯 잘도 달린다. 천문봉에서 본 백두산 천지는 비행기에서 창밖을 내다보듯 구름이 서리는가 하면 잠시 열리고 하얀 구름은 안개가 되어 아낙네의 머릿결을 적시곤 한다. 한라산 백록담 분화구가 제주도의 터전을 만들어 최고봉인 줄 알았으나 백두산 천지의 거대한 분화구와 협곡으로 이루어진 하늘지붕 개마고원을 보며 여행은 아는 것만큼 보인다고 일본 후지산을 보면 더욱 실감이 날듯도 하다. 백두산 천지의 물줄기인 장백 폭포를 보며 중국인들은 백두산이나 천지연 폭포라 하면 알아듣지 못하고 장백산이나 장백 폭포라 하면 쉽게 전달된다니 그것 또한 가슴 아픈 일이다.

  최전방 군부대에서 적을 제압하는 군가로 제창하던 백두산을 두 번의 여행 끝에 천지를 조망하니 마치 전투에서 승리한 병사처럼 마음은 호연지기가 되어 발걸음 또한 가볍다.

설악산 눈꽃 산행

유별하게도 매서운 한파가 몰아치는 1월의 날씨. 기다리던 설악산 눈꽃 산행이 다가왔다. 산행을 출발할 때는 마음이 긴장되어 밤잠을 설치곤 한다.

이번 산행은 백두대간 중간 지점인 한계령을 출발 끝청을 거쳐 중청봉 산장에서 일박 후 대청을 섭렵 후 천불동 계곡으로 하산하는 장거리 코스이다. 이른 새벽 자동차는 설악을 향하여 달려가고 부족한 수면을 차내에서 보충한다. 설악에 다다를 즈음 운전기사는 눈이 왔다고 전달한다. 밤새 또 눈이 내린 것이다. 이미 쌓여 있는 눈 위에 새하얀 눈이 햇살의 광휘를 받아 빛을 발한다. 산에는 상고대 백설화 만발하고 우리들은 장엄하고 웅장한 설악에 작은 미물에 속하는 개미가 이동하듯 산행을 시작한다. 온 산야는 눈으로 쌓여 동면에 들어가고 미처 영혼을 잠재우지 못한 바위들의 울부짖는 바람 소리는 산야를 진동한다. 한발 한발 아이젠과 스틱에 의존하며 눈길을 걷고 있는 발밑에서는 뽀드득뽀드득 때 아닌 개구리 울음소리 봄을 재촉한다.

산우들은 억눌린 가슴속의 답답함을 얼음 속 개울물 흐르듯 마음껏 씻어내는 감탄의 소리를 토해내는가 하면 겨울 산양이 천상의 설원을 섭렵하듯 능선을 따라 온종일 걷고 또 걸어 중청봉 산장에 여장을 푼다.

노루 꼬리처럼 짧은 겨울 햇살. 해가 지기 전 대청봉에 올라야 한다. 배낭을 산장에 풀어 놓은 채 설악의 최고봉 대청봉을 향한다. 겨울바람은 미사일 폭격을 가하듯 대지를 강타하고 누워 자란다는 눈 잣나무는 눈 위에 몸을 뉜 채 겨울을 나고 있다. 잣 까마귀의 먹이를 제공하는 눈잣나무는 거센 바람을 이겨내며 이곳에만 유일하게 자생하는 보호 식물이다. 이곳에 오면 난쟁이 눈잣나무의 기를 받아 호연지기가 되곤 한다.

대청봉 정상에 오르니 몸을 겨눌 수 없는 칼바람이 불어오고 기온이 급강하하여 스마트폰이 작동하질 않는다. 몇 장의 사진만 남긴 채 내일 새벽 일출 시간에 다시 올 것을 기약하며 산장으로 귀환을 서두른다. 오늘 산행 최고의 별미는 산장에서의 저녁 식사이다. 모두가 초심으로 돌아가 각자 준비한 반찬에 고기를 굽는다. 열두 명 남녀 몸속의 장기는 새마을 공장 가동을 하듯 잘도 흡입한다. 먹어도 먹어도 식탐은 그칠 줄을 모른다. 여성들이 준비한 정성스러운 반찬에 푸른 깻잎과 풋고추, 텃밭에서 기른 무로 만든 유기농 석박지와 곁들인 저녁 식사는 유명 호텔 퓨전 요리를 능가하는 훌륭한 만찬이다. 고기와 함께하는 석박지와 머위 장조림을 챙겨준 마누라까지 칭찬을 많이 받았다.

　지금 이 순간을 즐겨라, 이게 바로 기쁨이고 최고의 행복이다. 식사 시간을 마치고 소등 시간이 다가와 잠자리에 들어간다. 코로나로 담요를 지급하지 않아 알몸으로 마룻바닥에 잠을 청하니 잠을 이룰 수가 없다. 보일러를 가동한다 해도 열기가 위로 증발하여 밤새워 뒤척이며 비몽사몽 날이 밝기를 기다린다. 남자도 잠을 설치는데 여성들은 얼마나 추울까 걱정스럽다. 서둘러 조식을 마치고 일출을 보기 위하여 대청봉을 오른다. 온몸을 중무장하고 얼굴까지 가린 채 해가 뜨기를 기다린다. 동녘이 붉어지는가 하더니 용광로 주물을 쏟아내듯 붉은 해가 하늘로 치솟는다. 일생을 살아오며 여러 차례 설악에 왔건만 처음 보는 해맞이다. 중천에 떠 있는 낮달은 마음껏 즐기라는 듯 웃음 지으며 환호를 보내고 연신 셔터를 누르며 가족의 건강과 친구들의 안위를 기원한다.

　새벽 기온의 급강하로 바람까지 매서워 정상에 있는 대청봉 표지석에는 서로들 고통을 참아가며 인증 사진을 남기기에 여념이 없다. 대청의 정복을 축하하듯 밀려오는 운무는 산야를 뒤덮고 겨울 잔치를 열었다. 장엄한 설악의 전경이 한눈에 들어오고 눈 속에 묻혀 공룡의 이빨이 하늘을 찌르는 공룡 능선은 파노라마를 연출한다.

　대청을 뒤로하고 천불동을 향하여 이동한다. 봅슬레이 코스를 이동하듯 발자국을 따라 미끄러지듯 조심조심 천 가지 불상이 놓여 있다는 천불동 계곡은 많은 눈이 쌓여있다. 기상천외의 바위들은 졸음에 겨운 듯 눈 속에 얼굴을 내밀고 줄기차게 흐르던 폭포수도 봄을 기약하며 동면하고 있다. 겨울 눈꽃 산행은 산행의 묘미와 전율, 기쁨의 절정이다. 신선이 따로 없다. 먼 훗날의 추억에 대비하여 꼼꼼하게 사진을 챙기는 것도 낭만이다. 가다 서기를 반목하여 양폭산장에 여장을 풀고 뜨끈뜨끈한 국물 라면으로 점심 겸 체온을 녹인다.

귀신 바위의 형상인 귀면암 비선대를 지나 본격적인 하산이 시작되고 많은 눈이 내려 소나무 가지가 부러지고 나무들은 상처투성이다. 혹독한 시련과 자연의 매질에 봄이면 더욱 푸르게 성장하리라. 산에는 많은 눈이 내려 나뭇가지에 묻혀 눈의 양을 몰랐으나 도로의 갓길은 제설작업으로 눈이 산처럼 쌓여있다. 여행객들은 아래쪽에는 더 많은 눈이 왔다고 말한다.

산행을 마치면 미식가들의 뒤풀이 또한 빼놓을 수 없는 즐거움이다. 속초의 명물 중앙 시장에 들러 자리를 잡는다. 서로들 그날의 추억과 기쁘고 즐거웠던 포말을 쏟아내며 왕성한 식욕은 술잔에 희석되고 이야기꽃은 바다를 이룬다. 서로서로 존중하고 배려하는 마음이 결집하여 겨울 설악의 눈 속에 마음을 씻고 가슴속 응어리를 풀어낸다.

생을 살아오며 그다지 슬프거나 그다지 아쉬울 것도 없이 지금까지 잘 살아왔다고 설악은 나에게 칭찬을 전달한다.

  - 2023. 1. 31. 설악산 눈꽃 산행을 마치고.

베트남 나트랑 달랏

아름다운 정원과 호수로 사랑받는 베트남의 작은 도시 파리. 어떤 이에게는 즐거움을, 어떤 이에게는 신선함이라는 프랑스 인들이 달라트라고 부른 것이 달랏이라는 이름의 유래가 되었다 한다. 달랏은 고산지대로 날씨가 덥고 습한 베트남에선 최고의 피서지이다. 프랑스인을 위한 휴양지로 한때는 작은 파리로 불리기도 할 만큼 아름다운 유럽식 건물과 호화로운 별장이 곳곳에 남아있기도 하다.

식민지 시절 댐 건설로 시내 중앙을 가로지르는 인공 호수가 자리매김하고 레스토랑 호텔 상점이 밀집해 있는 곳. 토산품 가게와 식민지 시대 건물이 그대로 존재하고 있어 고전미를 더해준다. 고지대인 이곳은 대중교통 수단이 없어 오토바이 택시가 도로를 가득 메우고 있다. 달랏 시장은 고원지대의 채소와 이곳의 특산품인 딸기와 각종 꽃이 시장을 장식하고 수많은 인파에 사람 구경이 한몫을 하기도 한다.

커피 농장이 많아 생산량이 최대이며 커피 수출국답게 이곳에서 로스팅이 개발되었다 한다. 로스팅은 볶아서 판매하는 것으로 염소가 빨간 열매를 먹고 밤새도록 미친 듯이 날뛰어 계속 연구 끝에 발견되어 한때는 황제들만이 즐기는 검은 악마의 음료로 커피 수출국 세계 2위란다. 커피향으로 유명한 3대 커피는 족제비 똥, 코끼리 똥, 사향 고양이 똥 커피가 유명하다.

불행만 초래하는 전쟁은 일어나선 안 된다. 이곳에도 전쟁의 후유증으로 라이따이한 문제가 소설처럼 전개되고 있다. 파월 장병과의 관계에서 태어난 자녀는 부대의 규율과 엄격한 통제로 극히 저조하나 그곳에 상주하던 기술자와 노무자 등이 가정을 꾸리고 생활 중 급히 빠져나오는 관계로 그들은 홀어머니 밑에서 자라는 어려움과 반동이라는 프레임 속에 갖은 압박과 설움을 받고 살아왔다는 가슴 아픈 현실을 들어야만 했다.

그런가 하면 위대한 한국인 3인이 있다. 김우중, 김진국, 박항서 감독은 어디를 가도 홍보 거리 대명사이다. 대우 김우중 회장은 베트남 발전에 여러 가지 기여와 장학생을 선발 고국에 유학시켜 희망찬 미래를 열였고 김진국 교수는 한국식 비닐하우스 기술 보급자로 베트남 파파로 유명하다. 그는 그곳에 정착하며 비닐하우스 기술 보급에 심혈을 기울였다. 현지 농민들은 비닐 움막을 지어 기거하는 그를 보고 갖은 훼방을 놓았다. 가재도구까지 빼앗아 곤경에 빠트리고 그가 사용하던 스테인리스 숟가락까지 훔쳐가 고국에 다녀갈 때는 많은 숟가락을 구매 현지인에게 나눠주며 친분을 쌓아 갔다. 비닐하우스에는 베트남의 꽃인 안개꽃과 난을 재배 각종 채소를 경작하여 사 모작을 가능케 해 부자 동네로 탈바꿈시켜 놓았다. 달랏 대학 공업 학과에 한국어 학과가 개설되는 기염을 토하게 만든 장본인이다.

그런가 하면 박항서 감독은 운동선수들을 채식에서 육식으로 체질을 개선해 동남아의 왕 중심국 태국을 이겨 전쟁에서 승리한 기쁨을 다시 쟁취하는 각광받는 지도자로 유명하다.

또한 한국인의 자랑이라 하면 베트남 전쟁이 종결되고 선상난민(보트피플)이 발생하여 표류 중 삼치잡이 광양 호가(선장 조재호) 이를 발견하고 본사에 무선 연락을 하니 허락하지 않아 그냥 지나치다가 마음이 안쓰러워 다시 배를 돌려 965명을 태워 귀항하게 된다. 굶주린 난민을 먹이고 안정을 취하게 하다 보니 남아있는 식량이 부족하다는 것을 그들이 알게 되자 선장이 나서서 불안에 떨지 말라. 우리는 삼치잡이 어선이다. 삼치를 먹으면 될 것 아니냐 고 하였다. 귀항 중 본사에서 계속 연락이 오자 아예 무전을 꺼버리고 부산항에 도착쯤 인근 섬에 버리고 오라는 경고에도 난민을 입항하였다. 그리하여 선장은 직장을 잃고 시골로 낙향하여 살아가게 되고 난민촌에서 생활하던 그들은 각자의 희망대로 세계 각처로 이민 가게 되었다.

난민 중 한 사람이 미국으로 가 이민 간호사가 되어 선장에게 연락을 취하나 연락이 되지 않는다. 선장의 자녀가 결혼하여 자녀를 낳고, 그들도 가정을 이루며 세월이 흐르던 중 연락이 닿아 선장을 미국으로 초대한다. 어느덧 하얀 백발이 된 그들은 서로 두리번거리며 선장의 품에 안겨 너무 감사하다. 삶을 되찾아서 기쁘다. 우리는 25척의 배를 보았다. 26번째 배를 보았을 때 우리는 포기를 했다고 하였다. 이때 선장의 말은 '사람이라면 누구나 다 그랬을 것이다.'라는 유명한 일화가 있다. 베트남에서는 일본이 산업 전반을 차지했으나 현재는 한국이 완전하게 앞서가는 기술 강국으로 변모했다 한다.

달랏에는 해발 2,167m 두 개의 봉을 이루는 랑비앙산이 있다. 랑비앙산의 유래는 부족장의 딸인 비앙이 열매를 따러 바 칸나 폭포를 지나던 중 악랄한 늑대무리의 공격을 받아 위험에 처하게 되자 랑이 이를 구해주었다. 이들은 서로 사랑을 하게 되나 부족의 반대로 산속에 은거하며 생활 중 비앙이 병에 걸리게 되었다. 약을 구하러 마을로 가던 중 부족이 쏜 독화살을 막던 비앙이 화살에 맞아 고통스러워하며 죽어가자, 랑이 비앙을 끌어안고 낭떠러지로 떨어져 죽었다는 전설이 있다. 이들이 죽고 나자 모든 부족은 사랑하면 결혼을 할 수 있는 제도가 생겨나고 그들의 영혼을 상징하는 두 개의 산봉우리는 해마다 높이 솟아오르고 있다 한다.

랑비앙산은 고산지대로 비가 자주 내린다. 한쪽은 비가 오고 한쪽은 비가 오지 않는다. 비가 오더라도 잘 피하면 여행을 무사히 마칠 수 있다. 지프와 곤돌라를 이용 정상에 도달하면 무성한 열대림의 정글 지역과는 달리 소나무가 재생된 밀집 지역으로 피톤치드가 많고 공기가 산뜻하여 한국적 이미지가 물씬 풍기는, 신혼부부가 많이 찾는 곳이다. 마을 주변엔 산안개가 땅에 내려앉은 듯 비닐하우스가 산야를 뒤덮고 밤에는 온실 속 일조량 부족으로 불을 밝혀 달랏의 야경을 한눈에 볼 수 있는 명소로 각광받고 있다. 수많은 비닐하우스는 꽃과 채소를 경작하고 커피가 많고 카페가 많다. 8남매, 10남매 등 대가족이 많은 달랏은 젊은 사람이 많아 활기차고 역동적이다.

안녕! 하롱베이

 열대 지방의 날씨라 하지만 달리는 차량은 우리의 가을 날씨를 연상케 한다. 해가 뜨나 달이 뜨나 금세계로 보이는 곳. 산이나 물이나 전경이 살아 있는 하늘과 땅이 조화를 이루는 곳. 해안선을 따라 도시가 형성된 바다와 육지 섬과 연결되는 하롱베이는 관광객의 시선을 끌어당기는 좋은 장소이다.
 여행객을 실은 부상열차 이층 버스는 해안선을 따라 도심 속의 도로를 구석구석 투어를 시킨다. 2층 선상 버스인지라 바람결이 얼굴을 스치는가 하면 평화를 상징하는 야자수 나무는 햇살의 광휘에 빛을 발한다.
 130미터 높이의 육지를 가로지르는 케이블카의 웅장함과 시내를 조망하는 일주 도로에는 고층 빌딩이 우후죽순처럼 올라오고 있다. 자연과 바다 도시가 어우러진 그림 같은 섬. 수많은 섬은 특유의 제 모습으로 얼굴을 비추고 관광객들은 자연의 정취에 흠뻑 젖어들곤 한다. 삼무도라 불리는 하롱베이는 파도, 갈매기, 바닷냄새가 없고 솔개가 많다 하는 곳으로 바닷물이 짠내가 없어 샤

워를 안 해도 된다고 한다. 해수욕장 야자수는 열매가 없다. 열매가 떨어져 다치는 것을 방지하기 위해서란다.

'하롱의 요람'은 대나무 죽순처럼 솟아오른 바위섬들이 속살을 벗겨 내듯 보는 족족 환상이다. 파도가 없다는 이곳. 잔잔한 물결과 불어오는 실바람에 수많은 기암괴석의 섬들은 절경을 이룬다. 자연에서 용이 내려고 왔다 하는 이곳. 산속에 있던 용이 바다로 내려올 때 꼬리질을 하여 계곡과 동굴이 생겨나 삼천여 개의 섬이 각기 다른 모양을 갖췄다 한다. 오랜 세월 바닷물과 비바람에 침식되어 날카롭게 깎아지른 바위가 절벽을 이루고 있는 작은 돌섬과 동굴은 기후나 태양의 변화에 따라 그 빛깔을 바꾸는 신비로운 섬이다.

갈매기가 없다는 이곳! 깎아지른 암벽에는 맹금류의 서식처로 솔개가 공중을 순회하고 갈매기들은 피난한 것으로 생각된다.

하롱의 바위섬 최고의 홍일점은 키스 바위이다. 강아지와 닭의 형상 바위가 서로 마주 보고 키스를 하는 것처럼 보인다. 수많은 여행객을 실은 나룻배와 크루즈가 정착하여 바다를 뒤덮고 사진 촬영에 여념이 없다. 오랜 침식 작용과 불법 어업 및 관광을 위한 보트가 근접하게 다가가 침식을 부추기고 있다 한다. 하롱베이는 프랑스 말로 바닷물이 차 있는 섬이란다. 항구 같은 섬. 해발 95m 섬에는 승숏이란 동굴이 있다. 동굴 내부에는 자연이 만든 종유석인 석순 석주는 동굴이 주는 색다른 느낌으로 동굴 속 신비로움에 모두가 우와 소리를 내며 감탄사를 연발하여 일명 우와 동굴이라고 부르기도 한다.

  석회암으로 이루어진 용암 동굴은 바다 위 산속에 동굴이 형성되어 물이 없어 내부가 덥다 한다. 하늘에서 빛이 내려오는 천연 동굴로 동굴에서 땀을 흘려 보기는 처음이다. 25,000여 명의 장병을 수용할 수 있는 이곳, 팔레스타인 하마스 기지로는 최적이라는 생각이 든다. 동굴 내부에는 장수 거북이의 종유석이 자리하고 거북이 상에 무병장수 기원을 하며 동굴 탐험을 마치고 모터보트로 이동한다. 해수욕장 모터보트를 능가하는 곡예 운전으로 섬 사이를 가로지르는 보트 투어를 마치고 손으로 노를 젓는 삼판배에 올라 향 루언 수상 동굴 체험에 나선다. 오랜 세월 바닷물과 비바람에 침식되어 날카롭게 깎아지른 바위 절벽을 이룬 작은 돌섬의 신비로운 동굴인 하늘 문을 들어가니 낙타봉과 연꽃 바위가 관객을 맞이하고 병풍을 두른 듯 뻥 뚫린 하늘에는 솔개가 비행한다. 하늘나라 선녀가 내려와 놀다 간다고 하는 이곳. 산속에는 천연 동굴 바다에는 수상 동굴 신선들이 즐기는 음양이 잘 어우러진 천혜의 비경이다.

  모터보트는 다양한 섬을 돌며 섬들은 제 모습 자랑에 여념이 없다. 용이 하늘에서 내려와 해적을 물리치고 하늘로 승천하며 섬에 구멍을 내어 터널 같은 커다란 구멍이 하늘로 뚫려있다는 이름 모를 섬. 지구는 파랗고 파도는 푸르다.

티톱 장군 섬에 도착하여 전망대 투어를 시작한다. 티톱은 러시아 우주 비행사로 베트남의 국부 호찌민과 친구처럼 지냈다 한다. 그는 베트남인 조종사 200명을 양성하여 미군과의 전쟁에 크게 이바지한 공로로 티톱을 기리는 동상을 세우고 섬 이름을 티톱으로 바꾸었다 한다. 전망대에서 본 하롱베이의 모습은 티톱 장군처럼 모든 섬을 포용하고 작은 섬들의 멋진 풍광과 바다 위를 오가는 배들은 한 폭의 그림이다.

선상 투어를 마치고 케이블카 투어에 나선다. 지상 108m의 고공 하롱의 시가와 바다의 전경을 살펴보며 다람쥐 쳇바퀴 돌 듯 원형 케이블카에 탑승하여 주변 전망을 관찰하니 일본식 건물과 정원이 한눈에 들어와 역사의 수레바퀴는 항일 정신의 반감인지 마음이 외로워지는 것은 사실이다. 프랑스 예술가들이 인간의 손으로 할 수 있는 최대의 마술이라고 극찬한 수상 인형 극장으로 이동하니 베트남 특유의 고전 음악과 우리의 거문고 비슷한 때우라는 전통 악기를 연주하며 시선을 끌어모은다. 베트남의 독특한 문화유산으로 강가의 농민들이 수확의 기쁨을 나누기 위해 연못이나 호수에서 '누억'이라는 인형을 만들어 공연하였다 한다. 이 인형들은 대나무와 실로 연결되어 움직임이 매우 정교해 마치 인형이 살아 있는 듯한 착각을 일으킨다. 고기잡이. 소싸움. 장끼 등을 아주 우스꽝스럽게 재현하고 악귀로부터 농민과 농사일을 보호하여 풍년을 기원하는 것이라 한다.

하롱베이의 하이라이트는 파도가 없고, 갈매기가 없고, 솔개가 서식하는 하롱베이 바다와 바다 위에 솟아 있는 승솟 동굴(일명 우와 동굴)의 종유석과 날카롭게 깎아지른 바위가 병풍을 두른 듯 하늘만 뻥 뚫린 향루 언 수문 동굴. 러시아 우주 비행사도 반한 삼천 여기의 섬을 포용하는 미군과의 전쟁에 크게 이바지했다는 티톱 장군의 동상과 티톱 전망대가 있는 티톱섬이 최고의 압권이 었다.

예봉 적갑 운길산을 종주하다

　예봉 적갑 운길 삼산을 종주하는 날. 휴일을 맞아 이미 약속된 손주가 도착이 되고 부랴부랴 아침 식사를 마치고 집 밖을 나선다.
　이촌역에서 탑승한 중앙선 열차에는 배낭을 멘 등산객들이 심심치 않게 눈에 띤다. 초등학교 1학년에 불과한 손주는 할아버지의 스마트폰을 빌려 지도를 열고 현재 지역의 최신 정보를 탐색하는가 하면 차량의 출발과 도착 지점의 시간까지 세밀하게 파악하고 전달한다. 저 어린 것이 언제 저런 기기를 통달하였는지 손놀림까지 빠른 것을 보면 MZ 시대를 넘어 α세대라 하더니 그 말이 맞나 보다.
　어느덧 팔당역에 다다르니 휴일을 맞아 주변에는 삼삼오오 일행을 기다리는가 하면 자전거 하이킹을 즐기려는 라이너들이 모여 있다. 예봉산은 울창한 삼림 지역으로 조선 시대에는 연료 공급지 역할을 하고 제사를 지내는 곳이었다 한다.
　생후 육 개월 영아를 돌보던 손주가 성장하여 산행을 같이하니 든든한 산 친구가 생겨 기쁘다. 완만한 초입을 지나 중간 지점의 가파른 곳은 계단을 설치하여 편의를 제공하고 있으나 보폭이 맞지 아니하여 자연 산길만은 못하다. 잘 따라오던 손주는 힘이 든다고 쉬어가자 한다. 물을 꺼내 수분을 보충시키고 초콜릿으로 열량을 높여 체력을 보강한다.

작년에는 장거리 산행인 지리산 종주를 완주하여 이 정도의 산행은 쉽게 하리라 생각했건만 폐활량과 몸 전체의 상태를 점검하니 체력이 떨어진 것은 사실이다. 하긴 방학이라고 집에 있으면 티브이나 본다고 학원을 여섯 일곱 군데 연결하여 통학 버스에 의존하고 있으니 그럴 만도 하다. 산행도 산행이지만 자신의 체력과 실제로 보고 느끼는 체험 학습이 중요하다고 강조한다.

스마트폰 아이폰의 창시자 스티브 잡스는 돈 버는 일에만 몰두한 나머지 건강한 삶을 잃게 되어 56세의 나이에 죽음을 맞이했다. 그러니 몸이 건강해야 공부도 잘하고 훌륭한 사람이 된다고 말을 전하며 저 건너 높이 솟아오른 산은 검단산이고 가운데로 흐르는 물이 한강 상류란다. 한강 물은 서울 시민의 식수로 물이 건강해야 우리도 건강하고 물이 병 들면 우리도 병들고 우리는 자연에서 태어난 생명체이니만큼 자연을 보호해야 우리도 장수한다고 말해 준다.

오르막과 사투를 벌이던 중 예봉산 정상에 도달하고 예전에 없었던 강우 레이더 관측소가 웅장하게 서 있다. 물자 수송을 위한 모노레일이 기찻길 선로처럼 숲을 훼손하여 미관을 찌푸리게 만든다. 김밥과 컵라면으로 점심을 마치고 기념사진을 촬영 후 다음 산행지로 이동한다. 2월, 북쪽의 산길은 잔설과 얼음이 얼어 있다. 손주의 손목을 잡고 오르내리며 길을 걸어가던 중 다산 정약용이 학문의 도를 밝혔다 하는 철문 봉에 도달하였다. 백성을 생각하여 걸어 보아라, 어록을 살펴보던 중 요즘 정치인들의 한심한 작태를 생각하며 행글라이더 활강 장소인 적갑산 인근에 도착한다. 때마침 십여 명의 행글라이더 동호회 회원들이 활강을 위하여 대기하고 한 사람의 대원이 하늘을 날기 위하여 여러 사람의 대원이 손으로 날개를 펴고 출발 신호와 함께 앞으로 달려 나가 하늘로 날아오른다. 이곳에서 활강하면 종착지는 예봉산을 넘어 한강을 건너 미사리 방향 백사장에 안착한다고 한다. 고공을 날아오르는 행글라이더를 배경으로 재빨리 손주를 세우고 기념 촬영을 한다. 등산로에는 산악회의 이름을 알리는 리본과 수종이 다른 나무들이 명찰을 달고 있어 보는 이로 하여금 쉽게 자연과 친화되어 마음을 풍요롭게 만든다. 나무와 풀이 다른 점은 겨울에 보이면 나무이고 보이지 않으면 풀이란다.

적갑산 정상에 도착하여 주변의 산야를 관망하고 운길산을 향하여 발길을 돌린다. 장거리 종주 산행인지라 이동하는 사람이 없어 다소 불안하기도 하다. 해가 떨어지기 전 목적지에 도착하려면 보폭을 빨리하여 시간을 벌어야 한다. 손주가 힘들다 하면 양지바른 가랑잎 더미에 앉혀 당류와 과일을 섭취케 하고 현재까지 포인

트가 몇 점이라고 하면 좋아한다.

　높고 낮은 고봉을 넘고 넘어 구름이 가다 산에 걸려 멈춘다 하여 '운길산'이라 부르는 이곳은 금강산에서 발원한 북한강과 강원도 금대봉 기슭의 검룡소에서 발원한 남한강이 서로 만나는 지점에 있어 산세가 수려하게 조화를 이루고 있다. 계곡 아래쪽에는 신라 시대부터 전해 내려오는 암자인 수종사가 보인다. 두물머리라는 머리뼈의 강물이 만나 한강을 이루고 한강 상류는 팔당댐을 조성하여 서울 시민의 식수로 공급하고 남는 것은 서해로 흘러간다고 설명을 덧붙인다.

　하산 지점인 수종사에 도착 경내를 관찰한다. 수종사의 요사체는 두물머리가 보이는 경관이 빼어난 장소로 중생들에게 녹차를 제공하는 유명한 사찰이다. 주말이면 많은 여행객이 찾는 드라이브 코스이기도 하다. 코로나로 인해서인지 문이 잠기고 마루 앞에는 온수통을 비치하고 희망자만 봉지 커피를 공양하고 있다. 손주에게 부처님께 시주하라고 돈을 건네주니 법당에 들어가 절을 하고 공손히 시주함에 돈을 넣는다. 옆에 있던 불자들도 애가 예의 바르다고 칭찬이 자자하다.

　수종사를 뒤로하고 귀갓길을 서두른다. 도로를 따라 하산하면 시간이 단축되나 발목이 아프고 스트레스가 증폭되어 옛 산길을 따라 하산하니 시간이 다소 지체된다. 도보로 몸소 체험하는 것이 진정한 산꾼이며 종주 산행의 본뜻이라 생각할 때 힘든 것을 뒤로

하고 운길산역에 도착할 수가 있었다.

늦은 저녁 집에 도착하여 부랴부랴 귀가하는 손주를 보며 내일 아침이면 학원에 갈 일이 걱정되기도 한다. 총 12.5km의 장거리 산행으로 어린 손주에게는 때때로 자신의 삶을 반추할 수 있는 영원한 추억과 씩씩하게 성장할 수 있는 발판의 계기를 만들어 주었으리라

- 2023.2.12. 예봉 적 갑 운길산행을 마치고

일본 돗토리현 다이센 산행을 마치고

　등산가들의 동경의 대상이었던 산. 산악인 허영호와 동행하는 다이센은 산악 불교의 영지이다. 사람의 손길이 닿지 않은 대자연의 모습을 그대로 간직하고 있다.
　다이센은 1709m로 한라산보다 241m 낮은 산이다. 계절에 따라 신록과 단풍 등산과 골프 스키 등 다양한 스포츠를 즐길 수 있는 리조트 단지로 유명하다. 돗토리현은 강원도의 한 상선이 기관 고장으로 바다를 표류하다가 정착된 곳이 돗토리현 해변이었다. 이곳 주민은 12명을 융숭하고 극진하게 대접하고 배를 수리하여 무사히 귀환시켜 이 사실을 근거로 바람의 언덕이라는 '한일 교류의 공원'이 조성되었다 한다.
　여행과 휴양이 공존하는 돗토리현. 한국에선 보통 산 높이를 1부 2부 8부 능선이라 하는데 이곳은 일합목 이합목이라며 합목으로 표시한다. 오래된 메타세쿼이아 푸른 청송과 피나무 등 고목이 웅장하고 나무에 기생하는 겨우살이는 까치의 공동주택 같다.
　다이센 대표의 숲 너도밤나무 숲. 바다와 삶을 동행하며 자연과 호흡하는 멋진 모습은 일상의 시름을 덜어주고 오르면 오를수록 천연 주목에 얼어붙은 상고대가 빛을 발한다. 짙은 산안개에 산타 할아버지 같은 눈썹이 앞을 가리고 온몸이 하얗게 얼어붙었다. 날씨가 매섭고 시야가 앞을 가려 미센(1,709m) 정상에서 기념 촬영 후 대피소에서 비상 도시락으로 허기를 채운다.

　날씨가 추워 급히 하산길을 서두른다. 칼바위 능선은 길도 가파르고 힘들다. 북녘은 매년 수천 톤의 토사와 돌이 붕괴하여 다이센산의 모습은 변화되어 암벽의 명승지라 한다.

　계곡은 겹겹이 토사를 막기 위하여 댐을 조성하고 한일 교류 공원 스키장과 온천지 바람의 언덕 승마센터 돗토리 시가지가 한눈에 들어오는 전경과 아름다운 대지의 조형미에 감탄을 보낸다.

　다이센지 고찰은 당시의 융성했던 모습을 회상해 볼 수 있는 오래된 건축물로 국가 지정 문화재로 다이센 중심부에 자리 잡고 있다. 이곳에도 산세가 수려하고 평탄한 곳에는 사찰이 있어 고전미를 더해준다. 야멸차게 내뱉는 강풍에 얼굴엔 가면을 두르고 고난도의 산행을 했다. 비록 역사의 아픔을 간직하고 있는 나라이기도 하나 자연은 너무 풍요롭고 아름다웠다. 겸손한 예절과 청소부가 없는 깨끗한 거리, 가지런한 주택, 밥값을 받은 만큼 고품격 서비스 질 좋은 음식, 유카타를 착용한 온천장의 문화 예절 등 본받을 게 많은 문화탐방 여행이었다. ―2018. 12. 7. 다이센 산행을 마치고

제주도 문학 기행을 마치고

타오르는 가을! 가을 여행을 떠나자. 새한국문학회 경암 세미나 및 문학기행 차 제주도를 출발한다. 화산도인 제주도와 한라산은 빼어난 경관과 독특한 풍경을 빚어내 오늘날 세계적으로 각광받는 관광지로 부상하였다. 비행기는 단숨에 공항을 날아 제주에 도착하고 가을비가 그치고 나니 희뿌연 안개 속 관광버스는 해안 도로를 달려간다.

출렁이는 물결 부서지는 파도 설탕 같은 포말, 도시의 탈출에 가슴이 탁 트인다. 하늘이 파란 것은 먼 곳에 있기 때문이고 바다가 파란 것은 수심이 깊기 때문이다. 남한에서 제일 높다는 한라산은 면사포를 두르듯 하얀 구름을 머리에 얹고 가부좌를 튼 채 어머니 모습으로 우리를 편하게 맞이한다. 용암에서 흘러내린 화산석은 갯바위를 장식하고 밭두렁의 돌들은 탑을 쌓은 듯 정교함과 방풍림은 어깨동무를 하듯 주변을 에워싸 농작물을 보호하고 있다. 여행객들은 삼삼오오 바닷바람을 맞으며 둘레 길을 거닐고 괜스레 전화를 하는가 하면 기념사진을 찍고 초심으로 돌아가 수다를 떨기 바쁘다.

새한국문학회는 리조트에 여장을 풀고 세미나를 개최하여 주제발표와 이철호 이사장님의 총평을 듣는다. 이사장님의 총 60여 편의 작품 중 추천하고 싶은 책으로는 '바람의 도시' 시편으로는 '아내의 눈물' '당신의 품속' '오월의 신부' 등이 있다 한다. 장시간의 토론과 세미나를 마치고 저녁 휴식과 함께 다음날은 한라산에서 날아든 풀씨와 꽃씨로 형성된 숲과 돌, 자갈이 모인 곶자왈을 거닐며 인파에서 벗어나 평화로운 휴식을 취하며 아름다운 자연과 교감하는 체험을 마치고 오늘의 백일장 주제인 낙조를 보기 위하여야 함덕해수욕장으로 자리를 이동한다.

오래전 어린 자녀들을 데리고 이곳에 왔을 때는 자연 그대로 검은 백사장에는 땅속의 굼벵이가 꿈틀거리듯 사람이 꿈틀거리는 모래찜질이 유명했건만 옛 모습은 사라지고 그림 같은 찻집이 자리를 잡아 제주에 오면 이곳의 차 맛을 보아야 제주가 보인다는 말이 주변을 떠돈다.

바람은 먼지를 털어내듯 거세게 몸을 때리고 지는 해는 구름 사이를 오가며 단풍놀이하듯 붉은빛을 토해내는가 하면 금세 어두워지곤 한다. 저무는 빛의 사위는 가을 단풍 물들이듯 구름을 넘나들며 환히 열리던 섬들의 모습이 차츰 멀어져 간다. 아름답고 장엄한 바다의 풍경은 결국 해가 구름 속에 잠겨 아쉬움을 남기고 하늘엔 하얀 반달이 떠오르며 다소의 위안을 드리운다. 해 질 녘 바닷가

백사장에서 노을은 그저 지는 해인 줄 알았으나 서서히 빛을 거둬들이는 낙조를 보며 지난 세월만큼 아쉬움 몰려와 모든 것을 사랑하고 용서하는 마음으로 해 질 녘 밀레의 종소리 그림처럼 두 손 모아 빌었던 마음속의 소원을 해님이 이루어 주길 소망한다.

바닷가에서 본 낙조는 자연 그대로 아름다운 경관이었다. 저녁 식탁에서 벌어진 문우들의 만찬은 풍요가 넘치고 화합을 위한 장기 자랑과 유홍연 교수님의 피아노 연주는 우리의 넋을 빼어놓는 최고의 무대였다. 피아노 교수인 그의 재능이 마음껏 발휘되는 시간이었다.

문학기행을 마치고 남들은 귀경을 서두르는데 하루를 더 연장하여 한라산을 오르기 위하여 준비한다. 한라산은 언제 보아도 아름답고 포근한 어머니 산이다. 백록담에서 분화한 화산재는 미네랄이 풍부하여 제주민의 식량 자원인 감귤 생산지의 보물 창고이다. 한라산은 신비하면서 자상하고 푸근하면서 자랑스럽다. 제주도를 밟는 것은 감미롭게 실종 당하고 있는 것과 같고 눈에 들어오는 모든 것이 포근하여 꿈속을 걷고 있는 것과 같다.

게스트하우스에 밤샘하고 날이 밝음과 동시에 출발을 시작한다. 성판악에 도달하니 많은 등산객이 모여들고 이국적인 열대성 식물들의 도열을 받으며 천리마가 뛰어가듯 앞을 향하여 전진한다. 단독 산행인지라 속도가 빠르게 한 사람 한 사람 앞지르며 산행을 만끽한다. 산에는 오르면 오를수록 온도 차가 심하여 나무의 색깔과 변화가 뚜렷하다. 초입에는 푸름을 자랑하던 나무들도 중간 지점인 사라 오름과 진달래밭 대피소 일대는 단풍이 곱게 물들었는가 하면 고도가 높아질수록 나무들은 신장이 작고 사슴 뼈 같은 하얀 고사목이 그림처럼 펼쳐져 있다.

정상은 거센 바람에 나무 한 그루 없는 마른풀만이 서로를 부둥켜안고 산야를 지키고 있다. 밤새 내린 비로 안개가 심하여 시야가 보이지 않는다. 파란 바다에 우뚝 솟은 한라산은 선녀들이 백록을 타고 신선을 즐겼다 하는가 하면 하늘과 맞닿아 밤이면 손으로 은하수를 잡을 수 있다 하는 이곳. 힘들다고 가다가 멈추면 실패한 것이고 인고의 노력으로 정상에 도달하였으니, 삶의 이치와 똑같음을 느끼며 왔노라, 보았노라 그리고 즐겼노라.

백록담 정상석에는 기념 촬영이 줄을 대기하여 가까스로 인증을 마치고 보온 옷을 준비치 않아 너무 춥고 손이 시려 사시나무 떨듯 주먹손으로 행동식인 열량을 보충한다. 정상에서의 조망은 포기한 채 한라산에서는 제일 긴 종주 코스인 관음사 방향으로 하산을 시작한다. 내리막 코스인 관계로 뛰다 걷다 반복하며 몸에 열이 오르니 추위가 풀리고 많은 등산객이 정상을 향하여 오르는 것을 볼 수가 있다. 삼각봉 대피소를 지나 관음사 입구에 도착 한라산 등정 인증서를 발급받아 한라산 탐방을 마치고 나니 개선장군이 귀환하듯 먼 훗날 아름다웠다고 말할 또 하나의 추억의 이정표를 남겼다. - 2022. 7. 7. 새한국문학회 제주문학기행을 마치고

성중 종주를 마치고

너 문득 떠나고 싶은 때가 있지? 인생의 쓴맛을 본 자들이 떠나는 것이니까. 세상이 우리를 내버렸다는 생각이 들 때 우리 스스로 세상을 내동댕이쳐 보는 거야.

기다리고 기다리던 지리산 종주를 위하여 집결지인 동부 고속터미널에 일행이 모여든다. 매번 겪는 일이지만 심야 고속버스는 산을 좋아하는 사람으로 가득 채워 운행한다. 모두 나름대로 자신의 체력과 심기를 일깨우려 자연과 교합하는 것이다. 이른 새벽부터 산을 타야 한다는 불안감과 체력을 비축하기 위하여 덜컹거리며 달려가는 자동차 엔진소리를 음악 삼아 도착 지점까지 깊은 잠에 빠지곤 한다.

목적지에 도착하니 장인 콧수염도 비켜 간다는 가을비가 내리고 온화한 도심과는 달리 날씨가 제법 쌀쌀하다. 모두 대피소로 달려가 비옷을 하고 배낭도 덮개를 씌워 준비에 임한다. 04:00 입산을 시작으로 전남 구례 성삼재 고개에서 삼도봉(전남 전북 경남)을 지나 천왕봉을 경유 경남 산청 시천면 중산리 마을까지 2박 3일 장장 36.5km의 종주 산행이 시작된 것이다. 얄궂은 가을비는 초목을 때리고 출발 시점에는 어설프고 한기가 서렸으나 몸에서 나는 열기로 체온은 보충이 되나 스틱을 집는 손이 시려 장갑을 준비치 못한 게 후회스럽다.

　노고단에 올라 입산 도장을 찍으려 하니 빗물에 실패하고 돼지령 임걸령 노루목 삼도봉 화개재까지 오르내리막을 반복하며 등산로에는 도토리가 많이 떨어져 멧돼지의 흔적을 자주 볼 수가 있다. 비는 계속 부슬부슬 조망이 없는 마의 너덜 길을 걸어 토끼봉 명선봉을 거쳐 연하천 대피소에 도착한다. 라면과 간식으로 원기를 보충하고 지루한 너덜 길을 사투하며 오늘의 숙소인 벽소령까지 총 16.7km 11시간 15분의 산행을 마치게 된다.

　대피소에서 저녁 만찬은 가본 사람만이 알 것이다. 정성스레 지참한 각자의 반찬을 식탁에 진열하고 삼겹살 파티가 시작된다. 서로가 일사불란하게 움직여 만들어내는 삼겹살 구이는 먹어도 먹어도 끝이 없는 마치 용궁이라도 다녀온 느낌이다. 마지막 여성 회원의 솜씨 자랑인 볶음밥으로 식사를 마치고 잠자리에 들어간다. 전열기로 바닥을 데운 대피소는 덥다 못해 온실 속 열기와 같다. 지친 몸을 잠자리에 뉘며 산장에서의 수면은 '세상을 살아가며 이렇게 잠을 잘 자본 것은 처음이다'라는 말을 여러 차례 듣곤 할 만큼 달콤한 것이다. 쇳덩이같이 무겁던 몸도 솜뭉치처럼 가벼워 심기가 솟아나고 자신감이 솟구친다.

둘째 날은 밤새 비가 그치고 벽소령 대피소의 전경을 배경으로 우측 멀리 확 트인 전경을 바라보며 햇빛과 물안개가 어우러진 조릿대 터널을 지나 왠지 몸이 가벼워졌다고 담소하며 산뜻하게 덕평봉 선비샘 천왕봉 조망터 칠선봉 영신봉을 거쳐 세석 대피소에 도착한다. 배낭 무게는 점점 더 무거워지고 간신히 둘러메지만, 사진을 포기하지 못해 시간이 지연되곤 한다.

촛대봉에서 본 지리산 전경은 별유천지이다. 다시 또 오르락내리락 화장봉을 거쳐 연하봉 연하 선경을 섭렵하고 오늘의 숙소인 장터목 산장에 도착한다. 9.7km 8시간 20분의 시간이 소요되었다.

천왕봉 일몰을 보러 가자 하니 모두가 지쳤는지 한 사람도 지원자가 없더니 용기가 솟았는지 남녀 5명이 산행을 하게 되었다. 이미 하산하는 산우들은 하나같이 안개에 가려 아무것도 볼 수가 없다고 푸념한다. 그러나 산을 다녀본 사람은 안다. 조금만 차분히 기다리면 언제 그랬냐는 듯이 다시 또 환한 모습으로 되돌아오곤 한다. 천왕봉의 짙은 산안개는 운무를 만들고 이 산에서 저 산으로 이동하는가 하면 거센 바람결에 산 그리메를 그리며 멀리 사라지곤 한다. 지리산의 장엄한 총천연색 무대가 펼쳐지는 것이다. 낮에는 많은 사람으로 사진 찍기도 버거우나 모두가 하산하는 늦은 시간이므로 원하는 사진을 마음껏 찍고 변화무쌍한 지리산의 장엄한 붉은 노을에 하루해가 두 번 떠오르는 것 같은 석양을 본다. 해 질 무렵 붉은 노을에 산천은 작고 소중한 결실을 보려는 초목의 손짓과 신호로 가득 찬다.

천왕봉! 당신 너무 보고 싶어 허겁지겁 달려갔습니다. 들꽃을 보며 무거운 짐 지고 오르내리기를 수회 장터목 산장에 짐을 풀고 허겁지겁 임의 품에 안겼습니다. 홍시 속살 같은 저 노을 엄마의 젖무덤 같은 반야봉 사이로 발갛게 젖 물리고 옷 벗는 것을 보았습니다.

지리산의 장엄한 저녁노을을 뒤로하고 대피소에 도착쯤 기다리던 동료들이 조난한 것으로 걱정되어 랜턴을 켜고 올라와 같이 하산하였으나 한 사람의 여성 회원이 식사를 하지 못하고 고통을 호소한다. 동료 일행인 나이팅게일 천사팀 4명이 누룽지로 미음을 만들고 상비약을 지급 자신도 모르는 직업 정신에 우리는 감탄사를 연발하며 내일을 위하여 잠자리에 들어간다.

천왕봉의 일몰인 석양을 보았는가 하면 오늘은 햇살의 향연 일출을 보기 위해 이른 새벽 출발을 강행한다. 두꺼운 옷을 껴입고 일출을 기다린다. 그동안 여러 번 지리산을 올랐음에도 번번이 실패하고 말았다. 천왕봉의 일출을 보기 위하여 얼마나 많은 사람이 지리산에 올랐던가. 가녀린 구름 사이로 태양이 출몰, 대지는 생명의 기운이 퍼지고 차디찬 돌덩이들마저 온기에 녹아내린다. 새소리 바람 소리 화음을 이루면 햇살의 향연은 절정을 이룬다. 해가 떠오를 때는 최고의 절정 열정이 치솟으나 햇살이 퍼지면 다시 또 일상으로 돌아가듯 마음의 심기를 북돋우고 서둘러 하산을 시작한다.

   서울까지 귀경하려면 부지런히 움직여야 한다. 경상남도 법계사 방면으로 하산하여 순 두류 공원까지 총 6.5km의 산행을 마치고 2박 3일 최대 36.5km 27시간 50분의 대장정을 마치고 나니 다음 산행은 도무지 용기가 나지 않는다. 그러나 시간이 지나면 또 산행하게 되니 이것 또한 자신도 모르는 아이러니 아닐까 싶다. 푸름을 간직한 늙지도 않는 저 산을 보며 그저 겸허하게 고개를 숙여 경배를 올린다.

   - 2024.10.6.~ 8 지리산 종주를 마치고

코타키나발루

추석 명절을 이용 가족 간 해외여행을 하기로 하였다. 큰아들 가족과 손주를 대동하는 뜻깊은 여행이다.

큰아들 부부는 맞벌이인지라 생후 6개월 된 어린 손주를 지금까지 보살펴 오며 이젠 초등학교 2학년이다. 그런가 하면 작은 손주는 어린이집에 다니는 4살배기 여자애이다. 큰 손주를 낳고 그만 낳으려고 하는 것을, 애를 키워주겠다는 약속에 따라 늦게 출생하여 오빠와는 다섯 살 차이가 난다. 이젠 손주들도 거둔 만큼 성장하여 큰 손주는 디지털 문명 알파(α) 세대라서 그런지 독해력이 풍부하고 읽고 쓰는 게 능통하여 스마트폰 하나면 모든 것을 알아서 해결하곤 한다.

그래서 이번 여행은 손주를 가이드로 임명하고 여행을 마치는 날까지 안내를 잘하라고 당부하며 추석 용돈으로 금 일백만 원을 전달하였다. 신이 난 손주는 출발하는 날부터 전화가 불통이 나고 드디어 출발시간이 다가왔다.

야간 비행기인지라 시간이 여유로워 손주는 지하철을 이용하여 공항까지 가자 한다. 급행을 타면 쉽게 갈 수가 있는 것을, 완행을 타고 서울역을 돌아 공항까지 구경하겠다 한다. 스마트폰을 이용 시간은 얼마나 걸리고 정거장은 몇 개라며 가이드 역할을 톡톡히 하고 있다. 공항에 도착하니 복잡한 출구와 통로를 문자와 화살표 등을 이용 영어까지 척척 해결하며 거침없이 통과한다. 교육이 이렇게 무섭다는 것을 새삼 느끼며 말은 태어나면 제주도로 보내고 사람은 서울로 보내라는 말이 실감 난다. 3층에 도착하여 아빠 가족과 동생이 합류하고 저녁 식사를 뷔페로 하는데 컴퓨터 처리하듯 능수 능란하게 심부름까지 잘도 해낸다.

밤 비행기에 탑승하여 지루한 시간을 수면으로 채우고 비몽사몽 어느덧 이국의 비행장에 도착한다. 택시를 이용 숙소에 도착하고 손주는 할머니 할아버지와 같이 잠을 자겠다 한다. 어릴 적 키운 정이 이다지도 깊은 줄 새삼 느끼며 거부를 마다하고 소형 침대를 하나 더 주문하여 잠자리에 들어간다.

이른 새벽 여행 후기를 쓰고 있는 할아버지에게 산책하러 나가자 한다. 바닷가에 있는 휴양지 코타키나발루 샹그릴라 탄중아루 리조트는 열대 정원수와 야자수가 태양에 반사되는 광합성 작용으로 바다는 더욱 푸르게 빛을 발하고 하늘을 나는 제비와 잔디밭에는 도마뱀이 자주 눈에 띄어 이국적인 아름다움에 매료된다. 수영장은 모든 여행객의 자유를 마음껏 수용하듯 고풍스러운 정원 아래 에메랄드빛 물결이 가득 채워져 있다.

바닷가를 거닐며 썰물이 되어 게들의 움직임을 관찰하며 밀물과 썰물에 관해 설명하고 하늘을 나는 제비와 땅 위에 노니는 참새를 보며 철새와 텃새를 가르치고 같은 철새라도 여름 철새와 겨울 철새가 있다고 전달한다. 나무에도 침엽수와 활엽수가 있으며 열대 지방의 나무는 활엽수가 많고 추운 지방의 나무는 침엽수가 많다 하며 걷는 도중 점검을 하니 잘도 알아맞힌다. 손을 꼭 잡은 채 산책을 하니 손바닥이 뜨거워 손 좀 떼고 걸었으면 하는 생각이 들기도 한다. 무엇이 그리 좋은지 손을 떼지 않는 것이다. 식사 시간에도 엄마 아빠를 뒤로한 채 할아버지 내외 식탁에 식사하며 색다른 맛을 음미하듯 다양한 음식을 잘도 골라 먹는다.

햇볕이 뜨거워진 한낮의 오후 이제는 풀장에서 본격적인 수영을 하는 시간이다. 수영장 밖의 바닥은 타들어 가는 열기에 발바닥이 익어 가는가 하면 풀장의 온도는 목욕탕 물을 데워 놓은 듯 따뜻해서 좋다. 수많은 여행객 남녀노소의 다양한 의상과 체격은 마치 인간 전시장이나 다름없고 과거와 미래 자유가 공존하는 해방된 장소이다. 젊음을 자랑하는 남녀와 자녀를 대동한 가족이 주류를 이루고 단출하게 한 자녀를 데리고 다니는 부부의 모습은 예쁨보다는 저출산 시대의 쓸쓸함을 느끼게 한다.

손주는 이미 수영을 배워 평형 배영 접영 등 근거리를 쉽게 이동하곤 한다. 그런가 하면 나는 개구리헤엄으로 수영하고 있으니 부끄럽기도 하다. 둥그런 원통에 폭포수처럼 쏟아지는 물줄기에 몸을 던지고 낙하하는 워터 슬라이드 미끄럼틀에 갈고 닦은 마음은 빛을 발한다. 온 가족이 함께 모여 같이 식사하고 같이 물놀이하는 풍요로움은 그 어느 것과 비교 할 수 없는 행복 중의 행복 삶의 보람이었다고 말할 수 있다.

그 나라 풍속과 역사를 탐방하는 게 여행의 풍미, 이슬람 사원을 탐방하며 건축물 양식과 내부 등을 살펴보는 시간이 있었다. 복장을 갈아입고 손주를 대동하고 사원에 들어가니 관리원이 뭐라고 계속 말을 하며 통제하여 알아들을 수가 없다. 손주에게 물어보니 신발은 벗어 신발장에 넣고 사원 안 본당은 들어가면 안 되고 바깥 당에서 사진을 찍고 관람하라고 한다. 유치원 시절부터 영어를 가르쳐 웬만한 것은 통역으로 전달하여 실효를 거두고 있는 것을 알 수가 있었다. 여행 기간의 숙식을 할아버지 내외와 함께하며 너는 엄마 아빠가 그립지도 않느냐는 엄마의 핀잔에 동생이 있어 소란스럽고 엄마 아빠를 편하게 하고 싶었다 대답한다. 모처럼의 해외 여행지 할아버지 내외의 잠자리까지 끊어 놓는 손주가 얄밉기도 한 면이 있었으나 어릴 적 키운 정을 새록새록 느끼며 여행안내를 가이드 못지않게 충실히 수행하여 그 어느 여행보다 행복했다.

한라산 영실 철쭉꽃 축제

한라산은 아기를 품고 있는 어머니 산으로 바라만 봐도 배가 부르고 제주 도민의 먹거리 산이다. 화산은 토양을 비옥하게 만들어 고지대의 광활한 평원인 영실 탐방로는 사계절 아름다운 풍광을 자랑하는 곳이다. 나무 계단과 돌계단을 오르며 발아래로 보이는 바다와 마을 그리고 오름(산)들의 군락과 푸릇푸릇한 숲.

그 속에 울려 퍼지는 새소리와 하늘로 치솟은 기암절벽 고원에 분포된 철쭉과 진달래는 한시도 눈 돌릴 틈 없는 아름다운 경치의 연속인 아주 멋진 곳이다. 윗세오름 평원에는 털, 진달래와 철쭉이 군락을 이뤄 털진달래가 지고 나면 철쭉이 만개하여 한라산을 물들인다. 광활한 조릿대 숲과 날아갈 것 같은 절벽 틈새에 제비집처럼 둥지를 튼 철쭉은 초록 위에 빛을 발한다.

하늘을 향해 솟아있는 기암괴석들 오죽 아름다우면 명승으로 지정되었을까? 영실 오백나한은 다양한 형태의 바위들이 하늘로 치솟아 그 위용이 장엄하여 장군 또한 나한 같다 하여 오백나한이라 부른다. 이른 아침 광휘의 햇살에 병풍을 두른 오백나한 오백 장군의 모습은 석가여래의 설법을 듣는 듯 가부좌를 튼 채 정숙에 잠기고 푸른 산야의 붉은 철쭉은 전야제의 연등을 밝히듯 절정을 이룬다.

한라산의 장엄하고 환상적인 장관이 한눈에 들어오고 망망대해 끝없이 펼쳐지는 파노라마 웅장하고 감동적인 광경을 제공하는 곳은 지상에서 그리 흔치 않은 일이다. 병풍바위는 수직 바위들이 마치 병풍을 펼쳐 놓은 것처럼 둘려 있어 신선들의 거처라 불리는 이곳은 한여름에도 구름이 몰려와 몸을 씻고 간다고 하는 곳이다.

그런가 하면 맞은편 봉우리의 절벽은 화산 암반 석으로 골이 깊게 패여 장마철이면 빗물이 폭포를 만들어 절경을 이루곤 한다. 한라산은 화산 폭발 후 용암이 흘러내려 절벽을 만드는 관계로 폭포가 많이 생겼다 한다. 돌 바람 여자가 많다는 이곳 산안개 몰려와 그녀의 허리를 감싸고 자세히 관찰하니 금강송 군락지 송홧가루가 바람에 날려 이동 중이란다. 그들도 번식이라는 중책을 띠고 어디론가 장소를 찾아 여행을 떠나고 있다. 해발 천칠백 미터의 윗세오름에 올라 한라산 백록담 남벽의 풍광과 제주의 전경을 관망한다. 고지대인 이곳은 대관령 목장 같은 넓은 평원을 자랑하며 거센 바람에 나무가 크게 자라지 못하고 키가 작은 것을 볼 수가 있다가 그래서 그런지 조릿대와 털, 진달래 철쭉이 군락을 이루고 조릿대 겉잎은 하얗게 말라 죽어 외부를 보호하고 그 속에서 새잎이 솟아나는 신비함을 볼 수가 있다. 대나무과의 산조릿대는 초식동물인 노루의 먹이로 노루 샘 주변의 산길을 걷다 보면 한 폭의 그림 같은 노루가 눈에 띄기도 한다. 여행객의 먹이에 길든 까마귀와 산 꿩은 달아날 기미가 보이지 않는다.

이곳은 유일하게 한라산 정상을 오르는 등산로가 개척되지 않은 남벽 끝 지점이다. 백록담 남벽은 험난한 바위 절벽으로 수천 연전 비가 많이 내려 백록담에 물이 넘쳐흘러 절벽이 깊게 파여 많은 계곡이 형성되었다는 전설이 내려오고 있다. 고지대인 철쭉꽃 평원은 온도 차가 심하여 저지대에 꽃이 지는가 하면 정상은 이제야 꽃망울이 맺히는 등 다양한 변화를 보인다.

하늘을 나는 새도 쉬어가는 천상의 화원. 떠도는 구름을 보니 무엇에 홀린 듯 황홀감에 정신이 몽롱하다. 구름도 쉬어간다는 신선들의 거처 초록이 얼룩지는 저 산에 하얀 구상나무의 고사목은 비틀어지고 휘어져 살아온 세월을 말하듯 하얀 도화지에 그림을 그렸으면 좋겠다. 나무 계단을 타고 오르내리는 나그네의 마음을 아는 듯 오름길에는 어김없이 휘파람을 불어주는 휘파람새의 휘파람 소리가 경쾌하기도 하다.

돌담에 태어나서 죽을 때까지 한시도 눈길에서 떼어 놓을 수 없는 곳. 돌에서 왔다가 돌로 돌아가는 사람들. 돌 구들 위에 태어나고 죽어서도 돌담에 쌓여 자갈밭 속에 묻힌다는 그들. 제주가 곧 한라산이고 한라산이 곧 제주인 한라산 천혜의 풍광은 사시사철 관광객을 흡입하는 거대한 공룡 같기도 하다.

- 2022.5.24. 한라산 영실 윗세오름 탐방을 마치고

희말라야 안나푸르나

세계의 지붕 만년설 눈이 사는 곳
가장 많은 사랑을 받는 풍요의 여신
안나푸르나를 향하는 숲길은 맑고 향기롭다.
가도 가도 끝이 없는 산행길
울창한 열대림 하늘을 찌르고
작열하는 태양 계곡의 물소리는 천지를 개벽한다.
자연과 호흡하며 살아가는 원주민
깎아지른 산허리를 터전 삶아
가축 사람 자연과 삼위일체 되어
평화로운 삶을 영위한다.
산봉우리에는 수많은 롯지(숙소)가
마을을 형성하고
세계에서 모여든 트레킹족 성시를 이룬다.
걷고 또 걷기를 수일
밤하늘엔 세계 별들의 천국
은하수 강물 되어 수많은 별이 여행을 떠난다.
아침 햇살에 눈부시게 빛을 발하는

히말라야 안나푸르나 남봉
물고기의 꼬리가 하늘을 향해 치솟은 듯
신성스러운 세계 3대 미봉인 '마차푸차레'
하늘을 떠안은 만년설이 쌓인 세계의 지붕
히말라야는 작은 미물에 속하는 등반객을
호연지기로 만든다.
나는 다시 태어나 환생한다.
갑각류는 투구를 파충류는 허물을 벗어내듯
매일 매일 입었던 의복과 양말을 벗어 던지고 영혼을 씻어낸다.
고산은 오르면 오를수록 산소가 부족하다
고산증을 호소하는 이가 있는가 하면
숨이 가쁘고 몸이 무겁다.
안나푸르나의 설산은 투시되는 태양에 빛을 발하고
이를 축복하듯 산안개는 그녀의 허리를 감싼다.
수많은 산악인 성스러운 신선과 함께하고자
도전과 후퇴를 반복 한국의 산악인 고 지현옥 박영석
위령비가 보는 이의 마음을 아프게 한다.
안나푸르나는 오늘도 기쁨과 슬픔을 반복하며
이곳을 찾는 전 세계인에게 희망과 용기를 선물한다.
안나푸르나여 영원하라.
  - 2018. 3. 5 안나푸르나 베이스캠프에서

황백주 수필가의 작품세계

이철호(소설가, 문학평론가)

그는 삶의 길에서 만나는 모든 것을
품고 사랑하고 누릴 줄 안다.
슬픔이거나 어둠에 매몰되지 않고
자신의 삶의 길을 견실하게 걸어가며
인생의 여정이 선물하고 있는 것들을
온전히 지각하며 감사한다.
맑은 물속에 온갖 물고기가
해초 사이를 헤집어 다니고
바위 곳곳을 누비는 풍성함으로
환호하고 있는 것이
황백주 작가의 삶이기도 할 것이다.

공정성의 회화
- 염려 없이 삶의 풍요로움을 누리다

가냘프게, 자기 모양과 색깔로 피어있는 꽃들은 얼마나 아름다운가. 여려 보이는 꽃과 잎은 악착같이 온 힘을 끌어올려 그윽하고 섬세한 고갯짓으로 한들거리며 생명을 떨치고 있다. 꽃이, 살아있는 존재들이 하는 일은 무엇일까. 주어진 생명을 펼쳐내는 일, 그가 하는 위대한 일은 숨겨진, 감추어진 자신의 생명을, 있는 자리에서 펼쳐내는 것일 뿐이다. 삶은 세상이 말하는 무엇인가 위대하고 무엇인가 큰일을 해야만 의미가 있는 것일까. 세상을 향해 크나큰 영향력을 미치지 못한다면 그 존재란 미미한 것일까.

존재한다는 것만으로도 위대하다는 것을, 존재한다는 것만으로도 아름답다는 것을, 존재한다는 것만으로 충분하다는 것을 알기까지 우리는 얼마나 많은 슬픔의 밤을 건너왔던 것일까. 얼마나 많은 불면의 어두움을 통과해야 했던 것일까.

더러는 깨어지고 상했던 마음은 떨어져 나간 심장처럼 피돌기를 멈추고 딱딱하게 굳어져 반쯤 뜯긴 폐허로 살아가야 했던 시간들…. 어쩌면 바람이 거세었다고, 어쩌면 폭풍에 몸을 가눌 수 없었다고… 그 어둠의 소용돌이를 견딜 수 없었다고 읊조리며 더 밝게 더 재밌게 살아가지 못했던 나날에 대한 후회에 잠기게 될지도 모른다.

하지만 황백주 작가는 다르다. 자족하는 삶이 선사하는 삶의 아름다움과 기쁨을 풍성히 누릴 줄 안다. 더 좋은 것, 더 높은 것을 추구하였다면 혹 슬픔이거나 어둠에 함몰되어 불균형 속에서 고통하였을 터, 작가 스스로를 '자연인'이라 칭하듯 주어진 삶의 길을 부지런함과 성실함으로 걸어가며 그 삶의 길에서 만나는 모든 것을 품고 사랑하고 누릴 줄 안다. 슬픔이거나 어둠에 매몰되지 않고 자신의 삶의 길을 견실하게 걸어가며 인생의 여정이 선물하고 있는 것들을 온전히 지각하며 감사한다. 맑은 물속에 온갖 물고기가 해초 사이를 헤집어 다니고 바위 곳곳을 누비는 풍성함으로 환호하고 있는 것이 황백주 작가의 삶이기도 할 것이다.

〈금강에 살어리랏다〉〈볼록렌즈(나의 성장기)〉〈자화상〉은 작가의 성장 배경이 어떠한 것인지를 보여준다. 작가의 삶의 긍정성은 어린 시절, 염려 없이 아름다움을 한껏 누릴 수 있었기에 자연스럽게 몸에 배인 삶의 태도인지도 모른다. 세상을 바라보는 눈이 사랑을 바탕한 것이었다면 세상을 향한 발걸음 역시, 두려움 없는 설렘 가득한 도전이 된다.

내 고장 진안은 맑은 물이 흐르는 금강 상류다. 메기 붕어 쏘가리 뱀장어 등 물고기가 지천을 이루는 금강에는 여름이면 고기잡이와 천렵이 무르익는다. 천렵하려면 시장에서 어항을 구매하고 쌀을 한 홉씩 걷어 강가로 나간다. 강물에 헤엄을 치며 여울물에 어항을 놓아두면 피라미 쉬리 똘 중어 때론 푸른빛을 띤 가라지가 투시되는 햇살에 빛을 번쩍이면 우리들은 좋아라 환호성을 지른다. 어항 속의 물고기들은 몸체는 작으나 큰 물고기를 능가할 정도로 맛이 좋다. … 기다란 대나무 장대를 어깨에 메고 바구니를 들고 강가로 나간다, 장대에 달린 주머니에 약물을 넣어 깊은 물 속 바위 밑을 쿡쿡 찌르면 제일 성질 급한 빠가사리가 떠오르고 조금 기다리다 보면 굴속에 은둔하던 메기와 뱀장어가 숨을 참지 못한 채 물 가장자리로 튀어나온다. 우리는 환성을 지르며 고기를 잡아 귀가하니 여름철엔 물고기가 쉽게 상한다고 소금물에 절여 월요일 학교 갈 때 집에 가져가라 하신다.
-〈금강에 살으리랏다〉

이렇듯 자연의 품안에서 염려 없이 즐겁고 신나는 순간들이 쌓여 거침없이 삶을 살아가는 저력이 되지 않겠는가.

배움은 없어도 남다르게 총명하셨다. 고향 인근에는 인삼의 고장 금산이 있다. 어머님은 인삼과 한약재를 구매 큰 보따리를 머리에 이고 행상을 나가셨다. 각 지역 특유의 풍토병이 돌던 시절 어촌 사람은 산중의 인삼과 약초를 먹어야 하고 산중 사람은 생선을 먹어 단백질을 보충해야 질병을 막는다는데 착안, 깊은 산중 진안고원에서 멀리 고창 해안 일대를 터전으로 행상을 하셨다. 가진 것이라곤 건강한 육체와 두 발에 흰 고무신이 전 재산인 어머니는 커다란 봇짐을 머리에 이고 수백 리 길을 내 집 드나들 듯하셨다. 바닷가 농어촌은 농사에 고기잡이 이중 수입으로 화전민 비슷하게 살아가는 산중 사람들보다 소득이 높고 인심이 좋아 장사가 잘되어 집에 올 때면 전대 뭉치를 허리에 차고 딸들은 뒷전으로 한 채 아들 옷과 신발을 사 오셨다. -〈어머니〉

지혜는 무엇일까. 물려받은 농토로 넉넉하지는 않지만 근근히 살아갈 수는 있었다. 그럼에도 어떻게 행상을 가야겠다는 생각에 미칠 수 있었을까. 봇짐을 머리에 이고 수백 리 길을 드나드는 것이 결코 쉽지만은 않았을 터, 고단함을 무릅쓰고 오로지 식구들을 향한 마음과 헌신이 만들어낸 것은 놀랄 만큼의 풍요로움이었다.

어머니의 내조에 우리 집 가정은 갈수록 윤택해지고 삶의 터전인 논밭이 늘어나게 되었다. 황소를 사들여 집안에 들여놓는가 하면 마을 사람들이 제일 부러워하던 논바닥이 마르지 않는 수렁배미 논을 사는 기염을 토하기도 하셨다. 집안에는 돈을 빌리고 쌀 꾸러 오는 사람이 자주 눈에 띄고 못사는 사람들이 집안을 기웃거리는가 하면 장례 쌀을 빌려주었다. 이러한 집안 분위기에 힘입어 나는 항상 우월감 속에 무럭무럭 성장하였다.

술을 좋아하는 아버지를 구슬려 집안을 건사하게 하는 것은 물론 대처에 아들을 유학 보내고 그 필요들을 살뜰히 챙기셨던, 작가의 말처럼 '어머니의 지혜는 하늘만큼 높'았다.

이런 어머니로부터 작가는 삶의 균형감각과 지혜를 배웠을 것이다. 그리하여 삶의 결정적인 순간들을 도약의 기회로 삼으며 곳곳에 도사린 위험과 사고들을 어렵지 않게 헤쳐간 인생의 선은 굵고 선명하면서도 힘이 넘친다.

〈풍경화〉는 사랑과 현실의 접점에서 보여주는 작가의 삶에 대한 태도의 절정을 보이고 있다. 미래에 대한 창창한 꿈으로 가슴 설레던 시절, 사춘기의 주체할 수 없는 삶의 에너지는 사랑이란 연정으로 불타오르는데, 단짝 친구이던 점순이와 천연스럽게 사랑을 나누게 된다. 마치 황순원의 소나기처럼 애련하다. 하지만 현실은 냉정하다. 저 멀리 마을로 걸어오는 점순이를 보았을 때의 당혹스러움도 잠시 작가는 말한다. "다소곳이 왔던 길을 되돌아가는 그녀의 가녀린 뒷모습이 애처로워 보였다."

> 창문 밖으로 새어 나오는 불빛 아래 누에의 잠반에 뽕잎을 얹어주는 점순이를 보며 창문을 두드려 신호를 보낸다. 누에의 뽕잎 먹는 소리에 우리들의 대화는 어느 정도 안심이 되고 동구 밖을 맴돌며 그녀를 기다린다. 그녀의 모습이 가까이 다가올 즈음 우리는 황급히 자리를 뜬다. 부엉이가 우는 공동묘지를 지나 신작로 길을 걸으며 딸기밭을 찾아 걷곤 하던 시절. 우리는 그렇게 정이 깊어져만 갔다.
> – 〈풍경화〉

점순이를 돌려보내며 풋풋한 사랑이 맺고 있는 눈물은 얼마나 쓰고 아팠을는지. 하지만 냉정해야 할 순간이 언제인지를 작가는 알고 있었다. 준비 없이 마음 하나만으로 덜컥 결혼하는 것이 능사가 아니다. 작가에게 떠오른 묘안은 점순이의 부모가 자신을 포기하도록 하는 것이다.

> 윗도리는 흰색 러닝셔츠에 하의는 쑥베 교복 바지를 입은 채 아버지의 흰 고무신을 질질 끌며 담배와 성냥은 바지 주머니에 넣어놓은 상태이다. – 〈풍경화〉

뜨거운 열정이 마음과 생각을 삼키던 불타오르는 청춘의 한때에도 현실을 직시하며 아픔을 감내했던 분별력은 영웅심리나 군

중심리에 휩쓸리지 않고 잔잔하지만 내실 있는 삶을 살아가도록 작가를 안내하고 있다. 이는 당장 배를 곯지 않아도 인삼과 한약재를 머리를 이고 행상을 다녔던 어머니의 혜안과 맞닿아 있는 삶의 '충성됨'이 아닌가 한다. 수많은 실수와 연약함에도 주어진 삶을 억척같이 살아내는 거…. 이는 어쩌면 모질어 보일 수 있는 악착스러움이지만 삶의 무한한 긍정성이기도 할 터, 누구도 삶의 긍정성이 아니고는 아주 작은 성취조차 이룰 수 없다. 삶의 무의는 인생의 가장 큰 적이며 가장 큰 악이 아니던가.

비슷한 맥락에서 읽힐 수 있는 작품이 〈하이에나〉이다. 절망과 분노로 비틀려버릴 수 있음에도 마음을 지켜낼 수 있었던 작가의 강인함을 엿볼 수 있기 때문이다. 마음껏 기량을 펼쳐내며 삶의 아름다움으로 가득해야 할 고교시절, 한 사람을 주축으로 한 불량배들로 인해 많은 이들이 고통당하고 그 미래마저 '삭제'되는 억울함이 잘 드러나 있다. 하지만 선함 가득한 작가의 마음은 오로지 자식 잘되기를 바라며 당신들을 희생하셨던 부모에게 닿아있었다. 그리하여 기절할 정도로 맞고도 그 맑은 정신은 생생히 살아있어 그 삶을 올곧게 살아가도록 했던 것이다. 작가가 단번에 경찰공무원에 합격하고 36년을 봉직할 수 있었던 건 결코 우연한 일이 아니었다.

시골 부모님들은 자식을 대처로 보내 교육한다는 자부심에 대들보 같은 소를 팔아 학비를 댄 감사함에 나는 어떻게든 교칙을 따르고 모범생이 되려고 노력했단다. 나는 1년 재수생인지라 너희들보다도 신체도 크고 기량이 월등한데 너희 하이에나 무리에 푸른 꿈의 청소년기를 무참히 짓밟히고 자식 교육에 혼혈을 기울이신 부모님과 나의 맑은 영혼을 말살시킨 너의 비행은 참으로 돌이킬 수 없는 아픔이고 억울함이란다. -〈하이에나〉

신체적인 폭행으로 피를 흘리고 정신까지 까물어지는 어둠 속에서 울분과 분노로 맞걸이를 하며 복수를 할 수도 있었다. 신체도 크고 기량이 월등한 그로서는 어려운 일도 아니었을 것이다. 하지만 부모의 애틋한 자식 사랑이 작가의 마음과 생각을 지켜주고 있었다. 무던히도 모범생이 되려고 노력하였던 그… 한순간의 일탈이 가져올 결과를 그는 알았던 것이다. 어릴 때부터 마음껏 뛰놀았던 자연의 넉넉한 품이 묵묵히 그 시간을 인내하도록 하는 저력이기도 하였을 것이다.

〈연어의 회귀〉는 다소 엉뚱하다. 작가의 성정, 삶의 배경과는 다소 거리감이 있어 보인다. 근면하고 지혜로운 부모님 아래서 비교적 넉넉하게 생활하면서 일탈을 꿈꿀 수 있었을까. 사춘기 시절이란 무한한 상상의 시기, 어쩌면 머릿속에 떠오른 한켠의 생각을 실행에 옮길 수 있었던 것은 작가의 인생에 커다란 교훈으로 자리매김하여 현실을 바르게 직시하고 삶을 어떻게 살아가야 하는지에 대한 실제적인 방향 설정에 지대한 영향을 미쳤으리라.

진솔하게 그려진 이야기가 감동과 흥미를 돋우며 작가에 관한 이해의 폭을 넓히고 있다.

> 세탁소에서 하는 일은 때 묻은 세탁물을 비누 솔로 문질러 세탁기에 집어넣는 작업이다. 세탁물을 다림질하는 상자(궤짝) 바닥에서 잠을 자며 감자나 지져서 반찬으로 먹는 초라한 생활이 이어져 문틀에 걸터앉아 눈물도 많이 흘렸다. … 어느 날 외사촌 형이 찾아와 시골 형님이 보낸 편지라며 건네주어 읽어보니 이제 몇 개월만 지나면 졸업인데 나중에는 후회가 되니 졸업이나 마치고 가고 싶은 곳을 가라는 내용과 집 나간 건 일절 질책하지 않겠다는 내용이다. 즉시 마음의 결정을 내리고 다음 날 고향으로 내려가는 버스에 몸을 싣고 집으로 가게 되었다.
> … 가족들이 모여 저녁을 먹는 시간 낯이 부끄러워 국그릇으로 얼굴을 가린 채 내려놓지 못하고 어떻게 저녁을 먹었는지 모른다. - 〈연어의 회귀〉

타일일, 세탁소, 이발소에서 허드렛을 하며, 아침이면 김이 모락모락 오르는 밥상을 받고 밤이면 산속에 울려오는 간간한 짐승의 소리를 자장가 삼아 깨끗하고 따뜻한 방안에 잠들었던 시간이 꿈처럼 아늑했으리라. 교복을 입고 등굣길에 오르는 아이들이 부럽기도 하였으니 단지 보이는 '환상'이 감추고 있는 '어둠'을 체감하였던 때 … 자신의 잘못된 선택을 돌이킬 수 있는 기회가 왔을 때 작가는 주춤거리지 않았다. 즉각적으로 '회귀'를 결정한다.

'가족들이 모여 저녁을 먹는 시간 낯이 부끄러워 국그릇으로 얼굴을 가린 채 내려놓지 못하고' 저녁을 먹었던 그때… 내 가족 내 형제가 아니고서 이러한 따뜻함을 느끼겠는가. 삶을 찬찬하고 견실하게 살아가도록 하는 동력, 겸손을 배우는 한 과정이 되었다. 잘못된 길에 섰음을 인지했을 때 전면적이고 즉각적으로 돌아설 수 있는 용기와 지혜에 찬사를 보낸다.

아버지가 항상 넓고 깊은 사랑으로 넉넉하게 자녀들을 품어준다면, 우리의 삶은 눈부신 빛살 아래 행복의 노래를 부르는 것은 훨씬 수월해 보인다. 결국, 아이들의 세상은 부모의 품이어서 어른의 세상은 곧 아이의 세상이 된다. 그리하여 부모의 넉넉한 사랑 안에서 보살핌을 받고 자란 아이들은 그렇게 또다시 세상을 품고, 자녀를 품고 그 자녀들은 또다시 그러한 세대를 이어가게 한다.

그것은 단지 '생물학적인 유전'만을 의미하지 않는다. 정서적인 유전도 생물학적인 유전만큼 삶을 살아가는데 결정적이다. 어쩌면 생물학적인 유전보다, 정서적, 문화적, 정신적인 유전은 더욱 큰 영향을 미칠지 모른다. 왜냐면 좋은 정서적 환경하에서는 좋지 않은 생물적 유전은 발현되지 않은 채 남아 있을 수 있기 때문이다.

기골이 장대하고 외모가 출중하여 먼 곳에서 보아도 한눈에 아버지가 보이던 시절. 아버지는 건장한 체격에 왕성한 식욕은 물론 농사일도 소나 다름없이 무섭게 해치우셨다. 그런가 하면 술을 좋아하여 한순간에 미움을 사기도 하셨다.

일제 강점기 탄광 노동자로 강제 징용되어 북해도까지 끌려가 오랜 세월 청춘을 빼앗긴 채 고국에 돌아오니 입영 영장이 대기하고 있어 처자식 뒤로한 채 병역 의무까지 수행하였다. … 〈아버지〉

어쨌든, 작가에게 있어 아버지란 양가적 감정에 얽혀 있다. 기골이 장대하고 외모가 출중하셨던 아버지, 집안일이며 바깥일을 왕성하게 하셨지만 술에 취하시면 삶의 쓴소리들을 쏟아내시던 아버지셨다.

아버지가 술 드신 날은 집안이 혼비백산이다. 온 가족 옆집 골방에 숨어 아버지를 따돌리면 아버지는 돼지를 마당에 끌어내어 막대기로 등을 두드려 돼지의 비명에 우리 가족은 달려가곤 했었다. 남들은 아버지 없는 그리움과 가난에 고생한 이야기를 봇물 터지듯 털어놓곤 하건만 난 술주정하는 아버지가 싫기도 하였다. - 〈아버지〉

여리고 감성이 풍부했던 아들에게 아버지의 결점은 지나치게 크게 부각되었던 것은 아니었을까. 세상을 향한 시선이 견고해졌을 때 아버지를 바라보았다면 아버지의 좋은 점들 사이 부족한 면을 넉넉하게 품을 수 있었을 텐데… 부모가 세상의 전부인 아이들에겐 사소하고 작은 일조차, 어쩌면 피치 못할 일조차 마음에 상처로 남게 되는 것은 아닐까.

우리의 어린 시절 '뒷간'은 특별한 장소였다. 냄새가 나고 구더기가 끓고 사건 사고가 많았다. 불결하고 더러움에도 불구하고 이민자들은 뒷간 냄새를 맡고서야 마음의 안정감을 찾았다고 하니 시궁창 냄새에서 고향의 향수를 달랠 수 있었다던 어떤 이의 말에 공감이 가는 것이다. 아무리 하찮고 불결한 것이라 할지라도 삶의 좋은 추억과 연결될 때 그조차 귀하고 아름다운 향을 지닐 수 있으니 참으로 신비로운 일이다. 삶도 이와 같아서 전혀 섞일 수 없을 것 같은 다른 차원의 세상이 만나 다시 새로운 차원의 세상으로 조화를 이루어간다.

〈뒷간〉은 그 시절의 은밀한 추억들을 불러내며 가장 기본적인 욕구와 관련한 증언을 구체적인 사건과 연계하여 생생하게 풀어내고 있다. 그러면서 단지 욕구를 배출하기 위한 장소일 뿐 아니라 심신의 안정을 가져다주는 휴식의 공간으로서 조명하고 있어서 '뒷간'의 위상을 격상시키고 있다. 신랄하면서도 구체적인 표현들도 그 시대의 아련한 추억을 물컥 선사하고 있는 '뒷간'은 수필로서 완성도 높은 작품이다.

유년 시절 우리 집은 아래 모퉁이를 돌아 맨 끝에 있는 뒷간을 가야 했다. 뒤가 마려울 땐 비가 오는 날은 비를 맞아야 했고 눈이 오는 날엔 눈 속에 빠지며 뒤를 마치면 사시나무 떨듯 추위에 이불 속으로 뛰어들던 생각이 난다. 행랑채 할머니 방에서 잠을 잘 때면 발걸음 소리만 들어도 누가 뒷간을 다녀가는지 잠결에도 알 수가 있었다.

엄동설한 추운 겨울이면 아버지는 보리밭에 거름을 준다고 변소에 덮어 놓은 판자를 걷어내고 막대기로 휘휘 저어 밑씻개로 사용한 지푸라기를 한곳으로 모으고 인분통에 퍼부어 지게에 짊어지고 나가신다. 구린 냄새가 마당 안과 고샅길까지 진동하고 옆에서 쇠죽을 끓이고 있는 나의 목 안까지 더운 김이 스며들어 머리가 지근지근 아프던 생각이 떠오른다. - 〈뒷간〉

눈여겨 볼 것은 '아버지'에 대한 추억이다. 기골이 장대하고 출중한 외모뿐 아니라 소처럼 일하셨던 아버지, 술주정으로 인하여 아버지의 진면목이 드러나지 못했다. 하지만 여러 자식이 뒷간에 가는 것을 돌보며 잠까지 설쳤던 아버지가 어찌 자상한 분이 아니었다고 말할 수 있으랴.

깜깜한 밤에 뒷간에 가려면 당산에서 울어대는 부엉이 소리에 안절부절 방바닥을 맴돌면 아버지는 나를 데리고 뒷간 앞에 있는 거름 자리에 뒤를 보게 하고 멀찍이 떨어져 벌겋게 타오르는 담뱃불만이 눈에 아른거리기도 했다. 볼일을 마치고 방안에 들어오면 이젠 동생이 뒤가 마렵다고 한다. 여동생이 둘이나 있으니, 아버지는 밤이면 새끼들 뒷간을 데려다주다 잠을 설치는 경우가 허다했다. - 〈뒷간〉

그 아버지에 그 아들일까. 작가는 손자를 돌보지 않을 거라는 아내의 선언에도 불구하고 경찰공무원으로 퇴직 후 안락함을 마다하고 손자 돌보기를 자청한다. 비단 작가의 따뜻함은 가족에 국한한 것이 아니었다.

내 앞으로 미끄러져 내려오는 그녀의 발목을 두 손으로 움켜잡았다. 아래쪽 계곡을 보니 바위들이 칼날처럼 하늘을 향해 뻗어있다. 저리 떨어졌으면 어떻게 되었을까? 아찔한 생각이 스쳐 지난다. … 가파른 암벽으로 이루어진 폭포 길을 통과 하던 중 사람 살려 하는 비명이 들려온다. 뒤를 돌아보니 동료가 폭포로 추락하여 절벽을 미끄러지듯 빨려 내려가고 있다. 순식간에 일어난 일이다. 부랴부랴 추락 지점을 찾아 달려가다 하마터면 나까지도 절벽으로 떨어져 생명을 잃을 뻔 하였다. 추락 지점엔 계곡이 얼어붙어 빙벽을 이루고 동료는 천만다행으로 나무와 바위들의 충격을 피한 채 둥글넓적한 마당 바위에 하늘을 보고 누워있다. 환자 옆에 불을 피워 체온을 높여주고 오랜 시간 사투를 벌이며 구조대를 불러 들것으로 이송, 병원으로 후송을 하여 3개월여의 치료 끝에 회복시킨 일이 있다.

　… 나는 다급하게 손 떼면 죽는다 소리치며 급히 달려들어 가슴 중앙에 두 손을 합장하고 압박을 가한다.… 그렇다고 하던 동작을 멈추면 고귀한 생명은 끝이다. 주변 사람들에게 119를 독촉하라 강요하며 환자의 가슴을 압박한다. 계속하여 명치를 눌러대고 가슴에서는 뚝뚝 소리가 들려온다. 119 도착은 왜 그리 지연이 되는지 팔에 힘이 빠지고 시간이 지루하다. 사력을 다하여 압박을 가하던 중 환자의 코에서 피가 흐르는가 하더니 숨소리가 들려온다. 그런가 하면 자신도 모르게 손을 움직이는가 했더니 다리까지 움직인다. 심장이 돌아온 것이다.

〈사람 살린 이야기〉는 세 사람의 목숨을 구한 이야기다. 한 사람의 목숨을 구하기도 어려운 일인데 세 사람의 목숨을 구할 수 있었다는 것은 '전생에 직업이 경찰관인지라 사명감으로 사람을 살려낸 게 아닌가' 작가 스스로 말한다. 일종의 사명감, 소명감이 없다면 불가능한 일이다.

　사실, 사건의 심각성과 급박성이 있어야 생명을 살려낼 수 있다. 그러한 인지가 있다 하더라도 훈련된 체력과 기술이 없다면 마음만 동동거릴 수밖에 없을 것이다. 작가에게는 상황에 대한 순간적인 판단과 순발력은 물론 '생명'을 살리겠다는 애틋한 마음이 그 모든 것의 동력이 되었다.

세상이 참 무섭다. 누군가를 해코지하지 않는 것만으로 다행으로 여겨야 하는 세상이다. 그럼에도 불구하고 작가에게는 사람을 귀히 여기고 섬길 줄 아는, 나도 잘살고 너도 잘 살기를 바라는 따뜻한 마음이 있다. 다 같이 삶의 풍요로움을 누리고 싶어 하는 작가의 마음이 참으로 귀하다.

> 경찰 생활을 하며 타인에게도 직업을 알선하고 노인정을 찾아 봉사 활동도 하는데 친구 하나도 제대로 교화하지 못하고 일자리도 알선해 주지 못하는 것에 마음에 늘 부담이 있었다.
>
> 형사 활동하며 사방으로 관심을 가지던 중 지하철 4호선 남태령 터널 공사에서 인명 손실이 발생하는 안전사고가 일어났다. 사건을 취급하며 현장 소장에게 부탁하였다. 사적인 나의 이익을 위하여 청탁하면 죄가 되나 친구가 실업자로 탄광 갱도 기술이 있으니 불쌍한 놈 하나 도와달라고 하니 흔쾌히 승낙하여 그를 서울로 불러들였다. 이번 기회를 전화위복의 기회로 삼고 가정을 돌보고 월급은 꼭 집으로 보내야 한다는 다짐을 받았다. 그는 반장으로 지정되어 반원을 이끌고 월말이면 반장 수당까지 받는 품격 있는 대우를 받게 되자 가슴속 응어리진 한을 풀게 되고 마른 나뭇가지 새싹이 나듯 사회생활에 적응해 가는 모습이 보기 좋았다. 한편으론 집에서는 매월 송금되는 돈을 모아 송아지를 사들여 사육 수를 늘리게 되었다. 가정이 안정되자 친구는 농촌으로 귀촌하여 놀아도 소들과 함께 노는 참된 생활을 하고 있다. - 〈당진 가는 날〉

범죄자들을 보면서, 너와 나는 다른 부류의 사람이야 하고 취급해 버리면 범죄자들이 불쌍하지도 안타깝지도 않다. '나와 같다'는 인식이 있을 때 어쩌다 그런 아프고 힘든 데까지 이르렀을까 하는 마음을 갖게 된다. 1차적으로 그에 대한 동정과 함께, 2차적으로 어떻게 도울 수 있을까 방도를 강구하게 되고 구체적인 행동으로 옮겨갈 수 있다.

아마도 그렇게 독하고 몰인정한 사람이 아니라면 누구나 힘들고 아픈 이들에 대한 동정심을 갖는다. 하지만 그러한 동정은 그 사람에게 어떤 실질적인 도움을 줄 수는 없다. 그러면서도, 자신은 인류애가 있는 사람이라고 생각하며 스스로를 꽤 괜찮은 사람이라 여길 것이다. 하지만 거기까지다. 물질적, 육체적, 심리적 손해를 보아야 한다는 것은 또 다른 문제다. 하지만 작가는 결단하고 용기를 내어 실행에 옮긴다. 자신의 노력이 가져올 한 인생의 변화를 바라보고 소망하지 않는다면 어찌 가능한 일이겠는가.

악한 세월에도 세상이 여전히 건재한 이유는 작가와 같이 '행동하는 따뜻함' 때문이 아닐까.

이렇게 본다면, 〈내 인생 최고의 날〉에서 작가가 멀쩡하게 살아남은 것은 어쩌면 당연한 일이 아닌가 싶다. 세 사람의 목숨을 구한 것은 별론하고라도 아프고 어려운 이를 돌보았다는 것은 작품 곳곳에 나타난다. 특별히 〈수박 한 통〉에서 드러난 작가의 심성은 욕심으로 가득한 세상 가운데 졸졸거리는 냇물처럼 독자의 마음 안으로 흘러든다.

차량은 공중 부양하며 땅에 떨어져 탑 모양의 앞머리 부분은 납작하게 내려앉고 혼미한 상태로 정신을 차리던 중 "죽으면 안 돼요. 빨리 나와요" 하며 울부짖는 소리에 깨어진 앞 유리 사이로 엉금엉금 기어 나왔던 것이다. … 아무리 기적이라 해도 도저히 살아남을 수 없는 사고 현장에서 살아남았다는 것, 삶을 살아가며 생에 최고의 기쁜 날, 내 인생 최고의 순간이었다는 말이 지금까지도 생생하게 떠오른다. 마라톤 선수가 전 구간을 완주하고 희열을 느끼듯 죽을 목숨이 살아났다는 나만의 기적의 순간이 특별한 희열로 다가온다. - 〈내 인생 최고의 날〉

할머니께서는 지난번 수박 잘 먹었는데 웬 또 수박이냐 하며 반문하신다. 지난번 수박을 드리고 우리 집에 가져온 것을 쪼개보니 속이 상해서 먹을 수가 없어서 버렸다 하며 선물로 드린 것이 그렇게 되어 지금까지 마음이 편치 않았다고 말씀을 드리니 자기는 상하지도 않았고 잘 먹었다고 하신다. …사람은 겉만 보고 판단하지 말아야 한다. 참되게 살아가는 할머니를 보며 많은 것을 보고 느낀다. 오늘따라 할머니에게 수박을 전달하고 돌아오는 이 기쁨은 그 무엇과 비교할 수 없다. 행복은 먼 곳이 아닌 가까운 주변에 있다는 것을 새삼 느낀다. 수박 한 통 여름날 무더위를 날려버렸다. - 〈수박 한 통〉

폐지를 줍는 할머니에게까지 이렇듯 마음을 쏟을 수 있는 작가의 따뜻함은 어릴 때 받았던 부모의 사랑과 친구들과의 교류 그리고 자연과의 교감에서 비롯되었을 것이다. 하지만 작가는 추억의 곳간에서 물을 긷기도 하지만 새로운 우물을 파며 영혼을 풍성하게 돌볼 줄 안다. 익히 자연이 베푸는 많은 것을 누려왔기에 심신의 안정과 치유가 필요할 때면 스스로 영혼의 곳간으로 들어가 밤하늘을 마주하며 별빛들의 이야기에 귀기울일 줄 알기 때문이다.

그뿐이랴, 집 가까운 우면산에 텃밭을 가꾸며 유기농 먹거리로 식구들의 건강을 챙기며 신성한 노동의 즐거움으로 하루하루를 기쁘게 살아가는 것이다.

쌀쌀 청아한 물소리와 새소리. 자연이 주는 아름다운 소리에 계절은 변화되어 겨우내 움츠렸던 나무에 푸른 새잎 온갖 꽃들이 만발하는 계절 봄철이 돌아오면 도시의 농부는 분주하다. 곡괭이 삽 쇠스랑 삼태기는 친구가 되고 모든 것을 수작업으로 해야 하니 몸이 고되다. 그러나 잡념이 없어 좋다. 봄에 씨를 뿌리지 않으면 가을에 거둘 게 없다. 제철에 씨를 뿌려야 좋은 결실을 볼 수 있다. 겨우내 얼어있던 땅은 숨을 쉬듯 부풀어 오르고 곡괭이로 찍으면 살아 움직인다. 산 꿩은 힘들면 쉬었다 하라 하듯 꿩꿩 소리치고 까마귀는 매 맞은 종아리가 아픈 듯 깍깍 울음을 토해낸다. 머위 도라지 참나물 취 방풍은 주인님 오셨어요? 하고 인사를 하듯 새싹을 내밀고 강아지처럼 하인 취급을 받던 들판의 쑥 돌나물도 자리를 잡아간다. 낙엽을 모은 퇴비를 뿌리고 땅을 파헤친다. 흙은 살아 숨 쉬고 심술쟁이 두더지 농군 땅굴이 보이는가 하면 지렁이는 알몸인 채 튀어나온다. 나의 텃밭은 오랜 세월 자연에서 얻은 퇴비만 사용 농약 한번 하지 않는 철저한 유기농 텃밭이다. 〈텃밭〉

바쁘고 각박한 도시 생활 가운데서도 텃밭을 만들고 손주까지 돌보며 생활한다는 것은 쉽지 않다. 작가가 얼마나 부지런하고 강건한지를 보이는 대목이 아닐 수 없다. 이러한 건강한 몸과 마음은 산을 오름으로 더욱 호연지기가 앙양되는 선순환을 만들어내고 있다.

온 산야는 눈으로 쌓여 동면에 들어가고 미처 영혼을 잠재우지 못한 바위들의 울부짖는 바람 소리는 산야를 진동한다. 한발 한발 아이젠과 스틱에 의존하며 눈길을 걷고 있는 발밑에서는 뽀드득뽀드득 때아닌 개구리 울음소리 봄을 재촉한다. … 노루 꼬리처럼 짧은 겨울 햇살. 해가 지기 전 대청봉에 올라야 한다. 배낭을 산장에 풀어 놓은 채 설악의 최고봉 대청봉을 향한다. 겨울바람은 미사일 폭격을 가하듯 대지를 강타하고 누워 자란다는 눈 잣나무는 눈 위에 몸을 뉜 채 겨울을 나고 있다. 잣 까마귀의 먹이를 제공하는 눈잣나무는 거센 바람을 이겨내며 이곳에만 유일하게 자생하는 보호 식물이다. 이곳에 오면 난쟁이 눈잣나무의 기를 받아 호연지기가 되곤 한다. —〈설악산 눈꽃 산행〉

산행하며 눈꽃에 쌓인 설악산의 풍광을 참으로 아름답게 묘사한 작품이기도 하다. 작가는 자주 도시의 갑갑함을 벗어나 산행을 한다. 산행하며 깊은 생각에 잠기기도 하고 삶의 성찰에 이르기도 하며 산우들과의 연대감 속에 삶을 공유하기도 한다. 더욱 작가는 손주를 돌보면서 마치 어릴 때 '막고, 품고 뛰쳐나가라'고 산골 소년들을 격려했던 교장선생님처럼 손자에게 꿈을 심어주며 어떻게 삶을 살아가야 할지를 깨우쳐 준다. 할아버지와 함께 산을 오르며 손자는 무슨 생각을 할까. 삶에 대한 지평이 열리며 원대한 꿈을 한 발 한 발에 심으며 자신감을 얻지 않았을까. 산을 정복한다는, 나 자신을 이기는 인내의 과정 끝에 주어지는 성취를 통해 어린 손자는 할 수 있다는 호연지기가 자리하게 되었을 것이다. 부딪혀 오는 문제들을 너끈히 해결해 나아가며 인생을 살아가는 법이 산을 오르는 거와 별반 다르지 않음을 알게 될 것이다.

한 사람의 일생을 간간히 엿보며 그의 전 인생을 그려본다는 것은 얼마나 멋진 것일까. 그 사람의 깊은 내면에 고인 것들에서, 어린 시절 살아오면서 살이 되고 뼈가 된 것들이 삶의 선택을 만들어내고 그 선택은 또 다른 선택의 과정에서 한 사람의 생을 이루어가는 것을 보는 것은 참으로 신의 섭리를 엿보는 신비로움과 경이로 가득하다.

『바람이 머물다 간 자리』가 바로 그렇다. 한편 한편의 수필에서 보이는 단면 단면이 모아져 거대한 강줄기로 도도히 흘러가는 삶의 역사를 볼 수 있다.

때때로 엉뚱한 에피소드는 삶의 고귀함을 더욱 빛나게 하는 눈물방울이 되기도 하지만, 염려 없이 아름답고 천연스러웠던 어린 시절은 오래도록 그 마음에 자리해 사물을 따뜻하게 바라보고 반듯하게 살아가게 하는 울타리가 된다. 그리하여 삶을 광대무변하게 뻗어가게 하는 거칠 것 없는 호연지기 속에서도 작가는 겸손할 수 있었고 다른 이의 아픔과 고통을 깊이 공감하며 섬길 수 있지 않았을까. 이는 어느 한 곳으로 지우치지 않는 균형을 이루며 삶을 더욱 풍성하고 깊게 한다. 어쩌면 '온전'하다는 말을 그에게 주어도 좋지 않을까. 꼭 세상이 놀랄 엄청난 일을 해서가 아니라 한 사람으로서 충분한 삶의 몫으로 살아냈기에… 그 삶의 아름다움을 흔흔하게 누릴 수 있기에 말이다.